Writing
Literature
Reviews

A Guide for Students of the Social and
Behavioral Sciences

文献综述写作

文献检索、文献分析、综述撰写的方法与准则

［第七版］

［美］何塞·L. 加尔万
（Jose L. Galvan）

［美］梅丽莎·C. 加尔万　著
（Melisa C. Galvan）

齐心｜译

世界图书出版公司
北京·广州·上海·西安

图书在版编目（CIP）数据

文献综述写作：文献检索、文献分析、综述撰写的方法与准则 /（美）何塞·L. 加尔万，（美）梅丽莎·C. 加尔万著；齐心译 . —北京：世界图书出版有限公司北京分公司，2022.10（2023.4 重印）
ISBN 978-7-5192-9659-9

I. ①文… II. ①何… ②梅…③齐… III. ①信息检索 – 高等学校 – 教材
②论文 – 写作 – 高等学校 – 教材 IV. ① G254.9 ② H05

中国版本图书馆 CIP 数据核字（2022）第 163865 号

Writing Literature Reviews, 7th edition
By Jose L. Galvan; Melisa C. Galvan/ ISBN: 9780415315746
Copyright © 2017 Taylor & Francis
Authorized translation from English language edition published by Routledge, an imprint of Taylor & Francis Group LLC
All Rights Reserved.
本书原版由 Taylor & Francis 出版集团旗下 Routledge 出版公司出版，并经其授权翻译出版。
版权所有，侵权必究。
East Babel(Beijing)Culture Media CO,.Ltd is authorized to publish and distribute exclusively the Chinese (Simplified Characters) language edition. This edition is authorized for sale throughout Mainland of China. No part of the publication may be reproduced or distributed by any means, or stored in a database or retrieval system, without the prior written permission of the publisher.
本书中文简体翻译版授权由东方巴别塔（北京）文化传媒有限公司独家出版并仅限在中国大陆地区销售。未经出版者书面许可，不得以任何方式复制或发行本书的任何部分。
Copies of this book sold without a Taylor & Francis sticker on the cover are unauthorized and illegal.
本书封面贴有 Taylor & Francis 公司防伪标签，无标签者不得销售。

书　　名	文献综述写作
	WENXIAN ZONGSHU XIEZUO
著　　者	〔美〕何塞·L. 加尔万　〔美〕梅丽莎·C. 加尔万
译　　者	齐　心
责任编辑	余守斌　杜　楷
特约编辑	何梦姣　蔡博闻
特约策划	巴别塔文化
出版发行	世界图书出版有限公司北京分公司
地　　址	北京市东城区朝内大街 137 号
邮　　编	100010
电　　话	010-64038355（发行）　64033507（总编室）
网　　址	http://www.wpcbj.com.cn
邮　　箱	wpcbjst@vip.163.com
销　　售	各地新华书店
印　　刷	天津画中画印刷有限公司
开　　本	880mm×1230mm　1/32
印　　张	13.25
字　　数	261 千字
版　　次	2022 年 10 月第 1 版
印　　次	2023 年 4 月第 2 次印刷
版权登记	01-2022-3695
国际书号	ISBN 978-7-5192-9659-9
定　　价	78.00 元

如有质量或印装问题，请拨打售后服务电话 010-82838515

目 录

第8章　通过将分析结果分组来整理笔记 / 135

第三部分 撰写文献综述初稿

前　言

　　我撰写这本书的目的，是为社会科学和行为科学领域的学生在撰写文献综述的复杂过程中提供实用的指导。

　　当《文献综述写作》（*Writing Literature Reviews*）一书于1999年首次出版时，大学图书馆刚刚开始采用数字检索工具来帮助师生收集现有的研究文献，但当时大多数期刊仍然只能以印刷品的形式提供。今非昔比的是，当代大学图书馆几乎完全是数字化的，而这一版的《文献综述写作》也努力顺应了新的数字化趋势。

　　作者的女儿现在是一名大学教授，也是《文献综述写作》的新合著者，她是在现代数字图书馆的背景下成长的。她利用自己在电子数据库方面的专业知识和最近完成博士论文的经验，重新组织了这本书的内容。结果是这本书得到了彻底的更新，从检索数据库、持续跟踪引文、整理从文献中收集到的详细资料，到制作参考文献列表或书目——所有这些步骤都得到了修订，以适应现代图书馆的数字化环境。

　　本书第七版主要关注学术期刊上发表的原创研究及其与理论文献的关系，但书中提出的大多数准则也可以用于综述其他来源的材料。从其他领域的读者那里得到的反馈表明，这里提出的准则可以很容易地适用于各种课程。事实上，我们的书已经被美国近100所大学的多个院系采用。

读者对象

本书的读者主要有三类。

首先，这本书是为那些在社会科学和行为科学的"内容领域课程"（content-area classes）中，被要求撰写文献综述以作为学期论文的学生而写的。通常情况下，他们之前的训练不足以让他们完成对现有研究报告的综述，并写出一篇观点独到、结构紧凑的文章这一复杂任务。低年级大学生需要学习如何在数据库中检索原始研究文献和相关理论文献，分析这些特定类型的文献，并将它们整合进紧凑的叙述中。在高中阶段，他们可能依赖于二手文献，如百科全书、大众媒体报道和综合他人作品的书籍。现在，他们需要获取原始的研究报告，并且学习撰写学术论文的规则。本书旨在填补这些空白，为学生提供详细的、循序渐进的指导，告诉他们如何进行文献检索，以及如何写出对主要来源材料的全面综述。

对于那些开始撰写硕士和博士学位论文的学生来说，如果他们以前没有接受过关于如何对已发表研究及其所依据的理论进行批判性分析的全面指导，也能从本书中受益。撰写学位论文是一件很有压力的事情。当学生们开始着手撰写他们的文献综述章节时，可以从本书中汲取冷静和逻辑。

最后，对于那些准备撰写期刊论文和申请基金资助的文献综述者，这本书也可以帮助他们了解所需的文献综述的概貌和关键组成部分。

以下特点使得《文献综述写作》在教授分析性写作（analytical writing）的教科书中独树一帜：

● 组织结构遵循被写作教师称之为"写作过程"的系统、自然的步骤。

● 重点是撰写针对原始研究的批判性综述。

● 完全基于定义了 21 世纪大学图书馆的新数字环境。

● 各种步骤和准则是按顺序组织的，并用大量学术期刊的实例进行说明。

● 每一章都旨在帮助学生掌握一套有助于顺利完成文献综述的特定技巧。

本版创新

熟悉本书前一版的读者将会在第七版中发现一些新的和重要的补充，包括以下内容：

● 新版经过了重大修订和更新，提供了能够反映现代数字图书馆的工具。当作者刚开始写这本书的时候，研究者几乎完全依赖于大学图书馆"书库"里的印刷材料。现在，再提"书库"会令学生们感到困惑，他们的图书馆工作完全是在网上完成的，无论是在家里还是校园的电脑终端上。这就要求我们重新组织大部分内容，以适应人们对数字化数据库和期刊文章电子存储库的严重依赖。

● 本版得益于增加了一位新合著者，她在当代数字图书馆的研究工具方面十分专业。

● 本书的各章被划分成多个小节，目的是帮助学生将较大的整体文献综述练习分解为一系列较小的步骤。这些较小的步骤使学生能够在一学期课程中轻松完成多步骤的写作过程。

● 新版的第2章提供了搜寻新型数字工具的分步指导，这些工具现在是研究型图书馆的标配。

● 吸纳了长期采用本书的教师及学生的反馈意见，对全书的章节内容进行了全面重组。

● 增加了对可用的新型数字工具的全面讨论，包括参考文献管理软件和剽窃检测软件。

● 增加了新的章末活动，以反映重新编排的各章的最新内容。

● 补充了几个我们的长期读者认为有用的、新的典型文献综述范例。它们可以被用于课堂讨论，也可以根据需要作为章末练习的素材。

教师须知

许多高校都开展了"跨课程写作"（writing across the curriculum）项目，并要求学生在所有课程中都要撰写论文。虽然这些项目的目标是好的，但许多教师不得不把主要精力放在传统的课程内容上，所以他们几乎没有时间指导写作。这样的教师会发现本书很有用，因为写作过程的具体步骤都用例子加以说明，学生在很大程度上可以自主使用它。此外，许多教授"自然而然"地写得很好，但却很少考虑如何指导写作（也没有接受过相关培训）。作为补充，本书通过提供写作过程的详细指南来解决这一难题。

我们大部分人对写作的了解都是通过卡米斯坦（1997）所说的"一次性写作作业"（one-shot writing assignment, P. 52）学到的。这指的是教师在学期开始时布置一项作业，并使用"写一篇关于……（具体题目）的论文"这样的提示。我们的观念倾向于将这类作业视为一个单一的任务，即使学生可能需要经历几个不同而复杂的步骤来完成它。事实上，当一个人在撰写需要进行图书馆研究的论文时，成品的质量在很大程度上取决于他对每一个步骤的重视程度。

每章结尾的练习能够帮助学生完成写作过程的各个步骤。这些练习可以重塑成一系列的任务，从而很容易地将多步骤写作作业的形式，纳入某一特定学科概论课程的教学大纲中。因此，这本书有两个相关的读者群：（1）可能希望将这种多步骤写作方法纳入课程大纲的教师；（2）独立工作的学生，在计划和完成一项重要的写作任务（如撰写硕士和博士学位论文的文献综述部分）的各个阶段，他们可能都需要得到帮助。

特别致谢

两位作者都非常感谢皮尔扎克出版社的创始人弗雷德·皮尔扎克博士对本书书名提出的建议。作为两位合著者的朋友和导师，我们感谢皮尔扎克博士对本书之前版本的支持。当梅丽莎还是高中生和大学生时，曾经在暑假里向弗雷德学习过学术出版业务，她的学术发展轨迹无疑是在弗雷德的支持下成就的。从技术助理到文字编辑，再到现在的教授和合著者，她的职业轨迹说明了弗雷德的支持对她学术生涯的影响。

致　谢

我们要感谢我们在劳特利奇和皮尔扎克出版社的合作伙伴，感谢他们在编辑和理念方面协助我们对这本书进行新的重大修订。

此外，我们还要感谢加州州立大学洛杉矶分校和加州州立大学北岭分校的同事，特别是玛格丽特·安·斯诺博士和莉亚·D.卡米-斯坦博士，他们在多步骤写作方法方面的工作为本书的组织结构提供了启发。这两位都提供了无数有用的建议，其中大部分都已被本书采纳。

我们还要感谢以下来自不同机构的同事，他们对本书第六版提供了反馈意见：卡佩拉大学的伊丽莎白·F.沃伦，阿兹塞太平洋大学的米歇尔·R.考克斯，奥本大学的南希·H.巴里，以及康科迪亚大学圣保罗分校的菲利斯·伯格。作者还想感谢南伊利诺伊大学卡本代尔分校的马修·吉布林博士，感谢他在编辑方面提出的有益意见。

当然，所有错误和疏漏仍然是我们的责任。

何塞·L.加尔万

加州州立大学洛杉矶分校荣休教授

梅丽莎·C.加尔万

加州州立大学北岭分校助理教授

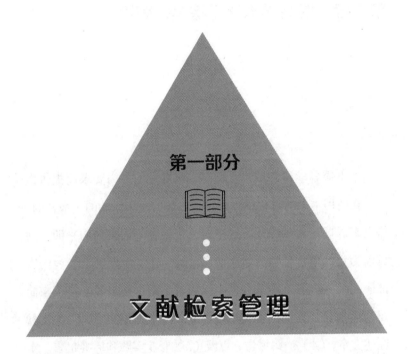

第一部分

文献检索管理

第 1 章　撰写学术文献综述：概论

　　本书应各学科领域人士撰写文献综述的专门要求而提供指导。在使用本书的过程中，你将学习如何运用原始的（最初的）信息来源撰写文献综述。这里讨论了五种不同类型的来源。到目前为止，最常见的原始来源是：（1）在学术期刊上发表的实证研究报告。下节的第一个小标题就是指这类来源。接下来简要描述期刊中其他四种类型的材料：（2）理论文章，（3）文献综述文章，（4）个案报告，以及（5）专业实践和标准报告。本章第 2 节是对写作过程的概述，你在准备自己的综述时会用到它，它反映了本书四个主要部分的组织结构。

1.1　原始文献来源简介

1.1.1　实证研究报告

　　这本书的重点是在学术期刊上发表的**原始**研究报告。我们之所以说它们是原始的，是因为它们是最早发表的关于特定研究结果的报告。因此，它们被认为是**主要**的信息**来源**，其详细说明了研究中使用的方法，并对研究结果进行了深入的描述和讨论。相比之下，教科书、流行杂志、报纸以及广播电视上的研究概要通常是**次要来源**，一般只提供对结果的一般性描述，很少提供获取结果所用方法的细节。此外，次要来源往往是不完整的，有时是不准确的，他们的目的往往是吸引读者一时的兴趣，而不是引导学者的评议和审查。作为学者，当你综述某一特定主题的文献时，将会更加重视主要来源。事实上，你的导师可能会要求你所写的文献综述只能引用主要来源。

社会科学和行为科学的期刊中充满了实证研究的原始报告。所谓"**实证**"是指**观察**，而**实证研究**是指**系统的观察**。当研究者规划了观察谁、观察什么特征、如何观察等问题时，该研究就可以被认为是系统的。虽然实证研究是一切科学的基础，但有理由认为，所有的实证研究都是有缺陷的。因此，通过研究获得的结果应谨慎解释。例如，下面列出了几乎所有实证研究中都会出现的三个主要问题，以及这些问题给研究的综述者带来的问题。

- **问题 1：抽样。**大多数研究者只研究个体的一个样本，并推断结果适用于一些较大的群体（通常称之为"**总体**"）。而且，大多数研究者使用的样本带有某种偏差，这使得它们不能代表目标总体。例如，假设一位教授只选择其心理学入门课上的学生作为样本进行研究，或者一位研究者邮寄了一份问卷，而只收到了 40% 的收件人的回复——很明显，这些样本可能代表不了（也可能能够代表）目标总体。首先，教授可能只对描述他班上学生的行为感兴趣；但是如果他的兴趣是推广到更广泛的总体，那么就需要注意这对于总体的局限性了。

● **难点**：综述者在解释研究结果时，需要考虑抽样错误的可能性。决定对一个基于有缺陷样本的研究结果给予多大的信任是一个非常主观的判断。

● **问题 2：测量**。实证研究中的几乎所有测量都应该被认为存在一定程度的缺陷。例如，假设一位研究者使用一份自填问卷来测量校园中大麻使用情况的发生率。一方面，即使被调查者确信他们的回答是保密的和匿名的，一些人可能还是不想透露他们的非法行为。另一方面，即使他们很少或从来没有做非法的事情，但其他人可能还是会忍不住吹嘘自己做了。那么研究者能怎么办呢？他们可以进行个人访谈，但这种测量技术也要求受访者吐露非法活动。另一种选择是秘密观察，但一方面，这种技术可能是不道德的。另一方面，如果观察不是隐蔽的，参与者可能会改变他们的行为，因为他们知道自己正在被观察。正如你所见，没有完美的解决方案。

难点：综述者需要考虑测量误差的可能性。问问自己：这种测量方法是否合理？研究者是否使用了多种测量方法？如果是这样，那么各种方法是否呈现了一致的结果？

- **问题 3：问题识别**。研究者通常只关注问题的一部分，而且通常只是很小的一部分。举个例子，假设一个研究者想研究奖励机制在课堂上的使用及其对创造力的影响。这个问题听起来像是一个容易处理的研究问题，但考虑到存在许多种奖励——奖励的种类和水平各有不同，可以给予的奖励物品有许多不同的类型等，就会发现并不是那么容易处理。再举一个例子，有许多不同的方式来表现创造力。例如，创造力在视觉艺术、舞蹈和音乐中都有不同的表现。创造力可以表现在物理科学中，可以表现在口头表达中，也可以表现在书面交流中，等等。没有研究者有足够的资源来研究所有这些形式。相反，他可能只需要选择一种或两种类型的奖励、一种或两种创造性的表现形式，并在数量有限的课堂上进行研究。

难点：综述者需要综合关于某一领域中狭义问题的各种研究报告，寻找各份报告之间的一致性和差异性，同时牢记每个研究者对其问题的定义都有所不同。由于实证研究只能提供范围有限的研究问题和某种程度的粗略证据，因此将它们综合起来就像试图拼凑一个拼图——而拼图的大部分单片都缺失，许多可用的单片也没有完全成形。

考虑到上述三个问题，你可能会得出一个结论——综述实证研究的原始报告是困难的。毫无疑问，有时的确如此。然而，如果你选择了一个自己感兴趣的话题，并且透彻地阅读了关于这个话题的研究，你很快就会沉浸在一个引人入胜的氛围中。在社会科学和行为科学的绝大多数领域里，对现有研究数据的解释至少存在着微小分歧，更常见的是存在着重大分歧。因此，你可能很快就会发现自己就像一个陪审员一样，讨论哪位研究者的论点最具有连贯性和逻辑性，哪位研究者的证据最有力，等等。这可能是一项困难但有趣的活动。

你也可能得出错误的结论，认为只有那些深入探究过研究方法和统计学的学生才能理解原始研究报告。虽然这样的背景很有帮助，但写作这本书的假设是，任何聪明、细心的读者，如果在其所要综述的主题上进行了广泛阅读，就能理解大量的实证研究。原始研究报告的作者并不是孤立地呈现统计数据。相反，他们通常会讨论以前对其主题的研究、对基本概念的定义、对相关理论的阐述、他们以这种方式进行研究的原因，以及在承认方法存在局限性的前提下对结果的解释。因此，一个熟练的原创实证研究报告的作者会引导你阅读文本，即使你不理解研究报告中包含的所有术语和统计数据，也能够读懂。

　　最后一点需要考虑的是，你必须仔细、彻底地阅读你在文献综述中引用的所有研究文献。研究文献开头的摘要（简介）可能会因为缺乏细节而误导你，又会误导自己的文献综述读者。因此，完整地阅读每一篇自己引用的参考文献是你的道德责任。

1.1.2　理论文章

　　并不是每一篇期刊文章都是原始研究报告。例如，有些文章的写作目的很明确，就是为了批判现有的理论或提出新的理论。请记住，所谓**理论**，就是对各种变量为何共同起作用，它们如何关联在一起，特别是它们之间如何相互影响而做出的一般性解释。作为一套统一的建构，理论有助于解释看似不相关的经验观察是如何联系在一起并产生意义的。下面是一个简单的例子：

　　　　思考一下关于孤独的关系理论。此外，这个理论区分了**情感性孤独**（由于对另一个人缺乏亲密的情感依恋而产生的彻底的孤独）和**社会性孤独**（由于缺乏紧密的社会网络而产生的孤立感和孤独感）。这一理论对社会科学和行为科学研究的许多领域具有重要意义。例如，这一理论预测，一个人如果因与其有亲密依恋

情感的配偶死亡而陷入丧亲之痛，他将体验到无法通过**社会**支持来缓解的、彻底的孤独。

请注意上面所举例子包含的两个要点。第一，基于该理论的预测与常识性的观念背道而驰，即那些因失去重要他人而感到孤独的人，在有了家人和朋友的社会支持后，会感到不那么孤独。该理论表明，这种观念充其量只是部分正确。具体来说，它表明家人和朋友能够减轻**社会孤独感**，但在减轻更深刻的感受和具有潜在破坏性的**情感孤独感**方面是无效的。请注意，一个理论推导出与常识相悖的预测并不罕见。事实上，这是那些对理解人类事务和我们的物质世界做出重要贡献的理论的一个特点。

第二，关于孤独的关系理论可以通过实证研究来检验。研究者可以研究那些失去了重要之人的人，询问他们有多孤独，以及他们得到的社会支持的类型和强度。一个理论要想有用，就必须用实证的方法来检验，这有助于科学界确定其效度。

如果你能找出适用于你感兴趣的主题的主要理论，你的文献综述工作将变得更加容易。撰写实证研究报告的作者通常会找出基本理论，并讨论他们的结果是否与这些理论一致。他们在参考文献中提供的线索将为你提供一个框架，让你思考在各种报告中发现的关于特定的、通常相当具体的研究项目（这些项目都发表在学术期刊上）的零星证据。事实上，你可能会选择围绕一个或多个理论来构建你的文献综述。换句话说，文献综述的主题可能是回顾与某个理论相关的研究。

需要注意的是，有助于更好地理解一种或多种理论的文献综述，可能会对作者所处的领域做出重要贡献，因为理论往往对人类事务中的许多关注领域具有广泛的影响。

1.1.3　文献综述文章

期刊上经常刊登文献综述文章，也就是对特定主题的文献进行综述的文章，这很像你在使用本书时要写的文献综述。大多数发表综述文章的期刊都对接受此类文章设定了很高的标准，它们不仅必须是写得很好的分析性叙述，使读者了解有关某一主题的最新情况，还必须提供有助于促进知识发展的新见解。这些见解可能有多种形式，包括：（1）解决以前似乎相互矛盾的研究之间的冲突；（2）找到新的方法来解释某一主题的研究结果；（3）为未来的研究规划一条道路，从而有可能显著地推进该领域的研究。因此，经历准备文献综述的过程并在期刊上发表论文并非易事。事实上，当你开始回顾某一主题的文献时，并不能保证你会达到期刊编审所需的深刻程度。然而，如果你遵循本书提出的准则，首先强调**分析**（即对之投以批判的眼光，将之拆开，甚至分成几部分），然后对文献进行**综合**（即把这些部分重新组合成一种新的形式），你会比一般的学者更有机会写出适合发表的综述。

值得注意的是，当学生发现自己所选主题最近在学术期刊上已被综述过时，有时会感到气馁。他们可能认为，如果该主题已经被综述过，就应该选择其他主题。这不一定是明智的决定，相反，这些学生应该感到幸运，因为他们可以参考别人的劳动和见解，也就是说，他们可以建立在别人工作的基础上，无论他们赞成还是不赞成这些工作。写作是一个个体化的过程，即便两个人阅读的是同一篇文献，也可能会产生明显不同但同样有价值的解释和综述。[1]

1.1.4　个案报告

当你综述关于某一特定主题的文献时，可能会遇到基于个人经历的个案陈述而撰写的文章。**个案陈述**是对碰巧被注意到的经历的描述（这与基于研究的观察相反——在基于研究的观察中，关于谁来观察、观察什么以及何时观察某一特定现象以收集最佳信息，都是经过充分计划的）。个案陈述在以临床心理学家、社会工作者和教师等专业人士为对象的期刊中最为常见。

1　要记住，经验知识是一个不断发展的概念，而不是一组固定的事实。实证研究并不能证明什么；相反，研究是用来获得不同程度的信心的。因此，即使研究者综述了同一主题的相同文献，他们的解释也可能有所不同。——原注

例如，一位教师可能会写一篇期刊文章，描述一个成绩糟糕的学生在他的课堂上表现出色的经历。其他教师可能会觉得这很有趣，值得一读，因为其有启发思路的意义。但是，若论对科学的贡献，这样的个案陈述存在严重不足。如果没有控制和比较，我们不知道这位教师在多大程度上促成了学生的进步（如果有进步的话）。也许即使没有教师的努力，这个学生也会取得进步——或许是因为家里的条件改善了，又或许是因为医生在教师不知情的情况下开了一种治疗多动症的药。鉴于这些局限性，在文献综述中应该非常谨慎地使用个案陈述；当引用它们时，应该清楚地标明它们是个案。

1.1.5　关于专业实践和标准的报告

一些以专业人士为目标的期刊会发表有关专业实践和标准的报告，例如某州新通过的数学教学课程标准或允许临床心理学家开药的立法提案。当这类问题与你正在综述的主题相关时，它们可能值得在文献综述中进行讨论。

1.2　写作过程

在考察了你要综述的主要材料类型（即实证研究报告、理论文章、文献综述文章、基于个人经历的文章以及关于专业实践和标准的报告）后，我们将简要阐述你将在本书中遵循的写作过程，并描述其结构。

在你计划撰写一篇文献综述时，首先要考虑自己写这篇文献综述的原因，并且要了解你的读者是谁。从为一门课程撰写学期论文，到撰写博士论文的文献综述章节甚至期刊文章的文献综述部分，都是如此。在决定你对主要资料的检索深度和你的综述风格（有时被称为"作者的声音"）时，这些都是重要的考虑因素。此外，在这本书中，一个重要但常常被忽视的区别是**进行**文献检索（即查找文献、阅读文献并在头脑中分析文献）和**撰写**文献综述（即确定你想对读者说的关于文献的内容，并将其组织成一篇连贯的叙述性文章）。换句话说，撰写一篇文献综述包括一系列步骤。在写作和修辞领域，这些步骤统称为**写作过程**，包括：（1）设置对主要来源的检索；（2）分析其中与你感兴趣的领域相关的信息；（3）综合和组织信息，以解决你重点关注的特定主题，并撰写综述的初稿；（4）编辑和准备综述的定稿。这个过程很像你在大学一年级英语课上被要求写一篇分析性文章时所遵循的过程。我们将从第一步开始，了解你为什么要写这篇文献综述，以及为谁而写。

1.2.1　找到你的"作者的声音"：为特定目的而撰写

这项活动可以达到几个目的。它可以构成课堂研究论文的精髓，其篇幅和复杂性可能会根据指导教师的标准而有所不同。在期刊的研究报告中，文献综述通常是简明扼要的，通常侧重于为研究中探讨的具体研究问题或假设提供理论基础。相比之下，硕士和博士学位论文中的文献综述通常旨在证明作者对所研究主题的文献有透彻的理解，因而其文献综述往往相对较长。显然，这些不同的目的将导致文献综述的篇幅和风格不同。请考虑以下几种文献综述的不同之处，每种文献综述都有其独特而具体的目的。

尽管本书后续章节中给出的准则适用于任何类型的文献综述，但你还是需要根据自己撰写综述的目的来改变写作手法。

1.2.2　为学期论文撰写文献综述性文章

为一门课的学期论文作业撰写一篇文献综述可能有些令人沮丧，因为这项任务涉及：（1）选择一个你可能不熟悉的领域的主题；（2）使用你可能不熟悉的数据库，并借此识别和找到适当数量的研究文章；（3）可能需要你花费三四个月来编撰一篇成熟的论文。更麻烦的是，大多数指导教师都希望你在课余时间准备文献综述，并且给予最少的指导。当然，他们也会期望你的文献综述能够研究充分、写作得当。幸运的是，本书的目的正是帮助你实现这一点。

考虑到这些困难，你有必要仔细规划你的工作。第一，你应该确保理解自己的任务，并尽可能多地了解教师在学期开始时的期望。这意味着你应该毫不犹豫地在课堂上提出有关任务的问题。请记住，如果你不清楚某件事，其他学生可能也不清楚。一旦获知你的问题的答案，他们也会从中受益。[1]第二，你需要在写作过程中调整自己的节奏。你要确保有足够的时间实现本书中描述的步骤，包括选择主题的过程，阅读和评估相关的研究文章，综合和整理笔记，撰写、改写和修订论文，对论文进行编辑以确保其正确性及符合所需的体例手册。绘制出学校学期的周数并制定时间表是很有帮助的。以下是本书建议的为期15周的学期时间表。请注意，这一时间表遵循了本书把论文分为四个阶段的结构。

不同教师对所写综述的篇幅和引用的参考文献数量的期望可能会有很大的不同。对于为介绍性的概论课程撰写的学期论文，教师可能只需要一个简短的综述——可能短至几页打字纸（双倍行距），并至少呈现5～10篇参考文献。对于这样的综述，

1　其他学生通常不感兴趣的特殊问题应该在课外（或是在办公时间）向教师提出。例如，你打算读研究生，想写一篇比教授要求的内容更广泛的论文；或者你已经为之前的课程写了一篇文献综述，愿意在此基础上进行扩展，而不是写一篇新的综述。——原注

你需要严格筛选参考文献，也许只限于那些最重要和 / 或最新的文献。对于高年级课程，教师可能要求撰写较长的综述，这将需要你综述更多的文献。最后，对于你所学专业的研究生课程，你的指导教师可能对篇幅和参考文献数量没有限制，而是希望你尽可能多地阅读研究报告，以便就你的主题撰写一篇全面的文献综述。

 例 1.2.2.1
建议的 15 周学期时间表 ----------------------------

第一阶段：在图书馆初步检索和做好选题（第 3 周结束前完成）

第二阶段：阅读清单和初步的论文大纲（第 6 周结束前完成）

第三阶段：撰写论文初稿（第 12 周结束前完成）

第四阶段：修改论文定稿（第 15 周结束前完成）

考虑到撰写学期论文的时间有限，你的题目必然会很具体。这将帮助你寻找一个明确的领域，特别是当你是某个领域的新手时。选择题目的一个好方法是看一看你的课程教科书章节内的小标题。例如，一本教育心理学教科书可能有一个关于创造力的章节，其中有关于创造力的定义、测量和在课堂上培养创造力的小节。举个例子，假设你对在课堂上培养创造力特别感

兴趣，通过阅读这一部分，你可能会发现：这位教科书作者提到，关于竞争能否促进创造力发展（即教师是否能够通过对富有创造力的表现给予奖励来培养创造力）存在一些争议。这听起来像是一个相当具体的话题，你可以将此作为一个初步的主题。当你检索关于这个主题的期刊文章时，可能会发现，关于这个主题的文章比你完成课程作业所需要的更多。如果是这样，你可以进一步缩小主题范围，指定你的综述只涉及小学样本和/或美术学科。

如果你没有选择主题，而是由你的指导教师指定了一个主题，请尽快开始你的文献检索，并及时报告你遇到的任何困难。例如，当你发现对指定主题的研究太少（也许主题可以扩展，或者指导教师会指出你文献检索未发现的其他来源）或者研究太多（也许主题可以缩小，或者指导教师可以帮助你找到其他限定符，比如只综述最近的文章）时。

如果你为学期论文准备文献综述的时间很仓促，会导致指导教师对你的初稿进行反馈的机会十分有限，所以你要自己负责大部分的编辑工作。当你制定时间表时，要留出与你的指导教师商定初稿的时间，即使你为此必须去办公室找他们。最后，本书末尾的自我编辑检查表将帮助你在以最终形式提交论文之前消除一些常见问题。

1.2.3　为学位论文撰写文献综述部分

博士或硕士学位论文的综述章节是本书涉及的文献综述类型中最复杂的一类，因为在你开始实际研究之前，就需要准备好初步的文献综述，并作为开题报告的一部分。在确定研究问题的过程中，进行文献综述是必经步骤之一，因此你可能需要重新定义你的主题，并在这一过程中多次修改你的研究问题。

正在撰写文献综述章节的学生经常会问："我必须引用多少研究文章？"此外，他们还经常问："我的综述篇幅需要多长？当一些学生得知要综述的研究文章数量或综述的长度都没有最低限制时，他们会感到沮丧。通常，关于深度和长度的标准会有所不同，这取决于主题的性质、相关文献的数量以及指导教师的期望。

你应该为自己的文献综述确立两个主要目标。第一，你要尝试对该主题进行**全面**和**最新**的综述。第二，你要试着证明你对所学领域的知识掌握得很透彻。请记住，文献综述将作为进行研究的基本理论基础，而你完成这些目标的程度将在很大程度上决定你的论文会达到多好的效果。请注意，这些目标反映了你所承担任务的严肃性，即为你所在领域的知识体系做出贡献。多年来形成的一些传统反映了学术界对论文写作的重视程度，其中包括对开题报告的答辩、对已完成的学位论文的答辩，以及在纳入图书馆永久馆藏之前由大学对论文进行的仔细审查。

有些学生在撰写学位论文的文献综述部分时会出现拖延。毕竟，通常没有固定的时间表。因此，为自己设定最后期限是很重要的。一些学生发现，与答辩委员会主席商定一个非正式的时间表很有用。学生可以在这个时间表中设定完成整个过程中各个步骤的最后期限。在这方面，本书所述的准则将是有帮助的。你应该与你的答辩委员会成员进行定期的协商，以确保你保持专注并走上正轨。

最后，学位论文对准确度的要求是相当高的。这要求你的写作水平要远远超过学期论文作业。你的作品不仅要符合你所在领域使用的特定体例手册，而且还应该没有错别字和形式上的错误。第 12 章中的准则和本书末尾的自我编辑检查表将帮助你完成这一任务。在编辑你的文章之前，要确保留出足够的时间把草稿放几天，并且在把综述草稿交给你的导师之前，多次使用自我编辑检查表进行检查。

1.2.4　为研究文章撰写文献综述部分

期刊上发表的针对研究文章的文献综述是本书所涉及的三种综述中最直截了当的一种。这类文献综述通常比其他类型的文献综述更短、更聚焦，因为它们的主要目的是为特定的、通常非常具体的研究项目提供背景和理论基础。

另一方面，这类综述要经过的审查的严格程度甚至可能超过学位论文。投稿给期刊的研究论文通常要由研究领域内的两到三位顶尖学者进行评审。这意味着文献综述不仅要反映该课题的研究现状，而且要做到准确无误。同样，作者应仔细使用自编辑检查表。

通常情况下，作者会在研究进行一年或更长时间后撰写一篇期刊文章。这通常发生在学生决定将他们的学位论文改写成较短的、一篇文章长度的论文，或者把其中的一两章改写成一篇文章长度的稿件时。如果你属于这种情况，要检索你所在领域的最新期刊，以确保你的文献综述引用了关于你所选主题的最新作品。

尽管期刊之间存在一些差异，但期刊论文中的文献综述通常应与导言相结合。换言之，研究的导论是一篇短文，向读者介绍该研究的主题和目的，同时提供相关文献的概述。因此，在撰写研究文章时，综述的重点应放在开展某项研究的科学背景及其对该领域的贡献上。它应该有助于证明文章中报告的原始研究的价值。因此，它通常比学位论文的文献综述更为具体和集中。

1.3　本书的各个部分

1.3.1　第一部分　文献检索管理

如前所述，这本书分为四个部分。本书的第一部分描述了如何进行文献检索，这是写作过程中**筹划写作**阶段时必不可少的一部分。第 1 章为学术文献综述提供了一个概述。接下来，第 2 章将指导你熟悉大学图书馆的数字环境。一旦你掌握了数字检索方法，并确定了你所在领域和主题的主要的数字化数据库，就可以使用第 3 章来帮助你熟悉目标数据库中的全部可用字段。使用与每篇文章相关的关键词组合、主题指南以及图书馆提供的其他资源，你将仔细完善检索字段，并使用它们来准备一份关于综述主题的初步书面说明。第 3 章中的步骤将帮助你完善检索字段，以便确定你计划在综述中包含的一系列文章。第一部分结尾的第 4 章说明了如何组织收集到的文章，以便从文章的内容中收集信息。你将学习如何浏览文章，然后根据你自己的分类体系对它们进行分组。这将有助于你以有序的格式做笔记，从而轻松地对其进行排序和重组。

1.3.2　第二部分　分析相关文献

这本书的第二部分讨论了如何筛选你所选文章中提供的信息，并对这些信息加以组织，以解决你的综述所关注的特定主题。为了开始分析主要信息来源，你需要大量阅读，并从你收集的每一篇文章中采集具体信息。第 5 章为你提供完成此分析的分步指导。换句话说，当你阅读时，你将把作者的文章分成若干部分或元素。因为你要分析很多文章，所以需要准备一个系统的笔记集。筛选你做了笔记的元素、保留相关的元素、丢弃你不需要的元素是这个分析过程的一部分。

有时，你有必要从更专业的角度来阅读和分析这些文献。例如，如果你的文献综述是你计划进行的研究的一部分，你会特别注意第 6 章（关于如何分析定量研究文献）和第 7 章（关于如何分析定性研究文献）。这些章节概述了在分析这些类型的研究中更多的技术性问题。

开始撰写初稿之前的最后一步是把笔记进行逻辑分组。第 8 章介绍了一些可行的方法，以便将信息编排成一定的格式——这将大大方便你即将开始的初稿写作。

1.3.3　第三部分　撰写文献综述初稿

第三部分介绍了撰写文献综述初稿的步骤。按照第二部分的步骤，你现在可以开始对读过的材料进行**综合**，包括将笔记中的各部分重新组合成一个新的整体，形成一个支撑你自己观点的新的组织框架。你可以这样想：你读过的每一篇文章都自成体系，但是你现在必须从你读过的文章中创造出你自己的新体系。这就是第 9 章的精髓。作为这个过程的一部分，你需要对你所引用研究的质量和重要性做出评价。

现在你已经准备好撰写初稿了。请考虑你的读者对象，以此决定是用正式的还是不太正式的**风格**写作。一个善于写作的人会意识到读者的期望，并以满足这些期望的方式写作。例如，为某一特定领域的知识渊博的教授撰写的学期论文，不同于为好奇但不一定了解某一主题的读者而写的文献综述。学位论文中的文献综述不同于在期刊上发表的文章或为课程而撰写的研究论文中的文献综述。你还应该列出主要的小标题，找出从你的笔记中发现的写作模式，例如趋势、相似性、对比和概括，这些准则将在第 9 章中介绍。一旦你完成了初稿——第 10 章有介绍撰写初稿的准则，你就需要确保你的论证清晰、合乎逻辑，论据充分且没有讹误。第 11 章将有助于确保你的文章连贯。

1.3.4　第四部分　编辑和准备文献综述终稿

这本书的最后两章（它们构成了第四部分）与写作过程中的最后两个步骤（即编辑和改写你的综述）相吻合。这些步骤是往复的（也就是说，它们是重复性的），一个专业作者通常要修改初稿三次或三次以上，并且每一次都能写出一个精益求精的、新的和改进过的稿件。第 12 章提供了关于如何编辑你的文章并采纳读者反馈意见的准则，第 13 章详细概述了如何根据《美国心理协会出版手册》(*Publication Manual of the American Psychological Association*，一本社会科学和行为科学领域最常用的体例手册）中阐释的原则准备参考文献列表。一旦完成了这些步骤，你就可以将你的成品提交给目标读者——无论是你的课程导师、答辩委员会主席，还是目标期刊的编辑。如前所述，编辑和改写过程是往复的，因此你会收到有关修改、添加和 / 或重组的建议，这些建议无疑将促成新的和改进后的最终综述版本。

⏰ 本章活动

1. 找一篇你所在领域的实证研究的原始报告，阅读并回答以下问题。请注意，你的教师可能希望为此活动指定一篇特定的研究文章。通过阅读本书第一部分的其余章节，你将了解如何找到有关特定主题的期刊文章。然而，在这一点上，图书馆员或指导教师可以帮助你确定你所在领域的特定期刊，这些期刊可以在你的大学图书馆中找到。

现在，请就你找到的或你的指导教师指定的研究文章，回答以下问题。

A. 有没有明显的抽样问题？解释一下。不要只阅读"样本"小标题下的部分，因为研究者有时会在其报告中提供有关样本的额外信息。特别是在导言中，他们可能会指出他们的样本与其他研究者使用的样本有何不同。在接近文末时，他们可能会讨论与结果有关的样本的局限性。

B. 有没有明显的测量问题？解释一下。

C. 研究者是否只研究了一个狭义的问题？解释一下。

D. 你注意到其他缺陷了吗？解释一下。

E. 总的来说，你认为这项研究是否对增进知识做出了重要贡献？解释一下。

2. 阅读本书末尾的第一篇文献综述，回答以下问题。请注意，在你了解了更多有关撰写文献综述的过程之后，你将需要再次阅读此综述。下面的问题只涉及你的第一印象。稍后，你将能够更细致地评论这篇综述。

A. 综述者是否明确了综述的主题？他们指出其边界了吗？（例如，是否仅限于某类人、某段时间或问题的某些方面）

B. 文献综述是否是作为一篇连贯的文章来撰写的，从而能够引导你从一个小标题到另一个小标题地阅读文献？解释一下。

C. 综述者是对文献进行了解读和评论，还是仅仅对其进行了总结？举例并讨论。

D. 总的来说，你认为综述者通过综合文献而对知识领域做出重要贡献了吗？解释一下。

第2章　学会在你的大学图书馆里浏览电子资源

　　大部分原始的学术文献现在都可以在网上获得。事实上，越来越多的学术期刊专门以电子格式发表文章。学术研究不再要求你在学校图书馆的书堆里搜寻，这意味着现在大多数初步的文献研究必须在网上进行。因此，你很可能会在家里舒适地使用自己的电脑进行研究。事实上，学生在进入大学图书馆之前就开始研究是很常见的，这意味着熟悉和使用在线检索工具对于在当今的学术环境中进行研究至关重要。本章概述了搜寻和识别与你的研究领域最相关的在线数据库的一些一般性操作方法。

　　请注意，本章旨在为研究新手提供帮助，其中一些是刚毕业的高中生。高年级学生和研究生可能不需要这里提供的使用在线数据库的分步指导，但筛选参考文献的一般过程适用于所有学生，包括本科生和研究生。

2.1　第一步：在你的机构与大学图书馆之间建立正式关系

　　在你访问图书馆的在线资源之前，请首先咨询图书馆员或你所在大学的技术办公室，以确保你的机构隶属关系已经建立并发挥作用，这一点很重要。换句话说，你需要验证允许你访问电子邮件、Wi-Fi 和其他校园资源的访问凭证是否也可用于访问图书馆资源。有了这些信息，你就可以开始从校内或校外访问图书馆的数据库了。

2.2 第二步：设置联机登录信息和 / 或代理服务器

你的下一个任务是学习登录图书馆在线研究服务的具体步骤。如果你只是从图书馆的一个计算机机房访问大学资源，那么多数大学将不要求你提供登录信息。但如果你希望打印或以其他方式保存结果，你仍需要登录到网络。无论你选择在家里还是在图书馆进行研究，明智的做法是确保获得访问凭证，这样你就可以灵活地从校内或校外登录。

大学要求所属人员（学生、教员、工作人员）使用凭证登录其各种在线资源和门户网站。对于希望从校外访问资源的学生，大学图书馆通常有自己的登录程序。许多学术机构将此称为建立**代理服务器**（Proxy Server）或**虚拟专用网**（Virtual Private Network, VPN），在大多数情况下，大学会在其图书馆或机构技术网站上提供详细的指南。在你们大学的主页上检索"从校外访问图书馆资源"（Accessing Library Resources from Off-Campus）将有助于找到这些信息。

一些大学图书馆不要求你设置专门的**代理服务器**或 VPN
（虚拟专用网），而是要求你首先访问他们的图书馆主页，并使
用他们的在线资源超链接，然后再将你重新定向到校外登录页
面。在很多情况下，你需要先访问图书馆的在线文章数据库集
的页面。单击要访问的期刊 / 数据库时，系统将提示你提供机构
凭证，以授予你访问数据库的权限。如果你能够事先设置好**代
理服务器**或 VPN，那么在大多数情况下，可以绕过此过程。

2.3 第三步：查询大学图书馆文献讲习班的情况

在开始自主检索在线数据库之前，强烈建议你向图书馆咨
询专门针对你所在机构图书馆的研究过程而设置的文献讲习班。
即使你以前进行过在线研究，这些文献讲习班也会非常有利于
你了解整个过程并获得有用的提示。

同时，我们也建议你从专攻你的研究领域的图书馆员那
里寻求一对一的帮助。大多数大学图书馆都有分配到特定学科
（教育学、心理学等）和 / 或院系的图书馆员。这些图书馆员拥
有与特定领域相关的数据库和期刊的专门知识，他们能告诉你
如何获得相关的在线资源，从而节省你宝贵的时间。

2.4　第四步：选择一个最适合你需求的搜索引擎

　　学习浏览各种各样的在线数据库可能是令人生畏的。每个在线数据库都有自己独特的搜索引擎，你必须按照下面的步骤学习如何阅览它们。

　　一般来说，最好从一个数据库开始检索，这个数据库应该尽可能广泛地收录了潜在的研究资料。目前学术机构广泛使用的两个检索工具是 WorldCat 联合目录和 Google Scholar（谷歌学术），它们都向公众提供免费和不受限制的访问，但也让你可以选择直接链接到你所在大学的图书馆目录。建议你咨询图书馆员，以确定适用于你的学科的其他数据库。

　　值得注意的是，WorldCat 检索的是一个虚拟数据库，其中包括 170 个国家和地区的约 7.2 万个图书馆的目录，这些国家和地区都参与了在线计算机图书馆中心（Online Computer Library Center, OCLC）的全球合作。美国几乎所有的大学图书馆都参与了 OCLC。相比之下，Google Scholar 是一个搜索引擎，它在网上检索在线数据库中找到的学术文献，包括期刊和书籍、会议论文、硕博学位论文、摘要、技术报告和其他学术文献。然而，除非 Google Scholar 被设置为只检索特定数据库或图书馆的目录，否则它可以搜到不符合公认的同行评议学术标准的内容。换句话说，Google Scholar 的功能与典型的 Google 搜索相同，它会为你提供其收录的网站上的任何内容，除非你设置特定参数进行限制。

我们咨询过的大多数学者都更喜欢使用 WorldCat，因为他们认为其检索结果更可信、更全面。尽管如此，一些学者和大学图书馆已经开始建议学生使用 Google Scholar。一些人认为 Google Scholar 的搜索框样式很简洁，比 WorldCat 容易使用。如前所述，除非加以限制，否则 Google Scholar 会搜到不符合公认学术标准的内容，因此如果你选择使用它，请确保你已经学会如何控制它的检索范围。你的图书馆员可以帮到你。

当你考虑哪些数据库更适合你的主题时，我们建议你咨询指导教师和图书馆员。大多数大学的图书馆都提供如何使用在线资源的教程，并提供针对你的学术机构的可访问信息。

我们选择在本章中使用 WorldCat 来说明检索过程，即使你选择使用其他数据库和 / 或检索工具，我们也建议你遵循这里阐述的一般准则。

2.5 第五步：熟悉在线数据库的功能

如上所述，无论你选择使用哪个数据库进行检索，重要的是，你首先要学会如何浏览其网站，并留足时间熟悉各种参数，以便进行更有条理和更有针对性（即更具体）的检索。这一点在学年期间尤其重要，因为你可能会面临很大的压力。

无论你选择使用 WorldCat 还是其他数据库，第一步将是学

习如何缩小检索参数。图 2.5.1 的例子演示了如何调整 WorldCat
参数以缩小检索范围的推荐步骤。

图 2.5.1　将检索结果限制为"Articles"（文章）

第一次访问 WorldCat.org 网站（以及多数大学的图书馆目
录）时，你会发现检索初始页面的默认设置是自动检索其数
据库中的每条记录。在 WorldCat 中，这个默认设置被标记为
"everything"（所有），检索将显示数据库中找到的所有出版物
（书籍、文章、报告等）。其他数据库可能会对这些类型的全面
检索使用各种其他标签，例如"One Search"（一元搜索）、"Multi
Search"（多重搜索）等。

考虑到大多数文献综述都会强调期刊文章是它们的主要信
息来源，你需要确保首先选择"Articles"标签，它将为你提供
你所选择的关键词下的全部期刊文章的标题列表。你会注意到，
你还可以将检索结果限制在某一特定期刊上。如果你的指导教
师向你指明了一个特定的方向，可能会很有帮助。但首先请考
虑如何确定所需的关键词，如图 2.5.2 的例子所示。

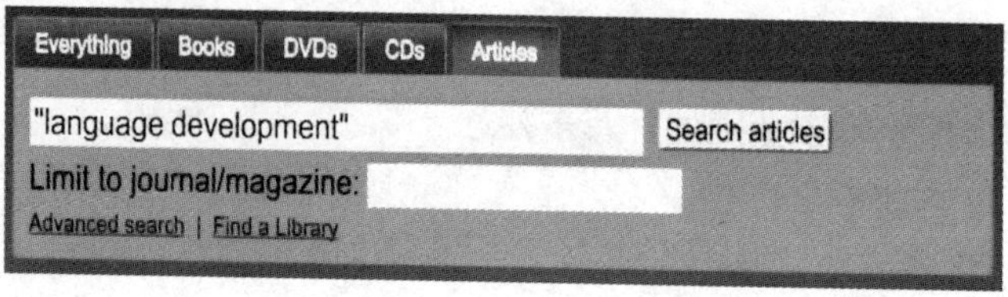

图 2.5.2　输入相关的检索关键词

　　现在你已经选择了"Articles"标签，你将需要为模拟检索输入相关的检索关键词。显然，这一步需要你对自己想要研究的东西有一个想法。如果你的主题还没有确定，或者仍然非常宽泛，第 3 章将提供详细的建议，帮助你通过收窄检索关键词来选择一个最终的主题。

　　在这些例子中，我们输入了关键词"语言发展"（language development），WorldCat 数据库返回了该关键词下的 39,141 个检索结果或具体已发表文章的列表。由于其范围太广，该列表显然不切实际，以下步骤将说明如何进一步缩小结果的范围。请注意，将多字词条（如"language development"）放在引号中非常重要。否则，搜索引擎会检索词条中所有可能的单词组合，包括"language"（语言）、"development"（发展）和"language development"（语言发展）。

　　如前所述，使用关键词"语言发展"进行检索的结果过于宽泛。但是，通过浏览结果，你将很快看到列表中明显的几种模式，包括"children vs. adults"（儿童对成人）、"syntax vs. phonetics"（句法对语音学）、"first vs. second language acquisition"（第一语言对第二语言习得）等特定主题。假设你选择了仍然非常宽泛的主题"第二语言习得"。这个主题将产生一个更具体的结果——20,657 个检索结果。即便如此，这个列表还是太大了，对你没有用处。请记住，你应该从一个一般性的主题开始，以便能够评估可用于该主题的文献量，因为这有助于你将其缩小到一个更易于管理的结果。但是超过 10,000 次命中的结果仍然需要缩小范围，因此见图 2.5.3，通过研究 WorldCat 中给出的参数，我们现在将检索范围缩小到"可下载文章"（downloadable Articles）。检索结果左侧边栏的"文献类型"（Format）标签，允许你根据你选择的特定文献类型来限定检索范围。现在我们

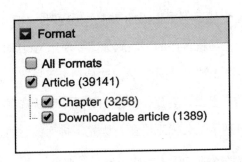

图 2.5.3　浏览结果是缩小检索范围的第一步

的列表中有 754 篇文章。虽然这个数字对于学期论文来说还是太大了，但如果你的目标是撰写一篇硕士或博士学位论文，这可能是一个合理的结果。

在实际的作业中，你会继续缩小检索范围，直到得到一个更易管理、更集中的结果。从这些例子中学到的经验是，你应该随时根据检索结果修改使用的关键词。

在大多数情况下，你的图书馆网站将包含一个"数据库"（Databases）页面，该页面将按主题排列大学的在线资源。这通常被称为"**主题指南**"。许多机构根据其院系的具体兴趣量身定制指南。这是一个简单的方法来帮助确定哪些期刊与你的研究领域相关且可以获得。

请注意，根据你图书馆的订阅情况，你可能有权或无权访问你通过外部搜索引擎（如 Worldcat）找到的所有期刊。因此，建议你与图书馆员（他们或许能帮你找到其他资源）以及你的指导教师讨论你检索到的结果。

当你浏览上述示例中生成的 754 个标题时，你会注意到结果一定程度上是随机排序的，因此你需要使用 WorldCat 数据库中的"Sort by"选项。见图 2.5.4，这是一个下拉菜单，位于检索结果页面的右上角，它提供了按相关性（默认选项）或按作者、标题、日期（最久优先或最新优先）排列标题的选项。按"最新优先"（Newest First）排序可以首先显示最近发表的研究，从而方便你组织结果。如果你要评估当前某个领域的研究状况，这会很有帮助。此选项将提供一种查找文章的简单方法，帮助你优化检索。

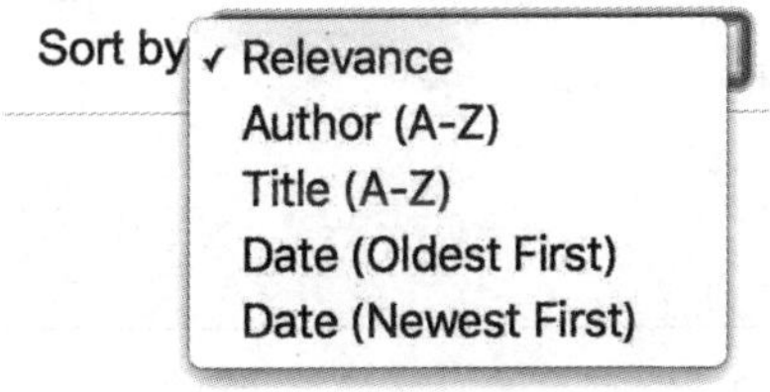

```
Sort by  ✓ Relevance
         Author (A-Z)
         Title (A-Z)
         Date (Oldest First)
         Date (Newest First)
```

图 2.5.4 在检索结果页面上找到"排序方式"（Sort by）选项

同样，在实际的操作中，你将继续收窄检索参数，以获得越来越集中的结果。你可以通过尝试"高级检索"（Advanced Search）功能（如步骤六所述）继续此过程。

2.6 第六步：尝试"高级检索"功能

大多数在线数据库都有"高级检索"功能。通过点击"高级检索"，就可以进一步调整数据库的检索参数。如果你被要求只综述某一特定时间段（如最近 10 年）的文献，或者你已经确定了一位在你的所选主题上发表过大量文章的学者，那么这将非常有用。

根据检索参数的广度，检索可能会返回大量结果，如上例所示。当你开始设定更聚焦的参数时，你将得到更集中的结果。下面的截图说明了此过程的另一个可用工具，该截图来自WorldCat.org 网站（见图 2.6.1）。请注意，通过使用高级检索页面，你可以选择按年份、受众、内容、文献类型和语言来进一步缩小检索范围。

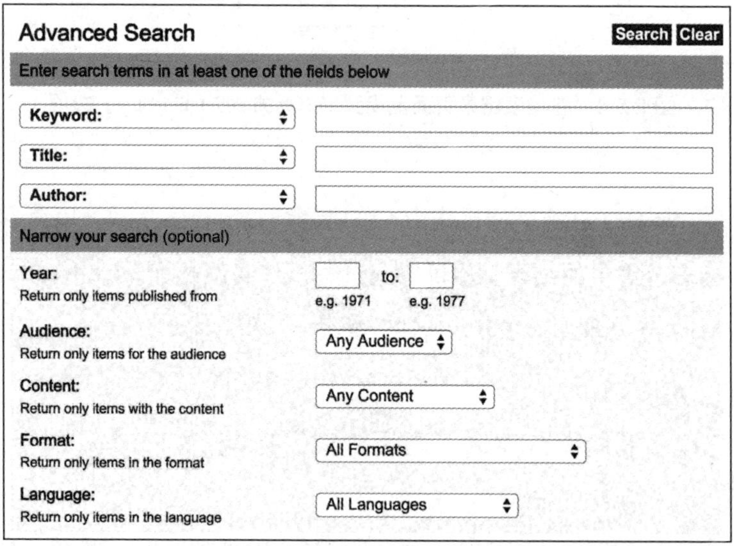

图 2.6.1　WorldCat 的"高级检索"页面

2.7　第七步：确定一组主题关键词来定位你的信息来源

通过点击这些数据库中列出的数千篇期刊文章中的某一篇，

你将检索到有关该文章的更多信息。例如，你将看到文章的标题、作者、来源期刊、出版日期、摘要和**主题关键词**（即描述文章内容的描述性术语和短语）。现在，你可以通过调整一个或多个字段来缩小检索范围。如果你在进行初始检索时使用的主题关键词过于宽泛，如上面的例子那样，那么这些字段将帮助你优化检索。例如，当你点击其中一篇文章时，显示的标题之一将是"主题"（Subjects），这将显示更多可能的关键词，可用于识别与你选择的文章高度相关的文章。一旦你确定了新的主题关键词列表，建议你使用新术语启动另一个检索，以获得更多结果。

2.8　第八步：了解如何获取你选中的文章

在按照第七步确定了相关来源之后，现在你必须学习如何获取它。根据图书馆数据库订阅情况以及你是否设置了**代理服务器**或 VPN，你可能能够（也可能无法）查看所选条目的全文。

有些文章可以通过直接点击"查看全文"（View Full Text）按钮来访问。根据你计算机的浏览器设置，WorldCat 可能已经确定了你的地理位置，并列出了附近拥有该文章的图书馆。如果你使用**代理服务器**或 VPN 登录，则可能会出现另一个方框，帮助你确定图书馆是否拥有该文章。请注意，根据你图书馆的订阅情况，你可能无法访问你找到的所有期刊，这就可能需要你使用馆际借阅方式。你的图书馆员将指导你完成这个过程。

2.9　第九步：确定对你的研究领域有用的其他数据库

每个学术领域都开发了自己的数据库服务，旨在满足学生和学者的需求。在刚开始检索时，你应该与图书馆员或你的指导教师商讨，以确定你所学领域的特定数据库。要强调的是，除了在图书馆获得的信息外，你还应该向你的顾问或指导教师咨询你所在领域的首选数据库。然后，你可以弄清楚哪里可以找到以及如何获得它们。

一旦你确定了与你的研究领域最相关的数据库，接下来应该列出一个数据库列表。一旦你已经充分缩小了你的研究主题，就可以利用它们开始检索。例如，图 2.9.1 提供了图书馆目录 OneSearch 对"语言学 / 作为第二语言的英语教学"（Linguistics / Teaching English as Second Language, Linguistics / TESL）中"最有用"的数据库的建议。在你为自己的研究领域确定了一个类似的列表之后，你就可以开始针对主题的研究过程了。

请记住，如果你尚未设置大学访问账户，则需要在检索这些其他数据库之前先设置账户（请参阅本章前面的步骤一和步骤二）。事实上，规模更大的研究图书馆将有比这里描述的更多的研究服务。如果你是一所小型大学的学生，建议你调查一下你所在大学的图书馆是否与你所在地区的大型机构有合作关系。建议你与图书馆员讨论你的结果，他们可能会帮助你找到更多的资源；你也可以与你的指导教师进行讨论。

Linguistics/TESL

Most Useful

Linguistics and Language Behavior Abstracts (LLBA)

Abstracts and indexes the international literature in linguistics and related disciplines in the language sciences. Covers all aspects of the study of language including phonetics, phonology, morphology, syntax and semantics. Documents indexed include journal articles, book reviews, books, book cha . . .
More information

Communication & Mass Media Complete (EBSCO)

Indexing and abstracts for more than 600 journals and full text for over 500 journals in communication studies, speech, mass media, journalism, linguistics, and communicative disorders.
More information

ERIC (ProQuest)

ERIC (Educational Resources Information Center) is sponsored by the U.S. Department of Education to provide extensive access to educational-related literature. ERIC provides coverage of journal articles, conferences, meetings, government documents, theses, dissertations, reports, audiovisual media, . . .
More information

MLA International Bibliography (ProQuest)

Provides searchable access to more than 2 million bibliographic citations to journal articles, books, dissertations, and scholarly websites in academic disciplines such as language, literature, folklore, linguistics, literary theory and criticism, and the dramatic arts. Coverage includes literature . . .
More information

Project MUSE

Full text of over 300 peer-reviewed journals published by university presses and scholarly societies with emphasis on humanities and social sciences.
More information

JSTOR

Comprehensive archive of back issues of core scholarly journals in the arts, business, humanities, sciences and social sciences.
More information

图 2.9.1　OneSearch 在线数据库中关于

"语言学 / 作为第二语言的英语教学" 的主题指南

2.10 第十步：在其他数据库中重复检索过程

上述步骤应该已经让你熟悉了如何浏览和操作一个主要在线数据库（即 WorldCat.org 网站）的检索参数。因为你要查询的数据库将取决于你的学科，所以明智的做法是对你确定的任何其他数据库重复这些步骤。

⏰ 本章活动

1. 确定机构与大学图书馆之间是否有正式的隶属关系。咨询图书馆员和 / 或学校技术办公室，以确定从校外访问图书馆资源的必要步骤。

2. 咨询关于如何浏览大学图书馆在线资源的文献讲习班的情况，这些文献讲习班通常由大学图书馆主办。另外，你要找一位与你的研究领域相关的图书馆员，咨询一下图书馆的可用资源。

3. 使用 WorldCat.org 网站进行模拟检索。将检索限制在特定类型的资源（如文章、书籍等）上。一定要同时使用"高级检索"和"排序方式"功能。

4. 找到你所学领域的图书馆在线数据库**主题指南**，并创建一个数据库列表。一旦确定了主题，你就需要检索这些数据库。

第3章　为你的综述选择一个主题

"我应该从哪里开始？"这可能是准备撰写文献综述的学生最常问的问题。虽然没有单一的答案，但本章旨在说明许多专家和研究者在入门过程中使用的方法。请记住，写作是一个个体化的过程，因此这里描述的方法是一个路线图，而不是处方。通过本章学习，你将能够完成两个重要的任务——对所选主题的书面描述和关于阅读清单的工作草稿——这将有助于你撰写一篇有价值的文献综述。

显然，任何一种学术写作的第一步都是决定你将要写什么，但在完成这一步时所遵循的具体路径将因你撰写文献综述的目的不同而有所不同。第1章说明了撰写文献综述的三个最常见的原因。

3.1　第一步：界定你的总主题

在任何类型的文献综述中，你都应该具体界定你的主题。例 3.1.1 给出了一个过于笼统的主题。事实上，这是在许多大学中教授的一门概述课程的名称，涉及的文献非常广泛。

例 3.1.1
过于笼统的主题 --------------------------------

总主题：儿童语言习得（Child Language Acquisition）

　　显然，例 3.1.1 中的主题范围必须大幅度缩小，才能用于一篇篇幅可控的文献综述。接下来的步骤将引导你完成这个过程，从而为本例提供更好的替代方案。

3.2　第二步：熟悉你选择的在线数据库的基本结构

　　如第 3 章所述，在开始缩小你的研究主题的范围之前，熟悉你想要检索的在线数据库的结构是很重要的。WorldCat.org 网站和绝大多数大学图书馆的目录都包含各种来源的条目，如期刊文章、书籍、会议报告、档案材料、政府文件等。因为这本书的重点是综述学术期刊文章，所以了解如何调整数据库检索结果，使得结果限制在这些类型的来源上是至关重要的。因此，虽然缩小主题范围是一个重要的步骤，但同样重要的是，你要学会如何管理检索结果，以便产生一个可供探讨的、可行的条目集。

3.3 第三步：用一个通用关键词开始检索，然后限制输出

除非你以前了解某个特定主题，否则你应该使用常规**关键词**开始数据库检索。建议你使用最能描述你正在研究的主题的类别或短语。你的关键词可能更宽泛或更具体，这取决于你在研究过程中走了多远。

如果这一步导致文献数目过多，可以通过添加其他带有**布尔运算符**（如 AND、OR 和 NOT）的关键词来限制检索。例如，如果你检索"social AND phobia"（"社交"和"恐惧症"），你将只会得到同时包含这两个词的条目。

有些数据库，如 PsycARTICLES（EBSCO），在你输入自己的检索关键词和短语时会自动生成备选的检索关键词和短语。例如，当你输入"social phobia"（社交恐惧症）时，数据库也会提示"social anxiety"（社交焦虑）。你应该记下这些可供选择的主题关键词，以备你想用它们在其他数据库中作进一步的检索。

下面是一个如何利用布尔运算符缩小检索范围的示例。在心理学的一个主要数据库 PsycARTICLES（EBSCO）中以关键词"phobia"（恐惧症）检索，时间设置为 2006 年至 2016 年，

总共检索出 188 篇文章。[1]检索"social AND phobia"，总共检索出 125 篇文章。最后，对"children AND social AND phobia"（"儿童"和"社交"和"恐惧症"）的检索只得到 22 篇文章。限制检索范围的具体步骤将因你正在检索的数据库而异。第 2 章介绍了一些通用策略，帮助你熟悉在线数据库的检索选项。

　　一些在线数据库会自动使用你的关键词来检索文章的标题、摘要和**全文**。如果在一个默认这样做的数据库中进行检索，例如 JSTOR（西文过刊数据库），你可能需要采取进一步的策略来限制检索结果。如上所述，限制检索结果数量的一个有效技巧是将检索限制为只出现在标题和文章摘要中的关键词。使用这些限制将有助于排除仅在正文中顺带提到该关键词的文章。

　　例如，在 PsycARTICLES 上用关键词"Phobia"进行同样的检索，包括对所有文章的全文进行检索，会得到 2210 个结果。这比上面提到的 188 篇文章要多得多，可能会让人难以应付。或者，如果你使用布尔运算符加大限制，并将检索限制在标题和摘要中出现"Phobia"一词的文章（见图 3.3.1），则可以检索出 37 篇文章，这是一个更小、更容易管理的数字，是否这样做则取决于你的文献综述的范围和目的。

1　需要注意的是，默认情况下，该数据库最初不会在"全文"中检索这些检索词。如果你最初的检索显示的结果太少，你可能希望选中"同时在文章全文内检索"。——原注

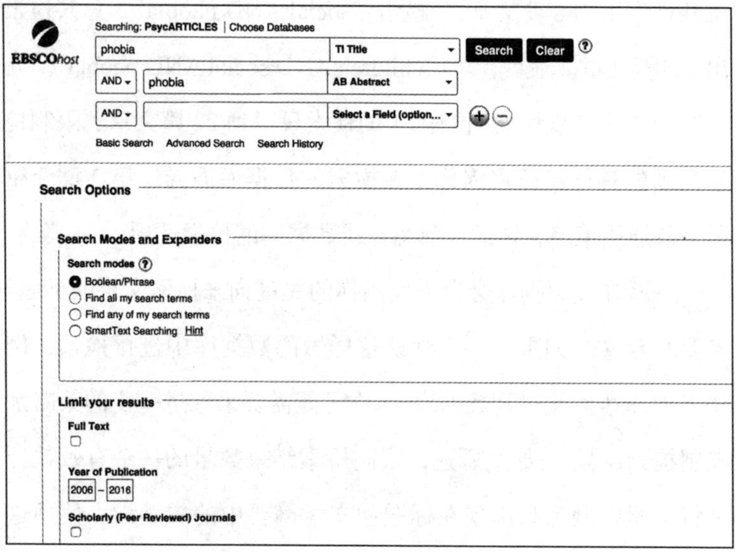

图 3.3.1　限制输出条件的数据库检索示例

　　尽管你可能正处于尝试检索关键词及其输出结果的早期阶段，但保存与你的主题高度相关的所有结果是很重要的。有关此过程的更多信息，请参阅步骤十一。

3.4　第四步：如果初步检索结果过多，应缩小主题范围

　　如果检索结果的初始列表太长，则应该对重复出现的副主题进行分类和聚类。将检索结果聚焦到较小的主题范围将有助

于缩小整个主题的范围。完成这一步后，你可以根据自己的兴趣及主题与课程的潜在相关性，从确定的主题领域中选择一个主题。例 3.4.1 列出了五个修改后的主题，这些主题是通过对主要主题重新分类后得到的，而这些主要主题是在"第二语言习得"这个较为宽泛的主题的初步数据库检索结果中的标题和摘要中找到的。

 例 3.4.1

根据最初的检索结果确定可能的主题范围 ---------

○ 影响语言习得的障碍

○ 父母在儿童语言习得中的作用

○ 专门针对讲西班牙语的儿童的语言习得问题

○ 语法结构和类别的习得

○ 幼儿语言习得

这些分类仅仅是为了说明这个过程。事实上，检索结果可以被重新分为许多其他类别，并且没有必要将它们全部细分。此处的目的是让你对最初检索获得的大量研究文献的主题和方法有一个感觉。应该注意的是，你所分类的一些文章可能出现在多个主题中。

如例 3.4.1 所示，当你对结果进行分类后，应当仔细检查这些结果的子集能否作为你的文献综述的一个主题。例如，许多关于"婴儿期语言习得"的文章专门讨论婴儿的发声。如果这一子集的文章数量不足以满足你的需要，请继续步骤五；否则，你可以跳到步骤六。

3.5 第五步：如有必要，扩大你的文献列表

一旦你确定了一个可行的主题，就有很多方法可以增加检索结果的数量。首先，如果你使用了日期限制（如 2006 年至 2016 年），并且没有获取足够的文献进行综述，那么你当然可以扩展你的时间范围。

> **Subjects:** *Infant Development; *Language Development; *Learning; *Speech Perception; *Words (Phonetic Units); Statistics

图 3.5.1　PsycARTICLES（EBSCO）条目中的主题关键词示例

你还可以在数据库中检索其他类型的来源，如会议论文、课程指南和学位论文，这些可以用来补充已找出的期刊文章。请参阅第 3 章，了解如何扩展或缩小检索结果中显示的条目类型范围。

请注意，若要在期刊上发表报告，通常必须经过一名或多名编辑、编辑顾问或具有该领域专门知识的审稿人的审查。然

而，对于在线数据库中包含的许多其他类型的资料源，情况**并非如此**。另外，请注意，大多数据库不会试图判断其条目中信息的可靠性或质量。因此，作为信息来源，一些非期刊文献可能不如期刊文章实用。

3.6　第六步：考虑检索未发表的研究

检索未发表的研究是扩大参考文献范围的另一种方法。此外，你可能希望检索未在学术期刊上发表的研究[1]，因为有些未发表的研究可能也与你的主题相关。一项研究没有在期刊上发表并不意味着它不重要。一项潜在的重要研究未在期刊上发表的可能原因如下：

1. 一些具有潜在重要性的研究甚至从未提交给可供出版的期刊。例如，硕士和博士学位论文往往太长，无法在学术期刊上发表，或者必须经过大幅改写才能发表。许多硕士和博士学位论文作者难以承受这种改写过程。此外，当研究结果与假设不一致时，一些研究者可能会感到气馁。他们可能会转而在他们认为更有成效的领域进行研究，而不是将这些研究写出来提交给期刊。

---

[1] 未在期刊上发表的研究通常被称为"未发表的研究"（unpublished studies），尽管这些研究可能在某些大学图书馆以印刷形式提供。——原注

2. 一些期刊编辑和专家评委可能会对那些没有显示出显著差异或无法证实研究者提出的研究假设的研究产生偏见。

找到未发表研究的一种方法是联系已发表研究的作者，询问他们是否知道关于你的主题的任何未发表研究。[1] 例如，他们可能开展了最终未提交发表的研究，或者他们可能知道某些学生或同事在从事相关主题的工作。第二种方法是检索像 ERIC（ProQuest）和 Dissertations & Theses（ProQuest）这样的数据库，这些数据库包含这种类型的条目。

3.7　第七步：从最新的研究开始，然后回溯

如第 3 章所述，在一个对你来说陌生的领域开始检索的最有效方法是从最新的期刊文章开始。如果你认为一篇最近发表的文章与你的主题相关，那么该文章的参考文献或书目列表将为你提供有用的线索，告诉你如何继续寻找文献。一个好的策略是获取与你的研究主题相关的文章，复制每篇文章末尾的参考文献列表，比较这些列表的共同点，然后找出所有潜在的候选文献作为补充。如果你正在撰写一篇文献综述，以此作为介

1　如电子邮件地址一类的联系方式，通常以脚注的形式，在研究文章的第一页或参考文献列表之前或之后的文章结尾处提供。——原注

绍你将要进行的研究的一部分，请记住制定阅读清单的两个重要标准：阅读清单应能反映该主题的研究程度，并能为你自己的研究提供适当的背景。

3.8　第八步：查询关于你的主题的理论文章

正如你在第 1 章学到的，文献综述中应该包括与你的主题直接相关的理论文章。然而，对社会科学和行为科学文献的典型检索将主要获取实证研究的原始报告，因为这些类型的文献占据学术期刊的主导地位。如果你很难找到关于你的主题的理论文章，那么就把"**理论**"作为你的检索关键词之一。例 3.8.1 是一篇文章摘要，对于打算写社交恐惧症相关理论的人可能有用。

例 3.8.1
一篇使用关键词"**社交**""**恐惧**"和"**理论**"
查询到的文章的摘要

马特尔（2013）提出了一个元理论，该理论基于性别选择理论和一般的进化心理学原则，分别解释了在儿童期和青少年期出现常见行为障碍和某些内化障碍时众所周知的性别差异。在这篇综述中，我首先列举了马特尔理论的几个优点，然后介绍了两种主要的批评意见。针对数篇旨在理解这种性别差异的不同文献，马特尔提供了一个特别的综合性描述。同时，我对一般的进化心理学原则尤其是性别选择理论，提出了一些批评性问题，因为它被选为元理论框架，将这些不同的影响和机制结合在一起，以及作为不同心理病症中性别差异的驱动因素。事实上，目前还不清楚进化心理学是否有必要以及是否提供了独特的解释能力——解释年轻人内化和外化障碍中出现的性别差异。此外，马特尔基于进化心理学的建议涉及青少年的抑郁症和社交恐惧症，但没有解释其他常见的儿童期和成年早期焦虑症的性别差异。

值得注意的是，实证研究报告的作者通常会讨论他们的研究与理论文献的关系，也会提供这些文献的目录。你应该根据这些线索，找到它们并将其作为你自己的参考文献。

3.9 第九步：查询综述文章

上一步中描述的检索技巧的一个启发是，在检索数据库中的综述文章时，可以使用关键词"综述"（review）一词。[1] 以前

----

[1] 你不应该仅仅一次性地使用检索词。有些数据库允许你使用同一个概念的多个措辞进行检索。例如，如果你在文章检索中键入"review"，则会出现一个对话框，建议你检索"review""literature review""a review of the literature"，等等。——原注

发表的综述文章在准备新的文献综述时非常有用，因为它们有助于确定研究领域中文献的广度和范围。这些综述文章通常会包含远比研究文章更全面的参考文献列表。

请注意，有些期刊只发表文献综述，有些期刊则强调实证研究的原始报告，但偶尔会发表某一领域主要研究者的文献综述文章，还有的期刊的编辑政策是禁止发表综述。如果你知道你所在领域中发表综述的期刊的名称，就可以在数据库检索中予以指定。这会将检索限制为仅检索这些期刊，你可以在主检索之外开展这一检索。

在 PsycARTICLES（EBSCO）数据库中，在任何字段使用短语"药物滥用"和"治疗"（substance abuse AND treatment）和在"文献标题"（TI Title）字段使用"文献综述"（literature review）作为关键词来检索，都可以查询到一批有用的文章，其中包含关于药物滥用者治疗的综述。例 3.9.1 中显示了其中的两篇。

 例 3.9.1
通过"文献综述"检索获得的两篇文章 ------------

Bayles, C. (2014). Using mindfulness in a harm reduction approach to substance abuse treatment: A literature review. *International Journal of Behavioral Consultation and Therapy, 9*, 22–25.

Clifford, P.R., & Davis, C.M. (2012). Alcohol treatment research assessment exposure: A critical review of the literature. *Psychology of Addictive Behaviors, 26*, 773–781.

3.10 第十步：识别里程碑式的或经典的研究和理论家

最后，找到你的主题内的里程碑式的研究和理论家（即那些在深化对主题或问题的理解方面具有**历史重要性**的研究和理论家）是很重要的。不幸的是，有些学生认为这是一个可有可无的细节。然而，如果没有对里程碑式的研究有一定的了解，你就不会理解你所选主题的当前背景。如果你正在撰写一篇学位论文，期待自己对文献做出极为详尽的综述，遗漏里程碑式的研究会被视为一个严重的缺陷。

在文献检索的一开始，要找出具有重要历史意义的研究并不总是容易的。然而，一些期刊文章的作者明确指出了这些研究，如例 3.10.1 所示。

例 3.10.1
摘自一篇研究文章，指出了一个里程碑式的
理论家及其相关研究

在 20 世纪以来最具影响力的经典条件反射理论中（e.g.,
Mackintosh, 1975; McLaren & Mackintosh, 2000; Pearce & Hall,
1980; Pearce, 1987; Rescorla & Wagner, 1972; Wagner & Rescorla,
1972），只有瓦格纳（1981）、瓦格纳和布兰登（2001），以及萨
顿和巴尔托（1981）的实时模型提供了对时间接近（temporal
contiguity）的解释。因为许多主要理论家对此不感兴趣，因此对
有关时间接近的实验关注相对较少，只是最近才出现了本综述最
后一节讨论的与时间有关的研究。关于经典条件反射理论中时间
接近的研究的最新综述发表于 30 多年前（Gormezano & Kehoe,
1981）。

在阅读你选择的文章时，你会经常注意到，某些作者的名
字被反复提及。例如，如果你大量阅读关于社会因素如何影响
学习的文献，你会发现阿尔伯特·班杜拉的社会学习理论被许
多研究文章的作者引用。基于此，你会出于以下两个原因使用
班杜拉的名字和姓氏再次检索数据库：找到他撰写的关于这一
理论的文本（请记住，你希望从**原始来源**获得这些文本，而不

仅仅是其他人的转述）；试图找到他为建立这个理论而开展的早期研究，或使理论具有可信性的其他早期理论。按"最早优先"（Oldest First）或"最早日期"（Date Oldest）排序检索结果可能会有所帮助。请记住，提出理论的人经常进行研究并发表研究，以支持他们的理论。他们的早期研究帮助建立了他们的理论，这些研究最有可能被认为是"里程碑"或"经典"。请注意，当你为此目的对数据库进行检索时，不应将检索范围局限于近年来发表的文章。检索 PsycARTICLES 数据库的所有年份，同时将检索限制为作者是"Albert Bandura"[1]，标题中包含"social"（社会），所有字段中包含"learning"（学习）（图 3.10.1）。如此一来，你可以找到 5 个条目，包括一篇早期的独著文章，如示例 3.10.2 所示。

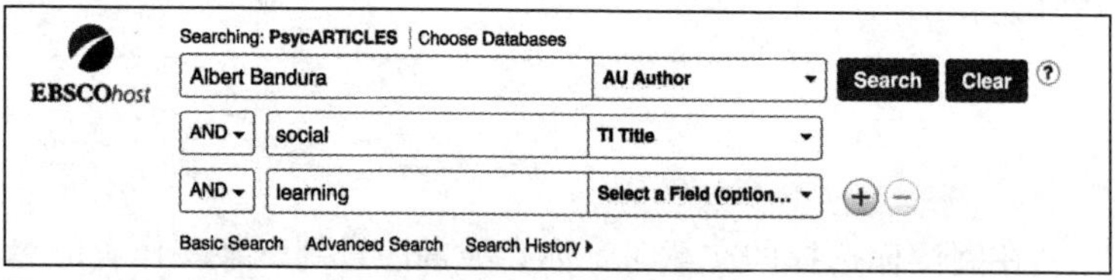

图 3.10.1　利用 PsycARTICLES 检索阿尔伯特·班杜拉的里程碑式研究

1　指定作者姓名时，请同时使用名字和姓氏，但不要用引号将全名括起来，因为这样会排除姓在名前的情况。——原注

例 3.10.2

一位著名研究者和理论家的早期研究 ------------------

Bandura, A. (1969). Social learning of moral judgments. *Journal of Personality and Social Psychology, 11*, 275−279.

最后，你可以查阅相关的大学教科书。教科书的作者经常会简要地追溯重要主题的思想史，并很可能提到他们认为的某一特定主题的经典研究。

3.11　第十一步：收集你计划在综述中包含的来源

在继续进行对主题的最终选择之前，你需要收集在整个检索过程中找到的文献。有多种方式可以完成此任务，因此，如何组织资料将取决于你自己。那些精通校园在线引文工具（在第 13 章中将讨论）的人可以选择利用这些程序来节省以后编辑既定格式参考文献列表的时间。其他人可能会选择使用计算机的复制和粘贴功能来创建一个单独的 Word 文档。这都取决于你选择如何做，但正如所指出的那样，这是你确定要为你的综述详读哪些文章的前提。

大多数在线数据库都能将选定的引文保存到自己的文件

夹中。考虑到你可能已经尝试了许多不同的检索关键词和条件，这是一个跟踪相关文章的简便方法。如果你选择不使用这些功能，建议你尽早采用自己的体系保存引文。否则，你将可能很难追溯检索过程并找到尚未保存的文章。有关此选项在 EBSCOhost 数据库平台中的位置示例，请参见图 3.11.1 中的箭头。

图 3.11.1　EBSCOhost 中"将引文保存到文件夹"功能的位置

在数据库中找到文件夹或保存功能后，你应该熟悉创建个性化文章存储库所需的步骤。在 EBSCOhost 中，你只需单击蓝色文件夹图标，然后该图标将变为黄色，此时会出现一个新对话框，提示文献已被置于已有的文件夹中，见图 3.11.2。请注意，你可以进入文件夹的设置模块，以创建或重命名不同的文件夹。

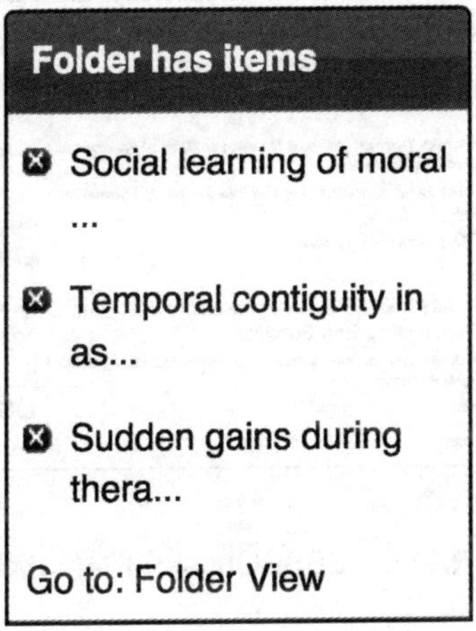

图 3.11.2 EBSCOhost 中被保存在文件夹中的引文

如果你希望保存某一特定搜索的所有结果，你可以使用"分享"（Share）功能。这允许你：（1）将所有条目导出到自己的文件夹中；（2）通过电子邮件将列表发送给自己；（3）创建一个固定链接，使你能够在以后的时间轻松访问你的检索结果；（4）分享到其他一些在线媒体平台。参见图 3.11.3，了解在 EBSCOhost 数据库中何处可以找到这些信息。

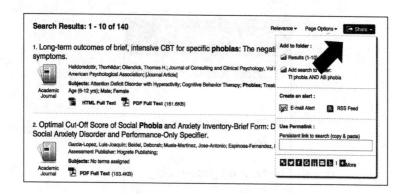

图 3.11.3　EBSCOhost 中的导出选项

　　无论你选择如何保存这些信息，重要的是将其保存在某个地方。你将在第 4 章开始时参考这份清单——在你确定自己将实际阅读哪些文章之前，它是必要的。如果你选择使用数据库的文件夹选项，你可能希望打印、保存或导出文件到 Word 文档中，如图 3.11.4 所示。

Articles

1-3 of 3

Page: 1　　　　　　　　　　　　　　　　　　　Name ▾　　Page Options ▾

☐ Select / deselect all ｜ Delete Items

☐ 1. Cognitive therapy versus exposure and applied relaxation in social phobia: A randomized controlled trial.

🖨 Print

✉ E-mail

💾 Save as File

📤 Export

图 3.11.4　EBSCOhost 中的更多的导出选项

到这时，你应该已经汇编了一个准备纳入综述的来源清单。这个清单的范围大小将取决于你的文献综述范围。学位论文或博士论文可能有数以百计的潜在来源。对于特定课程的学期论文，撰写文献综述的学生可能会选择接近的 50 个来源。参考资料来源的具体数量可能取决于指导教师的要求。

3.12 第十二步：写下主题说明的初稿

现在你已经确定了一些恰当的参考文献，你可以重新审视你所获得的文章清单，并为你的文献综述选择一个更具体的主题。[1] 你的主题说明的第一稿应该帮助你为研究领域命名。你应当把主题说明看作是一个描述性的短语，而不是一个论文或章节的标题。例 3.12.1 提出了两个主题说明。一个是心理学领域的文献综述主题，另一个是语言学领域的文献综述主题。请注意，这些初稿仍然是非常笼统的。

---

1 基于此，你确定最终主题还为时过早。你应该在阅读所找到的一些文章之后才这样做。——原注

例 3.12.1
主题说明草稿

心理学： 语言障碍儿童的语言习得

语言学： 语法结构和范畴的习得

例 3.12.1 中的每一个主题都可以进一步缩小范围，将其限制在一个特定的群体中，如低幼儿童（例如，患有语言障碍的**低幼儿童**的语言习得）。

3.13 第十三步：进一步缩小你的主题范围

如果你想为自己选择的主题撰写一篇有用的综述文章，那么选择一个适当具体化的主题是必不可少的。太宽泛的主题会超出你的精力和时间极限，特别是当你为一个单学期课程的学期作业而写一篇综述的时候。一篇综述的主题太宽泛很可能导致综述显得肤浅，在这个主题中从一个领域跳到另一个领域，不能向读者证明你已经完全了解了关于这个主题的文献。因此，你应该考虑把你的主题重新界定得更具体一些。

例 3.13.1 给出了一个界定得过于宽泛的主题。尽管作者把这篇综述局限于 4 岁说英语的儿童，但仍然是相当宽泛的。显然，作者选择了同时关注儿童获得声音和语法系统的研究。如果是这样，完成的综述要么是一本书（或两本书）长度的文稿，要么是一篇较短的、对这一宽泛主题仅做了肤浅处理的文稿。

例 3.13.1
对大多数目的来说都过于宽泛的主题 ------------------

本文将探讨儿童的语言习得。我将综述有关儿童如何在自然环境中学习说话的文献，从最早的声音开始，逐步发展到完整的句子。我将把自己的研究对象限制在从出生到 4 岁的讲英语的孩子。

下面的例 3.13.2 是例 3.13.1 中主题的改进版本。请注意，作者已将综述的重点缩小到语言的一个特定方面。作者明确指出，这篇综述有两个主要目的：（1）对所研究的语言特征进行分类；（2）描述儿童习得语言的途径。尽管在仔细阅读所发现的研究成果后，这个主题很可能会被修改多次，但它足够聚焦，可以为作者进行文献综述提供一个合适的初始主题。

例 3.13.2

例 3.13.1 的一个改进后的、更具体的版本 ----------

本文描述了儿童如何获得描述时间和介绍时间的能力，包括动词的使用和动词短语中包含的其他特征。我将尝试描述已经研究过的动词短语特征的范围，并描述孩子们随着时间推移发展更强的语言能力所遵循的路径。

3.14 第十四步：向你的指导教师或导师征求反馈意见

在你开始阅读自己选定文章的全文之前，最好就你所关注的主题咨询一下你的指导教师或导师。他们不仅可以提供反馈意见、验证你的主题，而且可以帮助你找出参考文献中存在的不足。

本章活动

1. 首先，你要熟悉自己所在领域的电子数据库。为此，你可以参加大学图书馆的文献讲习班，也可以阅读文档并自主练习。请注意，现在许多图书馆允许你从家中在线检索其数据库，但你可能需要使用大学的计算机账户才能这样做。熟悉数据库后，你可以选择一个数据库以完成本练习的其余部分。

2. 如果你的指导教师指定了一篇关于某个特定主题的学期论文，请使用描述该主题的简单短语检索数据库。如果你是一个人工作，请选择你感兴趣的领域，然后使用描述该领域的简单短语检索数据库。用这样的方式检索后，产生了多少篇可以引用的文献？

3. 从检索结果中取出两到三条记录并列出描述符列表。比较这些列表，注意它们的共性和差异。

- 写下与你关注的主题相关的三个描述符的确切用语。选择能反映你个人兴趣的描述符。

- 和你刚开始时用的简单短语相比，你觉得这些描述符是更具体还是更宽泛了？为什么？

4. 现在，请使用刚刚找到的描述符来重新检索。

● 首先，重新检索以获取更多记录。

● 然后，重新检索以获取较少记录。

● 如果你使用了连接符"AND"，文献是更多还是更少了？你觉得为什么会这样？

● 如果你使用了连接符"OR"，文献是更多还是更少了？你觉得为什么会这样？

5. 如有必要，进一步缩小检索范围，直到文献数量在 50～150 项之间，并打印检索结果。

● 仔细浏览打印出来的列表，以确定几个可能的子类别。

● 将新类别与原始主题进行比较。

● 更具体地界定你的主题，检索与你的新主题相关的文章，并准备一个涵盖这些文章的清单。

第 4 章　开始选择相关的文章

既然你已经为你的综述确定了一组初步的文章，在开始动笔之前，你应该启动分析它们的过程，本章旨在帮助你完成这一过程。最终的成果将是在阅读文章的过程中形成的一个全面的笔记汇编，其中包含每篇文献具体、详细的信息。

4.1　第一步：浏览文章以了解每一篇文章的概况

当选定它们时，你显然已经阅读了文章标题，可能也阅读了大多数期刊放在每篇文章开头附近的摘要（即概要）。现在你需要阅读每篇文章的前几段——作者通常会在这里对问题领域进行一般性介绍。这会让你体会到作者的写作风格及他们对研究问题的总体看法。然后，你可以跳转到标题"方法"（Method）之前的段落。"方法"，或者称为"研究方法"（Research Methods）或"方法论"（Methodology），通常是研究文章正文中的第一个主要标题。在这一段中，研究者通常会陈述他们的具体假设、研究问题或研究目的。接下来，你可以浏览文章的其余部分，留意所有的标题和副标题。你要浏览每一小节的内容，但不要让自己陷入细节或任何看起来困难或混乱的地方。此时，你的目的是了解每一篇文章的概况。

请注意，上文中描述的过程就是阅读专家所说的"**预读**"（prereading）。这是一种被广泛推荐的作为阅读技术性报告第一步的技巧。因为预读会让你对报告的目的和内容有一个大致的了解，可以帮助你在随后从头到尾阅读研究报告的细节时保持对全局的关注。你通过预读获得的信息也将帮助你将文章进行分类，就像以下指南所建议的那样。

 例 4.1.1

期刊中一个简短研究报告的一组典型的大标题 ┈┈┈┈

标题（Title，后接研究者的姓名和他们所属的机构。）

摘要〔Abstract，即整个报告的概要；在摘要后面通常有一个介绍，其中综述了相关文献，但一般并不会采用"导言"（Introduction）这样的标题。〕

方法（Method）

  参与者〔Participants，或受试者（Subjects）〕

  测量〔Measures，或仪器（Instrumentation）〕

结果与讨论（Results and Discussion）

　　较长的文章通常会包含更多的标题和子标题，如"**假设**"（Assumptions）、"**定义**"（Definitions）、"**实验处理**"（Experimental Treatments）、"**局限**"（Limitations）等。当你开始从头到尾详细阅读这篇文章时，浏览其中的每一个部分都将有助于你把握整篇文章。

　　研究文章的最后一个标题通常是"**讨论**"（Discussion）。这一部分的前几段，研究者经常会重申或总结他们的研究目的、研究方法和主要发现。阅读报告的这一部分会对你详细阅读结果部分有所帮助，因为结果部分如果包含大量统计信息，会很难阅读。

4.2　第二步：根据你对文章的预读，把它们按类别分组

　　如果你的文章是电子格式的，那么就要创建文件夹，将它们分组到你将要描述的研究类别中。对于打印件，就将它们按大致相同的分类顺序叠放起来。你可以选择以任何方式组织它们，但最常见的做法是首先按标题和副标题分组，然后在每个副标题中按时间顺序分组。在例 4.2.1 中，我们示范了一种将文章分为类别和子类别的分组方式，以综述有关冥想的心理效应的研究文献。请注意，本文是一个荟萃分析，解释了大量研究数据，其组织结构与实证研究报告截然不同。还要注意的是，

例 4.2.1 中的每个子标题都是指由作者审阅的涉及特定主题的文章集（给出的引文是假设性的，只是为了说明这一点）。

例 4.2.1
作者综述的关于特定主题的文章集 ----------------

Ⅰ. 关于冥想效果的理论思考

A. 什么是冥想（Bach, 2005; Kunze, 2006）

B. 冥想作为转化意识的手段：印度的理论方法

　1. 印度教的冥想方法（Smith, 1999; Marks, 2000）

　2. 佛教的冥想方法（Elders, 1998; Prabhu, 2000）

C. 作为自我调节手段的冥想：西方的理论方法

　1. 培养心理平衡（Adams, 2007）

　2. 正念练习的具体效果

　　a. 注意力控制的效果（Smith, 1999）

　　b. 通过视角变化产生的效果（Garza, 2003）

D. 什么是可以预测的

　1. 印度理论方法的预测（Prabhu, 2003）

　2. 西方理论方法的预测（Prabhu, 2001）

　3. 共同预测（Smith, 1999）

Ⅱ. 研究、因变量和调节变量

A. 研究选择

B. 研究的分类

　1. 因变量测量的分类

　2. 潜在的调节变量

　　a. 对照组种类

　　b. 研究设计

　　c. 随机化

　　d. 出版渠道

　　e. 出版年份

　　f. 冥想种类

　　g. 冥想练习量

例 4.2.2 显示了一篇综述文章的潜在分类和子分类，该综述文章考察了关于戒烟和更年期的研究文献。

例 4.2.2
把文章分成类别和子类别的分组方式 ------------------

Ⅰ. 吸烟、绝经过渡期与健康

　A. 激素疗法

Ⅱ. 围绝经期和绝经后妇女的体重增加和体重问题

　A. 更年期过渡期的体重增加

B. 绝经前后与妇女戒烟相关的体重增加

C. 围绝经期和绝经后妇女的体重问题

D. 针对体重增加或过度关注体重增加的干预措施

Ⅲ. 更年期症状与戒烟

A. 负面影响

B. 其他更年期症状

Ⅳ. 雌激素水平、尼古丁代谢和尼古丁强化

Ⅴ. 围绝经期和绝经后妇女的戒烟效果

如果你需要同时阅读每个类别或子类别中的所有文章，那么将文章分类将有助于你的分析。例如，如果从最近的一篇文章开始，将所有有关更年期过渡期体重增加的影响的文章一起阅读，就更容易综合关于这个主题的文献（见例 4.2.2 中的Ⅱ.A）。

4.3　第三步：如果存在空白点，要进行更集中的文献检索

当你在评估自己收集的标题时，你可能会发现，一些研究领域在你的检索结果中没有得到充分体现。这将需要你返回到数据库，并进行更多和更集中的检索。你应该在你的文献综述

中指出文献中一直存在的空白，并详细说明你为确定任何相关研究而做出的不成功的尝试。

这里需要注意的是，在整个写作过程中，你需要对返回数据库保持开放态度。在你继续综述资料来源的过程中，会不可避免地出现问题，你应该集中力量尝试解决这些问题。如前所述，这些问题可能涉及存在的空白点，也可能涉及其他问题，如对研究结果的有争议的解释、似乎不可靠的模式，以及其他尚未预见的问题。

例 4.3.1 是文献中发现的空白点示例，涉及与犯罪有关的听觉线索记忆。

 例 4.3.1
记录文献综述中发现的空白点 ------------------------------

目前关于听觉记忆和耳语证人的研究文献中，有几处空白是显而易见的。编码和提问之间的较长保留时间被认为是犯罪调查中的一个具体的实际挑战（Deffenbacher, Bornstein, McGorty & Penrod, 2008）。以前的大多数研究都是在编码的同一天测试记忆的表现，通常是在最初呈现刺激的几分钟之后。很少有研究利用了较长的延迟时间（最长可延迟一周）（Huss & Weaver, 1996; Lawrence et al., 1979）。

4.4　第四步：在阅读文章之前做好准备

在开始详细阅读文章之前，做好准备是很重要的。你可以使用文字处理程序中的文本突出显示功能，用来标识笔记中值得注意的部分并插入评论。你也可以使用文本突出显示功能，以便用与项目类别相对应的不同颜色来突出显示文本。如果使用打印的版本，你可以使用不同颜色的自粘标签来标记不同的子主题、研究方法、评论文章或里程碑式研究，或者其他任何值得注意或可能有助于你组织综述的材料。

4.5　第五步：创建一个电子表格或表格　　　来汇编你的笔记

整理完文章后，你就可以开始阅读，并在阅读时做笔记。汇编笔记最有效的方法是将笔记输入计算机中的电子表格程序或表格中。电子表格程序将为你提供更大的灵活性，可以插入你可能需要创建的新类别、将文件归入逻辑分组，以及跨文档复制和粘贴内容。尽管涉及的步骤可能更烦琐，你也可以通过创建一个表格来完成其中的一些任务。

创建电子表格时，请从列标题开始，这样可以简化汇编笔记的过程。例4.5.1列出了一组起步时常用的项目。请注意，前四项很简单，建议你首先输入汇编的所有文章的这四项信息。

根据预读情况，你应该用你自己的判断来决定如何对收藏的文章进行分组。你可能还希望为已汇编文章的初始分组输入一个标识符（分组标识符）。这些分组可能与你设想的综述结构有关——例如，在上例 4.2.1 中，通过冥想方式（如印度式或西方式）对文章进行分组可能是有价值的。

 例 4.5.1
起步时可能有用的一组通用项目 ------------------------

作者姓名

文章标题

出版年份

期刊

分组标识符

摘要

方法论

研究发现

评论

请记住，当你开始构建综述尤其是开始撰写综述时，你在这个电子表格中做的笔记对你非常有用。在做笔记的过程中，你**分析**了收集的文章的内容（即你从每个来源中抽取出离散的元素，稍后将这些元素与其他来源中的元素组合起来，以构建自己的原始论点）。例如，"摘要"类别应包含对文章主要观点的简要描述，但在大多数情况下，简单地复制和粘贴整个摘要不太有用，因为这样做没有分析摘要的内容。"方法论"和"研究结果"类别更为直接，但重要的是使用能够帮助你稍后对材料进行分类的描述符（例如，公立学校对私立学校总体，证实或证伪的研究结果，等等）。"评论"类别很有用，因为它允许你评论某篇在你看来引人注目的文章。这是一个里程碑式的研究吗？它是否包含有助于展示你的综述的表格形式？这些只是你可以在"评论"下纳入的一些笔记类型。

如果你决定通过表格来总结将在自己的文献综述中展示的那些研究，这些笔记也会对你有所帮助。第 8 章介绍了建立此类表格的准则。

4.6　第六步：在汇编笔记时保持灵活性

你会发现，不同研究存在巨大差异。你的笔记应该足够一致和详细，以便你能够描述它们之间的差异和相似之处。当你处理文献时，你可能需要扩展例 4.5.1 中给出的项目，所以保持灵活性是很重要的。

例 4.5.1 中的项目是作为例子来指导你完成这一过程的。在实际情况中，你可以舍弃其中的一个或多个项目，或者采用其他更合适的项目。例如，你可以增加一个项目来记录在阅读材料时产生的问题或疑虑，或者记录你对研究的有效性可能得出的任何结论，这些都是有益的。请记住，这些笔记以后可以纳入你的论文（可能会在讨论或结论部分中），为此使用一个单独的项目可以为你节省宝贵的时间。

4.7　第七步：复制作者原话时要格外小心

最后，请记住，直接引用的内容应始终附有页码。如果你的笔记已经包含了页码，那么在以后的过程中会节省大量时间。每当你逐字逐句地复制作者的原话时，你应该注意页码，并反复检查引文是否准确。关于避免剽窃的重要性的更多信息，见第 12 章。

⏰ **本章活动**

1. 使用你在第 3 章末得到的检索结果，完成本章的第一步和第二步。然后，与一位同学交换分组结果，并互相评价对方的发现，特别是关于以下几点：

- 为将文章分组而设定的类别都有意义吗？是否有其他分组方法？
- 列表上的所有文章是否都与你所选主题的综述相关？

2. 再次与你班上的同学合作，综述你已经确定要包含在电子表格中的要素。你们要互相反馈要素清单的情况，包括检查清单的完整性、明显的空白、重复等。

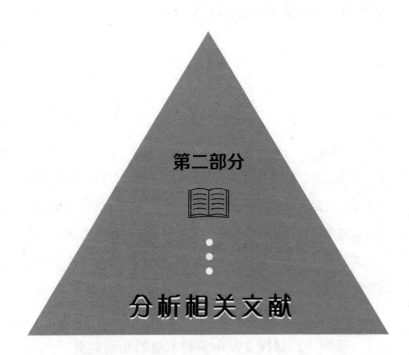

第二部分

分析相关文献

第5章 对文章进行深入分析

现在，你已经初步完成了对所收集文章的分析，并且已经制作了一个全面的电子表格，其中包含了每条文献的详细信息。现在，你需要通过从每篇文章中提取更具体的细节来进一步扩展你的分析。这将帮助你以更有效的方式组织你的材料。本章将帮助你完成这一过程。

5.1 准则一：寻找文献中关键术语的明确定义

不同研究者有时会以不同的方式定义关键术语，这并不奇怪。如果研究者们在如何定义术语的问题上存在重大的意见分歧，那么你需要对此加以关注。事实上，如果有几个不同的定义，你可能会发现在电子表格中添加一个单独的类别来记录这些定义很有帮助。

要了解如何定义一个术语的重要性，请参考例 5.1.1（该例来自本书附录中的文献综述范例之一）中对**传统霸凌**（traditional bullying）和**网络霸凌**（cyberbullying）的定义。这些定义扩展了人们在传统上对霸凌行为的理解，并且这一对比性的定义允许研究者借鉴早期的文献来研究数字环境下的霸凌行为。研究者们不断扩展对各种类型的网络霸凌的定义。作为综述者，你需要注意这种定义的差别，因为它们可能有助于解释不同研究的不同结果。

 例 5.1.1
传统霸凌与网络霸凌的定义比较 ------------------

奥维斯（1993）将传统的霸凌定义为反复暴露于一个或多个他人的负面行动。霸凌可以是直接的，比如殴打某人；也可以是间接的，包括采用非面对面的方法——如散布谣言。这个定义与当前对网络霸凌的定义有部分重叠。网络霸凌是指通过电子邮件、手机短信、社交网站、聊天室和即时通信等技术，以伤害他人为目的的、重复性的故意行为（Beran & Li, 2005; Bhat, 2008; Campbell, 2005; Patchin & Hinduja, 2006），可由单个人或一群人实施（Smith et al., 2008）。与传统霸凌不同，网络霸凌不需要面对面的对抗，也不需要在实际地点进行，可以是完全匿名的（Dehue, Bolman & Vollink, 2008; Mason, 2008）。

特别要注意一些权威的定义（即由专家给出的定义），你可以引用或总结这些定义。例如，例 5.1.2 的作者在文献综述中引用了一个专业协会使用的定义。

例 5.1.2
引用专业协会的定义

在整篇文章中，我均采纳了国防部（Department of Defense）（2010a）对恐怖主义（terrorism）的定义："蓄意使用非法暴力或威胁要使用非法暴力来制造恐惧，意图胁迫或恐吓政府和社会，以追求通常属于政治、宗教或意识形态方面的目标。"

在电子表格中记录相关术语的定义。例如，考虑例 5.1.3 中**"两性差异"**（sex differences）一词与**"性别差异"**（gender differences）一词的不同定义。

例 5.1.3
相关术语

虽然该领域的术语没有标准化的定义，但**两性差异**一般是指生物上的差异或源于生物的心理差异，而**性别差异**一般是指社会文化差异、社会建构差异和一些来源不明的差异。在这项荟萃分析中，我们无法对男女自我意识情感体验差异的原因做出断言。因此，在这种差异的起源还不清楚的情况下，我们用**"性别差异"**这个词指代男女在情感体验上的差异。

请注意，通常情况下，在文献综述的开头给出关键术语的定义是一个好主意。

此外，在引用定义时，可以考虑提供对比性术语，如例 5.1.4 所示。

例 5.1.4
对比性术语

集体主义（collectivism）是一个"强调亲密、扶持和支持的人际关系"的概念，在大多数拉丁美洲文化中，其比**个人主义**（individualism）更受重视；而个人主义在美国主流文化中更为突出（Mason et al., 1995）。集体主义指的是拉丁美洲人倾向于将集体福祉（即家庭福祉）置于个人需要之上。

5.2 准则二：在文献综述开始时寻找关键的统计数据

你可能希望在电子表格中为关键的统计数据创建一个单独的类别，并在文献综述开始时引用这些数据。例 5.2.1 显示了一篇关于亲密伴侣暴力的文献综述的第一句话。

请注意，引用具体百分比是一个比一般性陈述（如"许多美国人是他们伴侣的暴力行为的受害者"）更有力的开头。

例 5.2.1
关于亲密伴侣暴力的综述的第一句话 --------------

在一个具有全国代表性的美国样本中，超过 10% 的男女报告说，其在过去的 12 个月内受到过来自伴侣的伤害（Straus & Gelles, 1990），这反映出该国亲密伴侣暴力行为的高发生率。

你可以选择在文献综述的开头引用统计数据，有些主题比其他主题更适合这样做。但是，如果你打算在开头部分谈及数量（例如，**一些**青少年……；**通常**，选民更喜欢……），最好能提供一个具体的估计数字。对于社会科学和行为科学的许多主题，相关统计数据可以在网站 www.census.gov 上找到。

5.3　准则三：特别留意关于你的主题的综述文章

如果你发现关于自己的主题或与之密切相关的主题的文献综述文章（即仅包含文献综述的文章，而不仅仅是对原始研究报告的介绍），请仔细阅读并做好笔记，以便在文献综述中对其进行概括。例 5.3.1 和例 5.3.2 中的作者就是这么做的，他们在自己的综述中简要总结了先前的综述。

 例 5.3.1
对先前综述的概括 --------------------------------

最近，对癌症幸存者心理健康研究的综述表明，出现焦虑的比例在 6% ～ 23% 之间，出现抑郁的比例在 0% ～ 58% 之间（Andrykowski et al., 2008）。这些估计值的差异可以通过癌症幸存者样本的多样性得到解释——样本在确诊时间、癌症类型、疾病分期和癌症治疗方面存在差异，这些患病率估计值就是从这些样本中得出的。

例 5.3.2
对先前综述的概括 --

例如，最近一项对青少年宗教信仰和心理健康的综述表明，信教的青少年的内化和外化问题较少，心理幸福感较高（Wong, Rew & Slaikeu, 2006）。

5.4 准则四：记下简短但重要的引语，可以在综述中非常谨慎地使用它们

在文献综述中，你应该非常谨慎地使用直接引语，因为引用过多的话会打断叙述的流畅性。此外，综述的作者通常比原作者更能简洁地总结和解释观点，而原作者有义务提供比综述者更多的关于研究的细节。然而，在一些情况下，一个特别恰当的陈述可能值得在文献综述中引用。例如，在例 5.4.1 中，作者正在综述有关依恋和养育的文献。在其综述中，引用的内容简洁地定义了"**依恋**"这一术语。

例 5.4.1

直接引用和定义 --

　　鲍尔比（1969）将依恋描述为"人与人之间持久的心理联系"，将依恋定义为"与被视为安全之源并为个人探索世界提供安全基础的人建立的情感纽带"（Bowlby, 1988）。

　　当引用法律问题时，准确的措辞很重要，即使措辞上的一点小变化也可能改变其法律含义。例 5.4.2 显示了一条对联邦法律的恰当引用。

例 5.4.2

直接引用和定义 --

　　改革近 10 年来，《"不让一个孩子掉队"法案》（No Child Left Behind, NCLB）是一项庞大而复杂的立法工作，引起了人们对公立学校教育的关注。然而，这一法案的措辞相当直截了当。以此为基础修订的 1965 年《中小学教育法》（Secondary Education Act）第 111(b)(2)(K) 条规定："特许学校的问责制——基于本法规定的问责制条款，应根据国家特许学校法规来对特许学校进行监督。"

请注意，例 5.4.1 和例 5.4.2 中的引用非常简短。在文献综述中使用长引语（即超过几句话）几乎总是不适当的。毕竟，综述应该是原创性的综合，而不是重复已经发表的材料。

5.5 准则五：寻找方法上的价值

你不太可能找到一篇对人类社会任一方面有明确结论的研究文章。不可避免的是，有些研究会比其他的更强有力，这些价值应该在你的综述中指出。问问自己证据的有力程度，并且记住：作为综述者，你有权利也有责任做出这些主观评价。

一篇研究文章的价值可能源于其使用的研究方法。一项研究的研究方法是否改进了早期研究的数据收集技术？这篇文章的优势是否来自其样本的规模和普遍性？是否有一系列研究表明，通过使用不同方法可以得出相同的结论？这些问题和其他类似的问题将引导你确定特定研究的价值。第 6 章（关于定量研究）和第 7 章（关于定性研究）将更详细地讨论确定方法价值的问题。例 5.5.1 的作者讨论了一项针对学龄儿童的具体研究的价值。

例 5.5.1

研究的价值 --

学龄儿童健康行为研究（The Health Behavior in School-aged Children Study, HBSC）可能是很多国家青少年研究的最佳数据来源。哈佛商学院每 4 年进行一次基于学校的调查，调查对象是平均年龄分别为 11.5 岁、13.5 岁和 15.5 岁的青少年。

5.6　准则六：寻找方法上的缺陷

记住，当你综述研究文献时，应该留意发现的任何主要缺陷。当发现缺陷的时候，你应该用同样的方法来确定其程度。例如，你应该确定作者的研究方法是否为研究主题提供了新的见解。尤其是如果采用一种创新的方法，它是否适当，是否增加了其他解释的可能性？这项研究是否使用了合适的样本？研究的结果是否与类似研究相一致？文章是否提供足够的证据，从而可以让理性的人判断研究者的结论是否有效？

同样，你最好还是同时综述一组研究，特别是当它们的缺陷相似时。一般来说，关注你所综述的每一项研究中的每一个缺陷是**不合适**的。相反，你应当注意个别研究的主要缺陷，并留意各组研究的缺陷模式。例如，如果你正在综述的关于某个子主题的所有研究报告都是基于非常小的样本，那么你可能会在电子表格中记录下这一事实。

作为一个例子，例 5.6.1 的作者指出了自闭症儿童家庭作业完成率和准确率研究中的一个缺陷。

例 5.6.1

一项研究中的缺陷 ------------------------------

该研究缺少对学生 S 和学生 J 的家庭作业完成情况和准确率与他们的课堂作业完成情况和准确率的比较。此外，完成家庭作业和课堂作业的时间可以为分析提供额外的信息。

5.7 准则七：区分论断和证据

文献综述中的一个常见错误是把作者的论断当成研究发现来报告。为了避免这个错误，请确保你已经理解了作者的证据及其解释。一项研究的发现来自其所提供的经验证据，论断则是作者的观点。

在例 5.7.1 中，读者可以很容易地区分段落正文中的论断和最后一句中基于证据的陈述。

例 5.7.1
论断与证据的区别 -

最受关注的暴饮暴食的风险因素是节食（Lowe, 1994）。节食**被认为**会增加个人为抵消热量匮乏的影响而过度进食的风险。节食也**可能会**因为违反严格的饮食规则导致饮食不受抑制（基于禁止-违规效应），从而促进暴饮暴食。此外，节食需要从依赖生理信号转向对饮食行为的认知控制，当这些认知过程被破坏时，个体更容易暴饮暴食。可以证明**这些论断**正确性的是，通过节食可以预测青春期女孩暴饮暴食的发生（Stice & Agras, 1998; Stice, Killen, Hayward & Taylor, 1998），以及急性热量剥夺会导致成年女性暴饮暴食（Agras & Telch, 1998; Telch & Agras, 1996）。

- -

5.8　准则八：识别以往研究结果中的主要趋势或模式

当你在撰写文献综述时，你就有责任指出你所综述的研究文章的结果中的主要趋势或模式，如例 5.8.1 所示。

例5.8.1
一项研究中提及的趋势

大量随机临床试验（randomized clinical trial, RCT）和最近的荟萃分析表明，认知行为疗法（cognitive behavioral therapy, CBT）是治疗青少年焦虑症的有效方法（e.g., Bodden, Bögels et al., 2008; Bodden, Dirksen et al., 2008; Kendall, Hudson, Gosch, Flannery-Schroeder & Suveg, 2008; Spielmans, Pasek & McFall, 2007）。虽然早期对儿童焦虑症的治疗措施仅仅是成人治疗方案的向下延伸，但目前的干预措施已经得到了适当的修改，可以将治疗儿童群体的相关因素考虑在内，包括发展水平、家庭因素和自主性（Kendall et al., 2008）。

当然，你可能没有例5.8.1中的综述者那么幸运。一篇研究文章和另一篇研究文章的结果可能有相当大的不一致性。在这种情况下，你应该试着让读者理解它们。例如，你可以基于**大多数**文章来进行概括，或者也可以仅仅基于那些你认为具有最强研究方法的文章来做出概括。任何一种选择都是可以接受的，只要你清楚地为你的读者描述出你概括的基础。同样，在分析阶段仔细记录笔记将有助于你完成这一过程。

5.9　准则九：找出文献中的空白点

　　每一个研究生的梦想都是在文献中发现一个重大的空白点，尤其是一个可以形成学位论文研究的关键空白点。事实上，空白点经常存在，因为在某些领域进行研究会给研究者带来相当大的困难。这些空白点应在文献综述中加以说明，并讨论其存在的原因。如果你发现了一个你认为应该解决的空白点，记下它，并在你规划综述时将其纳入考虑范围。

　　你会经常发现以前的文献综述中提到的空白点，如例 5.9.1所示。

例 5.9.1
指出文献中的空白点 --

　　以往的研究主要基于西方文献中关于青少年应对方式的研究结果，以及他们在应对方式上存在的性别差异。相比之下，在亚洲国家，关于青少年应对方式以及性别在预测其应对方式选择中的作用的研究相对较少。因此，本研究旨在探讨亚洲背景下的一个进修生样本的应对行为。

5.10 准则十：识别各项研究之间的关系

当阅读参考文献列表中的更多文章时，你应当记下研究之间可能存在的任何关系。例如，一篇具有里程碑式意义的研究文章可能提供了一种新的方法，这种新方法随后在其他人进行的研究中进行了探索，或者两篇文章可能探讨了相同或类似的问题，但年龄组或语言组不同。在你的综述中指出这些关系是很重要的。当你写作时，你可能会想将相关文章放在一起讨论。

5.11 准则十一：注意每篇文章与你所选 主题的相关程度

试着让你的综述集中在你选定的主题上，在文献综述中包含与研究领域无关的研究是不合适的。因此，你的笔记中应该明确提到与你的主题相关的研究的具体方面。

如果你确定没有与你的研究课题的一个或多个方面有直接关系的文献，可以综述外围研究，但你应该谨慎对待。例 5.11.1 引用的是在洛杉矶实施的课程改革的例子。

例 5.11.1
引用外围研究 --

　　举个例子，当洛杉矶第一次开始实施全年制校历时，并没有关于该主题的研究发表出来。然而，对于传统的学年计划，即儿童轮流上学、学年长度对成绩的影响及暑期学校计划的有效性，已有相关的研究。撰写关于洛杉矶项目的学位论文的学生必须引用这些外围文献，以证明他们有能力进行文献检索，并写出全面的、有条理的文献综述。

　　这样的例子很少见，建议你在得出没有涉及这一具体研究课题的结论之前，咨询一下你的指导教师。

5.12　准则十二：评估你的参考文献列表，以确定其有效性和覆盖面

　　当你读完收集到的文章后，应该重新评估你的整个参考文献列表，以确保它是完整的和最新的。你应证明文献综述反映了该领域的最新研究。根据经验，你可以把距今 5 年作为暂定的时限，并且记住，有必要时可以随时延长时间范围。例如，如果你的综述是要对你的主题做一个历史性的概述，那么你可

能需要超过 5 年的时限。但是，请记住，阅读文献综述的读者
希望你报告了最新的研究成果。因此，如果你综述了非最新的
文章，需要明确给出理由（例如，这是否是一个里程碑式的研
究，是否提供了关于某一特定主题的唯一证据，是否有助于你
理解研究技术的演变）。

一篇综述应包含多少文献的问题很难回答。一般来说，你
的首要任务应该是确定你已经阅读了最新的研究。然后，你应
该根据需要足够完整地涵盖你的主题，而不是尽可能完整。你
的导师或指导教师可以帮助你确定多少文献是足够的。

⏰ **本章活动**

1. 到目前为止，你已经浏览了所有确定要纳入综述的文章。通读每一篇文章，并在第 4 章建立的电子表格中记下以下内容：

● 术语的定义（注意哪些术语对给定的研究特别重要）

● 综述中可能需要强调的关键统计数据

● 方法论特点，包括抽样方法、样本量等

2. 对于每一篇文章，请留意任何明显的价值和 / 或缺陷。

3. 在每篇文章中标出文中提出重要结论或很好地描述某个观点的地方。你应该寻找可能在综述中作为直接引语的语句。

4. 记下你在研究相关主题时注意到的任何空白点，以及你注意到的其他任何模式（如研究发现之间的相似性 / 差异性）。

第6章 分析定量研究文献

上一章建议你在撰写文献综述之前，先记下正在阅读的研究文章在方法上的重要优缺点。本章将为你提供有关定量研究中的研究方法的一些要点信息。学习过研究方法课程的人会认识到，本章仅对一些重要问题进行了非常简要的概述。

6.1 准则一：注意一项研究是定量的还是定性的

由于定量研究者将信息简化为平均值、百分比等统计数据，他们的研究文章很容易被识别。如果一篇文章的结果部分主要是呈现一些统计数据，那么它肯定是定量的。从20世纪到现在，定量研究方法一直主导着社会科学和行为科学，因此对于大多数主题，你可能会找到更多定量研究而不是定性研究的文章。

关于如何进行定量研究的文献强调了以下几点：

1. 从一个（或多个）明确提出的假设开始，该假设在整个研究过程中保持不变。[1]只有在对数据进行分析后，才能评估该假设的有效性（即在收集数据时，该假设不会发生变化）。

2. 从特定人群中选择一个无偏样本（如通过"从帽子中抽取姓名"的方式获得的简单随机样本）。

3. 使用一个相对较大的参与者样本（一个实验通常需要至少 30 人，一个全国性调查有时则需要多达 1500 人）。

4. 使用能够客观评分的测量方法，比如包含多项选择的成绩测试、必选式问卷，以及由参与者进行标记的态度量表和个性量表。

5. 使用统计数据呈现结果，并对从中抽取样本的总体进行推断（即推断研究者通过研究样本和通过研究样本来源的总体所发现的结果的相似性）。

定性研究在社会科学和行为科学领域有着悠久的传统，但只在近几十年的时间里，定性研究才在许多应用领域获得了广泛的关注。由于这一领域的文章标题通常包含"定性"这个词，有时很容易识别。此外，定性研究者通常在他们报告中的导论部分以及其他部分中指明他们的研究是定性的。[2]另外一种识别定性研究的方法是，根据结果部分是否以叙述的方式（通常还

1　定量研究者有时从特定的研究问题或目的开始，而不是从假设开始。与假设一样，研究问题或目的在整个研究过程中始终保持不变。——原注

2　请注意，定量研究者很少明确指出他们的研究是定量的。——原注

附有来自参与者的引语）描述主题和趋势来判断。

关于如何开展定性研究的文献强调了以下几点：

1. 从一个一般性的问题开始，不要求以严格的、具体的目的和假设来指导研究。在收集有关问题的数据时，可能会提出假设，但随着收集的数据越来越多，这些假设可能会在研究过程中发生变化。

2. 选择一个"立意样本"（purposive sample）而不是随机样本。例如，一位定性研究者可能会接触一些在某个美沙酮诊所就诊的海洛因成瘾者，他可能认为该诊所的客户会对吸毒者康复问题提供有用的见解。换言之，定性研究者在选择样本时会依据自己的**判断**，而不是机械、客观的过程，比如从帽子里随机抽取名字。

3. 使用一个相对较小的样本，有时甚至小到一个示范案例，例如一个获得国家教学奖的数学教师（选择一个被认为是重要信息潜在来源的人，同样是一个立意样本）。

4. 使用相对非结构化的测量方法，如使用开放式问题的半结构化访谈（即没有需要参与者选择的"选项"），自然情境中行为的非结构化观察，等等。

5. 密集测量（例如，与参与者接触较长时间，以深入了解其感兴趣的现象）。

6. 主要或完全用文字来表述结果，强调对所研究的特定立意样本的理解，通常不强调（或忽略）对更大总体的概化。

通过比较前面的两项内容可以看出，在评估研究的优缺点时，定量研究和定性研究之间的区别非常重要。本章介绍的准则是推荐用于评估定量研究的常用方法，在评估和综合定量研究来准备文献综述时，你应该考虑这些方法。下一章将介绍评估定性研究的准则。

6.2　准则二：注意一项研究是实验的还是非实验的

实验性研究是指**基于研究目的**而对参与者进行治疗并评估其效果的研究。例如，在一个实验中，一些多动症学生可能会被给予哌甲酯治疗，而其他多动症学生则被给予行为治疗（例如系统地应用一种或另一种类型的奖励系统），这样一来，两种治疗方法在减少课堂纪律问题数量方面的相对有效性就可以得到评估。值得注意的是，几乎所有的实验都是定量的。通常来说，实验性研究的目的是为了确定因果关系。

非实验性研究是在不改变参与者特质的情况下对其进行测量的研究。例如，多动症学生可能会接受采访，以便研究者了解他们对自己的破坏性课堂行为的看法，而研究者没有任何让学生做出改变的尝试。这样的研究可能是定量的（假设研究者使用高度结构化的访谈问题，让学生从中选择并统计和总结结果），也可能是定性的（假设研究者使用半结构化或非结构化的访谈问题，[1] 并使用文字来概括在主题、模型或理论方面的研究结果）。[2]

这里有一个重要的提醒：不要养成把所有的研究都当作实验的习惯。例如，如果你正在综述非实验性研究，应把它们称为"**研究**"，而不是"**实验**"。只有在参与者接受治疗时才能使用"**实验**"这一术语。

6.3 准则三：在实验中，注意参与者是否被随机分配到治疗条件中

参与者被随机分配到接受治疗的条件中的实验被称为**真正的实验**。随机分配旨在消除分配中的偏见（例如，随机分配不会出现系统性偏差，即将更具破坏性的学生分配到行为治疗中，而将其余学生分配到哌甲酯治疗中）。在其他条件相同的情况下，真正的实验应该比采用其他分配方法的实验（例如，指定一所学校的学生为实验组，另一所学校的学生为对照组）更重要。请注意，学生通常不是随机分配到各个学校的。因此，两所学校的学生之间可能预先存在重要的差异，这可能会不利于对此类实验结果的解释。例如，专注于科学或艺术学领域的

1　此外，定性研究者很可能会进行更长时间和不止一次的访谈。——原注
2　显然，非实验性研究可以是定量的或定性的，而实验性研究几乎总是定量的。——原注

磁石学校 [1] 的学生在社会经济地位、语言背景或自我选择上的差异。

6.4　准则四：注意在非实验性研究中考察因果关系的问题

人们普遍认为，随机分配处理条件的实验是考察因果问题时最佳的定量研究方法。然而，有时以某种方式对待参与者是不可行或不可能做到的。例如，如果一位研究者正在探索父母离婚与子女高中辍学之间可能存在的因果关系，显然不可能为了实验的目的强迫一些父母离婚，同时强迫其他父母维持婚姻。对于这一研究问题，最好的办法是选择一些已经退学的学生和一些没有退学但在其他重要方面（如社会经济地位、就读学校的质量等）非常相似的学生，然后调查其父母的离婚率是否与假设相符。[2] 假设离婚父母的孩子辍学率比未离婚父母的孩子高

1　磁石学校（magnet school），又译为"有吸引力的学校"，指美国的一种特殊的公立学校，有着特色化的课程设计与教学方法，学生可以习得艺术、计算机、外语、科技等其他公立学校不开设的学科；没有学区和入学条件的限制，学生来源多样。——编者注

2　即便研究者有大量资源和充足时间来进行一项研究——跟踪孩子们从开始上学到毕业或辍学的过程，关注哪些学生辍学、哪些学生未辍学，以及哪些学生的父母离婚——这种纵向方法在确定因果关系方面也不如实验方法，因为存在潜在的混淆变量（除离婚外，许多变量也可能是学生决定退学的原因，研究者无法控制所有这些变量）。——原注

一些。这是否意味着离婚会导致更高的辍学率？未必如此。这个结论是有争议的，因为研究者可能忽略了其他一些潜在的因果变量。这里给出一个因果变量：可能那些倾向于离婚的父母人际交往能力较差，与孩子的关系也不太好，因此孩子们在成长过程中的这一缺陷（而不是父母离婚本身）导致他们辍学。[1]

上面这个研究是一个因果比较研究（或事后研究）的例子。当使用因果比较研究时，研究者会观察当前的状况或结果（如辍学），并寻找过去可能的原因变量（如离婚）。因为因果比较研究被认为比检验因果关系的真实实验更容易出错，所以你应该注意什么时候结论是基于因果比较方法的。此外，应该考虑是否有其他可能被研究者忽略的、更合理的因果解释。

6.5 准则五：考虑测量的重测信度

定量研究者称他们使用的工具（如测试和问卷）为**测量**（measurement）。因此，**测量**这一术语是指定量研究者度量关键变量的过程。

---

1 如果这个局限性还不清楚，请进一步考虑这个例子。假设根据上述研究，独裁政府为了降低辍学率而将父母离婚定为非法。如果辍学的真正原因是父母的人际交往能力差，那么防止离婚就不会产生预期的效果，因为它不是真正的原因。相反，政府应该制订计划，帮助父母提高人际交往能力，尤其是与孩子打交道的能力。——原注

信度（reliability）是指结果的一致性。举个例子：假设我们在一周内进行了一次大学入学考试，然后在接下来的一周内又重新对同一批考生进行了考试。如果第一周得分高的考生在第二周得分也高，那么这项测试就被认为是可信的。[1] 通过计算相关系数，研究者可以量化测试的信度。相关系数可以在 0.00 到 1.00 之间，1.00 则表示完全可信。定量研究者通常认为，系数为 0.75 或更高表示足够的信度。这里的信度类型被称为**重测信度**（test-retest reliability）。[2]

当你分析一项定量研究时，要检查测量部分，看看研究者是否提供了关于他们在研究中使用的测量方法的信度的信息。通常，这些信息会以非常简要的形式呈现，如例 6.5.1 所示。

例 6.5.1
研究报告中关于重测信度的简述

据报告，对间隔 2 周的两次给药的测量的重测信度为 0.81，这表明信度足够高（Doe, 2016）。

1　同样，高信度意味着那些在第一周得分低的考生在第二周的得分也低。——原注

2　其他确定信度的方法超出了本书的讨论范围。——原注

虽然例 6.5.1 中的陈述非常简短，但它向你保证：该研究的研究者已经考虑了信度这一重要问题。此外，它还为你提供了一条参考文献，从中可以获取更多关于如何确定信度的信息。

6.6 准则六：考虑测量的内部一致性信度

重测信度是指一段时间内结果的一致性（见准则五），而**内部一致性信度**（internal consistency reliability）是指同一时点下结果的一致性。为了理解这个概念，考虑一个只有两道代数题的多项选择测试。假设一个考生做对了一道而做错了另一道，这就表明该测试**缺乏**内部一致性，因为我们对考生代数知识的了解因题目而异（在一道题上，考生得 1 分；在另一道题上，考生得 0 分，这是单个题目的最低分数）。将这一概念扩展到包含更多题目和受试者的测试中，如果做对任一题目的受试者**倾向于**做对其他题目（或者如果做错任一题目的受试者**倾向于**做错其他测试题目），那么就可以认为该测试具有良好的内部一致性信度。[1]

如果不具备内部一致性，则表明某些题目与预期不符。这可能出于很多原因，一个明显的原因是有些题目可能是模棱两

---

1 换言之，具有高度内部一致性的测量可被视为由一组同质条目组成（即所有条目都反映了相似的技能、态度等）。——原注

可的，导致具备相关知识的考生给出了错误答案。显然，这种题目是不可取的。

内部一致性信度几乎都是通过计算一个被称为**克朗巴哈系数**（Cronbach's alpha，其符号是 α）的统计量来检验的。与相关系数一样，α 可以在 0.00 到 1.00 之间变化，0.75 以上的值通常被视为具备足够的内部一致性信度。[1] 例 6.6.1 显示了如何在研究报告中报告克朗巴哈系数。

 例 6.6.1

　　研究报告中关于内部一致性信度的简述 --------------

在儿童多维焦虑量表（Multidimensional Anxiety Scale for Children, MASC）中，总分和四个子量表的 α 系数都非常高：焦虑为 0.99，PS 为 0.88，HA 为 0.88，SA 为 0.96，SP 为 0.93。

虽然例 6.6.1 中的陈述很简短，但它向你保证：研究者已经考虑了内部一致性信度。

1　如果你学习过统计学，就知道相关系数也可以是负值。然而在实践中，在估计信度和内部一致性时，相关系数值总是正的。——原注

6.7　准则七：考虑测量的效度

　　一项测量（如大学入学考试）的**效度**（valid）是指其能够在多大程度上测量出所需测量的事物。例如，如果大学入学考试能正确预测谁会或谁不会在大学里获得成功，那么这个考试就被认为是有效的。在实践中，可以肯定的是，没有任何测量是完全有效的。例如，大学入学考试充其量只是适度有效。

　　在一项**标准效度**（criterion-related validity）研究中，受试者在某项测量（如大学入学考试）上获得的分数与其他测量（如大学新生的平均学分绩点）上获得的分数相关联。标准效度的大小通过计算描述这种关系的相关系数来确定，这时产生的相关系数称为**效度系数**（validity coefficient）。[1]通常，系数高于0.30表示针对研究目的具有充分的效度。例 6.7.1 给出了关于大学入学考试的**预测性标准效度**的简要说明。之所以称之为**预测性**的，是因为入学考试是在某个时间点进行的，而结果（平均学分绩点）是在稍后进行测量的，其目的是确定分数对平均学分绩点的预测程度。

1　效度系数是一个相关系数，其符号为 r。——原注

例 6.7.1

研究报告中关于预测性标准效度的简述 ------------

以一所小型文理学院录取的 240 名考生为样本，多伊（2016）将大学入学考试分数与新生成绩相关联。该测试被发现具有足够的标准效度（r＝0.49）。

例 6.7.2 给出了**同时标准效度**（concurrent criterion-related validity）的简短陈述。"**同时**"这个形容词指出了两项测试几乎同时实施的事实。

例 6.7.2

研究报告中关于（预测性）同时标准效度的简述 ------

在之前的一项研究中，多伊（2016）将戒烟问卷的得分与训练有素、经验丰富的访谈者收集的有关戒烟的数据相关联。问卷是在受试者接受访谈的同一天发放给受试者的。研究者以访谈数据作为判断问卷效度的标准，发现问卷具有良好的标准效度（r＝0.68）。因此，戒烟问卷可以合理地替代更昂贵的测量戒烟行为的访谈过程。

另一种主要的效度类型是**结构效度**（construct validity），是指你的测量在多大程度上判定了你认为它能衡量的理论概念。这指的是可以展示测量效度的、基于数据的任何类型的研究。结构效度研究可以采取多种形式，其中大部分都超出了本书的讨论范围。然而，为了说明如何进行此类研究，请参考例 6.7.3。

 例 6.7.3
研究报告中关于结构效度的简述 ------------------

新式的 ABC 焦虑量表（ABC Anxiety Scale）的得分与成熟的贝克抑郁量表（Beck Depression Inventory）的得分相关，相关系数为 0.45。这一结果与主要理论以及先前的研究（e.g., Doe, 2016）一致。这些研究表明，焦虑的个体通常也有中度抑郁倾向。因此，这种相关性为新式焦虑量表的有效性提供了间接证据。

最后一种主要的效度是**内容效度**（content validity）。内容效度是由一个或多个专家评估测量的内容来确定的。确定学业考试的内容效度尤为重要。例如，可以请专家对教学目标与学业考试所涵盖的材料进行比较，以确定它们的匹配程度。如例6.7.4 所示，其他类型的测量也可以确定其内容效度。

例 6.7.4
研究报告中关于内容效度的简述 --------------

本实验采用婴儿发育检查表（The Infant Development Checklist）作为结果的测量标准。在之前的一项研究中，多伊（2016）报告说，根据三位发展心理学专业的教授判断，它具有足够的内容效度。

6.8　准则八：考虑一项测量是否适用于　　　　特定的研究目的

在以前的研究中被证明是合理有效的一种测量方法，可能并不一定适用于其他研究。例如，一个被证明对青少年有效的态度量表如果运用于另一项针对年幼儿童的研究，效度就可能不甚明确。因此，如果这项研究的目的是研究年幼儿童的态度，那么测量的效度可能是未知的。更笼统地说，测量的效度与研究目**有关**。一种测量方法在基于某个目的（如确定青少年的态度）的研究中可能比在另一个基于不同目的（如确定幼儿的态度）的研究中更有效。

6.9　准则九：注意不同研究中变量的测量方式不同

　　当你检查各种已发表的研究报告时，可能经常发现，不同的研究者使用不同的工具来测量变量。例如，一位研究者可能使用了必选式问卷（例如，参与者需要对从"强烈同意"到"强烈不同意"的选项做出反应）来衡量他们对学校的态度，而另一位研究者可能使用了一个课堂行为观察清单来测量表明带有积极态度或消极态度的课堂行为（例如孩子们在课堂项目上的合作情况）。如果在使用不同测量方法的研究中发现结果的相似性，这就为结果提供了支持。显然，不同研究的结果差异可能会被归因于测量方法的差异。

　　请注意，测量过程的一部分是确定收集数据的来源。例如，为了研究青少年暴力犯罪行为，一名研究者可能会从参与者的同龄人那里获取数据，而另一名研究者可能会使用基本相同的问题从参与者本身来获取数据。[1] 数据来源的差异也可以解释结果的差异。

　　鉴于上述情况，你应该寻找可能归因于测量的跨研究模式。例如，所有支持某个结论的研究是否都使用了一种方法或测量类型？支持不同结论的研究是否使用了不同的方法？如果你的

1　同龄人可能会被问："你的朋友约翰有没有告诉你他在过去一周打过架？"而参与者可能会被问："你在过去一周打过架吗？"——原注

笔记揭示了这一点，可以考虑进行一个像例 6.9.1 中那样的表述。

例 6.9.1

在文献综述中指出测量技术的差异（可取）

虽然使用邮寄问卷的两项研究表明，青少年使用吸入剂的情况极为罕见（不到 1% 的一半），但使用面对面访谈的三项研究报告均指出，其发生率超过 5%。

请注意，例 6.9.1 比例 6.9.2 提供了更多信息。

例 6.9.2

在文献综述中未指出测量技术的差异（不可取）

对青少年使用吸入剂的发生率的研究得出了不同的结果，有两项研究报告表明这种情况极为罕见，另有三项报告表明其发生率超过 5%。

6.10　准则十：注意参与者是如何被抽样的

大多数定量研究者仅仅基于所研究的样本对总体进行推断。你应该注意所研究的样本是否能代表其希望概括的总体。从定量研究者的角度来看，随机抽取样本是最好的方式。

不幸的是，大多数研究者无法使用随机样本（至少无法完全使用）。这其中有两个原因。第一，许多研究者的工作经费、合作渠道有限，而这些可能是获得随机样本所必需的条件。因为社会科学和行为科学领域的大多数研究者都是教授，所以他们经常从他们所任教的学院或大学的学生群体中抽取样本也就不足为奇了。当然，这对大学生群体而言是有效的，对其他群体却未必如此。

第二，即使是随机抽出的名字，也总有一些被选中的人拒绝参加，几乎总会发生这样的情况。这在邮寄调查中是一个严重问题，因为邮寄调查的回复率是出名地低。例如，在一项全国性调查中，研究者将问卷邮寄给随机抽取的专业协会（如公立学校教师协会）会员，只获得 25% 的答复率并不奇怪。

对待没有进行随机抽样和低应答率的研究应该相当谨慎。这类研究通常应被视为仅具有**启发性**，因为它们不能提供确凿的证据。

6.11　准则十一：记录参与者的人口统计信息

针对参与者的人口统计学信息[1]做笔记也可以帮助你识别文献中的模式。例如，使用城市样本研究从福利向工作过渡情况的研究者，是否获得了与研究农村样本的研究者不同的结果？参与者城乡地位的差异（这是一种人口特征）有助于解释研究结果的差异吗？请注意，你不能肯定地回答这样的问题，但你可以在文献综述中提出这种可能性。研究报告中经常报告的其他人口统计特征还包括性别、种族、民族、年龄和社会经济地位。

未详细报告人口统计信息的研究报告，通常不如详细报告人口统计信息的报告更有用。

6.12　准则十二：注意差异的实际大小，而不仅仅是统计上的显著性

当一个研究者认为某个差异在统计上是显著的，他会在文章中指出：一个统计检验表明，该差异大于因偶然因素而产生的差异。这并不意味着该差异一定很大。一本统计学教科书需要好几章的篇幅才能解释为什么会如此。然而，下面的例子可

1　人口统计学信息是参与者的背景特征。——原注

能有助于你理解这一点。假设美国参议院选举的竞争非常激烈，候选人 A 以 10 票的优势战胜候选人 B。这确实是一个非常小的差异，但却是相当显著的差异（即通过系统和仔细地计算所有选票，我们确定了一个非常小的、非偶然的、"真正的"差异）。

考虑到即使很小的差异也往往具有统计上的显著性，你可能需要了解你在文献中所发现差异的实际大小。[1] 假设你阅读了几项研究，它们表明，针对英文写作的计算机辅助教学使学生的成绩有了非常微小但在统计学上富有显著性的提高。为了公平起见，你应该指出差异的实际大小，如例 6.12.1 所示。如果你在阅读和分析文献时做了适当的笔记，你就能写出这样的陈述。

例 6.12.1
研究中的差异 --------------------------------

在美国多所大学进行的一系列真实实验中，与对照组相比，接受英文写作方面的计算机辅助教学的实验组，在数学成绩方面取得了非常小但具有统计学意义的进步。在多项选择题测试

---

1 越来越多的定量研究者开始报告一个称为效应量（effect size）的相对较新的统计量，它衡量了参与者各组间差异相对于参与者个体间差异的不同。虽然对这一统计量的讨论超出了本书的范围，但如果你在综述文献时遇到这一统计量，请使用以下粗略的指导原则：效应量小于 0.25 表示差异很小，而效应量大于 0.50 表示差异很大。——原注

中，平均涨幅只有 1 个百分点左右。尽管具有统计学意义，但如此小的收获使得实验的推广成为问题，因为相比常规（控制）措施，其成本大大增加。

6.13　准则十三：假设所有定量研究都是有缺陷的

所有的定量研究都会存在各种各样的错误，因此任何一项研究都不应被视为对某一研究问题提供了完美的答案。事实上，这就是为什么你要梳理原始研究报告中所包含的证据，权衡各种证据（所有证据都有可能出错），以便在大量已有文献基础上得出一些合理结论。这给我们带来了一个重要的观点：在讨论实证研究的结果时，千万不要使用"证明"这个词。实证研究不能提供证明，而是提供了**不同程度的证据**，有些研究提供了比其他研究更有力的证据。在分析研究文章时，记下每篇文章中证据的说服力程度。在其他条件相同的情况下，你应该在文献综述中关注那些提供了最有力证据的研究文章。

这一准则引出了另一个重要原则。也就是说，你不会被要求剖析和讨论你引用的每一项研究的所有缺点，因为缺点在研究中比比皆是。相反，你应该记录主要缺陷，特别是你打算在综述中强调的研究中的缺陷。此外，你应该尽可能成组地评判研究方法。例如，你可能会指出，你正在综述的某组研究都有

共同的缺点。当你阅读这些文章时，做好笔记可以帮助你识别
这些共同点。

6.14 结论

本章简要介绍了你在准备撰写文献综述过程中，对定量研
究报告进行记录时可能要考虑的一些主要的方法论问题。当你
阅读你所选择的综述文章时，你会发现有关这类问题和其他问
题的额外信息，因为研究者经常在他们的期刊文章中评论他们
自己及其他人的研究。仔细阅读这些评论，将有助于你更全面
地理解你将综述的研究文章。

⏰ 本章活动

　　找出一份定量研究的原始报告，最好是关于你正在综述的主题的，并回答以下问题。出于学习目的，你的指导教师可以选择给班上所有的学生分配同一篇文章来阅读，这个活动可以被组织成一个小组活动。

　　1. 你找到的报告有哪些特点使你相信它属于定量研究？

　　2. 这项研究是实验还是非实验？你的理由是什么？

　　3. 如果这项研究是实验，参与者是否被随机分配到处理条件下？如果没有，他们是如何被分配的？

　　4. 如果这项研究是非实验，那么研究者是否试图检验因果问题？如果是，他是否使用了因果比较法？解释一下。

　　5. 研究者使用了哪些类型的测量（即工具）？研究者是否提供了足够的信息来让你判断它们是否适用于研究？如果是，根据所提供的资料，你认为它们是否充分？如果没有，还应报告关于测量的哪些类型的补充信息？

　　6. 研究者是如何获得参与者样本的？样本是从总体中随机抽取的吗？如果研究是通过邮寄调查，回复率是多少？

7. 研究者是否足够详细地描述了研究对象的人口统计学特征？解释一下。

8. 如果研究者报告了统计上的显著差异，他们对是否存在很大差异进行讨论了吗？在你看来，这些差异是否足够大，是否具有实际意义？解释一下。

9. 研究者是否通过描述自己研究的局限性来评判自己的研究？简要描述你在研究中发现的任何主要缺陷。解释一下。

第7章 分析定性研究文献

第6章的准则一讲述了定性研究和定量研究之间的主要区别。在阅读第7章的内容之前,料想你已经仔细考虑了这些差异。[1]换句话说,第6章讲述的是对定量研究的分析,而本章讲述的是对定性研究的分析。

7.1 准则一:注意一项研究是由个人还是由研究团队开展的

虽然定量和定性研究经常都是由研究者所组成的团队进行的,但在定性研究中,通过团队进行研究比在定量研究中更为重要。例如,如果定量研究者使用一个客观态度量表,对其进行评分,并使用统计软件对数据进行分析,那么可以合理预期的是,任何其他同样谨慎地评分和输入数据的人都将获得与原

---

1 强烈建议专注于综述定性研究报告的学生仔细阅读第6章的全部内容。——原注

研究者相同的结果。然而，如果一个定性研究者进行开放式的、半结构化的访谈，得到的原始数据通常包括许多页参与者的言语记录。不同的研究者可能会对这些数据进行不同的分析和解释，让人不免对数据分析的有效性产生怀疑。然而，如果一个研究小组分析一组定性数据并就其意义达成共识，相较于由单人进行的研究，读者就会对研究的结果更有信心。

然而，并非所有的定性研究都必须由一个团队来进行。事实上，一个合格的研究者可能无法与其他研究者一起工作，或者学位论文的要求规定研究者必须独立工作。在这种情况下，对于定性研究的读者来说，确保进行定性研究的个人至少使用了本章提出的准则三和准则四中所述的技术尤为重要。

7.2　准则二：当有研究团队时，留意最初是否独立进行数据分析

在分析一组定性数据时，研究者应首先独立分析（即相互之间不进行商讨），以防一个或多个研究者在解释数据时不适当地影响其他研究者。在经过初步分析之后，研究者通常通过讨论来解决任何分歧，直到达成共识。例7.2.1中描述了此过程。

例 7.2.1
　　对独立分析后达成共识的说明 --------------------

　　对终止访谈和随访的判断完全基于对病人的访谈。我们按照定性研究协商一致的原则，对每一个有分歧的案例进行讨论，直到达成一致的解决方案（Hill et al., 2005）。为了加深对人格相关问题以及厌世-内向型人格维度变化内容的了解，我们对每个案例及其时间点进行了口头形式的案例表述。在协商讨论中，我们把每个案例与其他所有案例进行了比较、回顾和重新评估，并对不同时期的变化进行了评论。

　　在其他条件相同的情况下，先由一组研究者独立分析数据，然后大家讨论他们的分析以达成共识的定性研究，比没有这样做的研究更为有力。

7.3　准则三：注意是否征求了外部专家的意见

　　咨询一个或多个外部专家可以增加读者对定性研究结果的信心。如果是由一个人而不是一个团队进行的研究（见 7.1 准则一），咨询则尤为重要。无论是哪种情况，咨询外部专家都会增强人们对结果的信心。

定性研究者通常将外部专家对数据分析结果的充分性进行评估的过程，称为**同行评议**（peer review）过程。在例 7.3.1 中，调查人员在收集数据的过程中，召集了一组跨学科专家来指导对结果的解释。这个过程大大增强了读者对结果的信心。相比之下，当专家评议研究的整个过程及数据分析的结果时，这样的专家通常被称为**评议人**（auditor）。

 例 7.3.1
关于专家组持续分析结果的说明 --------------------

整个研究小组由消费者权益保护者、社会学家、心理学家、人类学家、精神病学家和统计学家组成。在每一轮访谈结束后，他们都会举行会议，审查和讨论从每一轮访谈、问卷和健康项目数据中得到的结果。这种数据和研究者的三角关系增强了严谨性（Patton, 1999）。这些分析对每个主题和交叉主题而言都十分充分（Miles & Huberman, 1994）。

7.4　准则四：注意是否就数据的解释征求了 参与者的意见

关于如何进行定性研究的文献强调应该以这样一种方式进

行研究，即结果能够反映参与者所**感知的现实**。换言之，定性研究的目的是了解参与者如何感知自己的现实，而不是建立所谓的客观现实。因此，定性研究者应该准备一份初步的结果报告，并要求参与者（或他们中的一个样本）审查该报告，并就报告是否反映了他们的看法提供反馈意见。定性研究者称这个过程为**成员检查**（member checking）。这个术语源于这样一种观点，即定性研究的参与者实际上是研究团队的**成员**，应由他们来**检查**结果的准确性。例 7.4.1 解释了如何在研究报告中对此进行说明。

 例 7.4.1

使用成员检查的说明 ------------------------------------

　　成员检查尤其重要，因为它有助于确保参与者的意义形成过程得到很好的体现。在建构主义研究中，尽可能忠实于参与者的看法是至关重要的（Crotty, 2003）。以前的学生表示，数据分析结果符合他们的经验。例如，研究发现，在研究结果中，学会设定限制和使用以儿童为中心的学习技能作为与儿童建立关系的独特方式是最为相关的。成员们还认为，在整个经历中，他们对参与和坚持游戏疗法的信心增强了。

虽然成员检查对于判定定性研究的充分性并不十分重要，但它对独立研究的个人（与研究团队不同，研究团队的成员可以相互反思结果的准确性）尤其有帮助。

7.5 准则五：注意研究者使用的是立意样本还是方便样本

正如你从第 6 章准则一中所了解的，定性研究者应尽量使用**立意样本**。立意样本的选择基于研究者的谨慎判断，他们会选择自己认为对某一特定研究课题来说特别好的个体数据来源。例如，一个评估临床项目的定性研究者可能会选择几个刚开始开展项目的人和几个参加项目超过一定时间的人进行访谈。选择标准还可能包括性别（如选择某些男性和某些女性）、年龄和参与情况（如只选择那些定期参与的人）。

例 7.5.1 的作者指出了他们选择立意样本的标准。

例 7.5.1
使用立意抽样的说明 --------------------

采用了非概率的立意抽样策略招募单亲家庭，其中父亲从孩子生命早期就不与其同住，而母亲还没有与后来的伴侣建立同居关系。我们的抽样依据是父亲离家时孩子的年龄，而不是父母本身的婚姻状况，因为据称，生活安排可能比父母的婚姻状况更能反映家庭结构（Bumpass & Raley, 1995; Sigle-Rushton & McLanahan, 2004）。根据温劳布和沃尔夫（1983）的研究，如果父亲在孩子 2.5 岁之后离开家，则该家庭就被排除在外。与温劳布和沃尔夫（1983）的研究一致，在研究单亲母亲的家庭时使用了类似的截止年龄。母亲与后来的伙伴建立了同居关系的家庭也被排除在外，以避免继父对离家父亲与儿童的关系产生混杂影响，正如之前的研究所证明的那样（Amato et al., 2009; Juby, Billette, Laplante & Le Bourdais, 2007）。最后，那些不记得与父亲接触过或不知道父亲身份的儿童也被排除掉。

相比之下，**方便样本**（sample of convenience）是指完全或主要因为参与者容易获得（即方便参与）而选择的样本，如例 7.5.2 所示。

 例 7.5.2
使用方便样本的说明 ------------------------------------

数据于 1997 年至 2008 年在前瑞典斯德哥尔摩心理治疗研究所收集，包括 14 个连续受到公费资助的精神分析案例（12 名女性患者和 2 名男性患者）。患者的社会人口学特征在其他地方有更详细的介绍（Werbart & Forsström, 2014），这里只做简要介绍。患者开始接受精神分析的平均年龄为 33 岁（SD = 6.9 岁；范围：25 ~ 45 岁）。患者文化程度较高，并在治疗前请了长期病假（M = 106 天；SD = 131 天；范围：4 ~ 330 天）。所有患者都是从精神病门诊转诊到精神分析科的。13 名患者曾接受过精神病治疗，1 名患者在接受精神分析前接受过心理治疗。

请注意，定性和定量研究者都认为方便样本不太理想，但这样的样本有时是人脉和资源有限的研究者所能获得的唯一类型。然而，研究者应该非常谨慎地解释使用方便样本研究所产生的结果。

7.6　准则六：注意是否说明了参与者的人口统计数据

正如第 6 章的准则十一中所提到的，在准备分析相关研究以纳入你的文献综述时，最好把参与者的人口统计学特征记录下来。通过提供与研究主题相关的人口统计信息，做研究的读者可以了解参与者是谁，从而可以对样本的充分性做出判断。例如，在例 7.6.1 中，说明了人口统计数据的研究者研究的是儿童对听觉事件的记忆。如你所见，他们报告的人口统计数据与他们的研究主题相关。

例 7.6.1
一项研究中对样市人口统计数据的说明

25 名一年级和二年级儿童（M＝7 岁 6 个月，SD＝4.8 个月，范围：6 岁 11 个月至 8 岁 7 个月，9 名男性）和 35 名三年级和四年级儿童（M＝10 岁 8 个月，SD＝6.2 个月，范围：9 岁 7 个月至 11 岁 11 个月,15 名男性）参与了研究。55 名儿童为欧洲人，2 名儿童为半欧洲人，3 名儿童的种族不明。

参与者是通过联系挪威一所位于大城市的小学招募的。这项研究得到了地区伦理委员会的批准［参见 1964 年《赫尔辛基宣言》（Declaration of Helsinki）］。

7.7 准则七：考虑对定性分析方法的说明是否足够详细

为了达到**研究**的要求，用于分析数据的方法必须是精心计划的和系统性的。反之，随意地观察并对其进行纯粹的主观讨论并不符合研究的要求。

为了帮助做研究的读者确定给定的报告是否符合**定性研究**的标准，定性研究者应该详细说明他们是如何分析数据的。请注意，研究者仅仅说"使用了扎根理论方法（grounded-theory approach）"或"分析基于现象学方法（phenomenological approach）"是不够的。在例 7.7.1 中，研究者一开始就将"**共识性定性研究**"（consensual qualitative research, CQR）命名为分析方法，并提供了可以提供有关该方法更多信息的参考文献。随后，他们概述了其在分析中应用共识性定性研究的步骤。

例 7.7.1
使用共识性定性研究方法的说明

作者采用波格丹和比克伦（2007）提出的方法分析了访谈数据。研究者首先通过阅读和重读这 26 个人的记录，让自己沉浸在数据中，以了解数据的整体性。然后，研究者共同开发出反映参与者所表述的主题的编码类别。编码由两位研究者完成，并由所有研究者共享。在整个过程中，编码类别有时会被取消和细化，最后的编码类别被用来编码数据。当研究者发现编码类别的差异时，他们就回到数据中，就哪些类别最能反映参与者的反应达成了共识。在研究结果中，研究者按人数和性别列出了参与者的语录。

7.8　准则八：注意定性研究者讨论定量问题时是否提供了数量

　　研究是定性的，并不意味着应该忽略或不报告数量。例如，在说明定性研究中参与者的人口统计学特征时，使用统计数据是适当的，例 7.6.1 和例 7.8.1 就分别提供了平均年龄和大量百分比。

　　在说明结果时，通常不建议做出诸如"一些参与者提出了……"或"许多参与者认为，问题在于……"一类的表述。

　　量化定性结果的一种方法是使用定性研究者称之为**文字枚举**（literal enumeration）的方法，该方法只是报告每个结果的具体参与者人数。然而，报告大量的数据会使定性研究结果的报告变得杂乱无章。另一种方法是为原本模糊的措辞（如"**许多**"）建立量化的类别。例 7.8.1 对此进行了说明。在"结果"部分开头的这样一句话，有助于澄清研究者是如何定义和使用这些措辞的。

例 7.8.1
以数量定义原本模糊的措辞

　　下面的结果部分使用了数据枚举法。具体来说，"**许多**"一词表示超过 50% 的参与者给出了特定类型的回答，"一些"表示有 25% ～ 50% 的人这样做了，而"少数"则表示只有不到 25% 的人这样做了。

在其他条件相同的情况下，提供了数量标准的定性报告比没有提供数量标准的报告对读者更有用。

7.9 结论

本章简要介绍了你在准备撰写文献综述的过程中，对定性研究报告做笔记时可能要考虑的一些主要的方法问题。当你阅读所选择的文章时，请记下其他任何可能影响研究结果有效性的方法问题和研究者的决定。

⏰ 本章活动

　　找出一份定性研究的原始报告，最好是关于你正在综述的主题的，并回答以下问题。出于学习目的，你的指导教师可以选择给班上所有的学生分配同一篇文章来阅读，这个活动可以被组织成一个小组活动。

　　1. 你所找到的报告的哪些特点使你相信它属于定性研究？

　　2. 这项研究是由个人进行的还是由研究小组进行的？

　　3. 对结果的初步分析是独立进行的还是由一名以上的研究者进行的？

　　4. 研究者是否咨询了外部专家以进行同行评议或评审？如果是，这是否增加了你对结果有效性的信心？

　　5. 研究者使用了成员检查吗？如果是，这是否增加了你对结果有效性的信心？

　　6. 研究者是否清楚地表明了其使用的是立意样本还是方便样本？解释一下。

　　7. 研究者是否详细说明了参与者的人口统计数据？解释一下。

　　8. 研究者是否指定了定性数据分析的具体方法（如共识性定性

研究）？研究者对它的描述是否足够详细？解释一下。

9. 研究者在结果部分是否提供了足够具体的定性信息？解释一下。

10. 简要描述你在回答问题 1 到 9 时没有涉及的研究中的任何重大缺陷。

第 8 章　通过将分析结果分组来整理笔记

　　前几章中的准则可以帮助你选择主题、确定文献范围，并对列表中的文章进行初步分析。建立一个总结文献的表格是一种有效的方法，可以帮助你掌握所关注文献的概貌。此外，你可能希望在文献综述中包含一个或多个你自己制作的表格，它们也有助于为文献综述的读者提供概述。

8.1　准则一：考虑建立一个定义表

　　你关注的每一个变量都应该在综述开始时得到定义。在下面两种情况下，建立一个定义表对你和你的读者将有所帮助。首先，如果有许多密切相关的对于变量的定义，那么一个定义表（如例 8.1.1 中的定义表）可以让你很容易地浏览这些定义，以便识别其中的相似性和差异性。

例 8.1.1
第一个定义表 -

与控烟有关的心理赋权定义

领域	特征	定义
内省的	特定领域的效力	相信自己有能力组织和实施与控烟有关的特定变革所需的行动方案
	感知到的社会政治控制	相信自己在社会和政治制度上的能力和效能
	参与能力	通过在会议上讲话、作为团队成员工作等方式参与并为团队或组织的运转做出贡献的能力
互动的	资源知识	了解是否存在支持团队的资源，以及如何获取这些资源
	自 信	能够直接、公开、诚实地表达自己的感受、观点、信仰和需求，同时不侵犯他人的个人权利
	倡 导	追求对结果的影响，包括直接影响人们生活的政治、经济和社会系统，以及机构内的公共政策和资源分配决策

其次，如果某个变量存在不同的定义，定义表也会很有帮助。你可以考虑将它们按时间顺序排列，以查看不同时间对变量的定义是否具有某种历史趋势。例 8.1.2 使用假想的条目说明了如何组织这样一个表格。

例 8.1.2

第二个定义表 ------------------------------------

不同时期（1945—2016）对虐童的定义

作者	定义	注释
多伊（1945）	定义为……	第一个发表的定义；不包括心理虐待
史密斯（1952）	定义为……	
琼斯（1966）	定义为……	第一个涉及性虐待的定义
洛克（1978）	定义为……	
布莱克和克拉克（1989）	定义为……	
索利斯（2006）	定义为……	得克萨斯州的法律定义
特伊（2003）	定义为……	近年文献中最广为引用的定义
巴特（2016）	定义为……	

8.2 准则二：考虑建立一个研究方法表

因为不同的研究方法会导致研究结果的差异，所以建立一个总结所用方法的表格是很有帮助的，如例 8.2.1 中的表格。除了本表中所述的实验方法（查阅第 6 章的准则二和准则三，以了解如何描述实验之间的差异），最好增加一行，以说明在每项研究中使用的实验设计类型（如随机对照组设计）。

例 8.2.1

方法表 --------------------------------------

主要研究特征（方法）

实验设计	普瑞德（2010）	加尔万（2015）
方便抽样	课堂上的本科生	课堂上的本科生
方便抽样	幼儿园班级	一年级班级
随机选取	父母	父母
未说明	家长-教师协会成员	某一邮编地区的家庭

8.3 准则三：考虑在方法表中纳入研究结果摘要

通过在表格中添加额外的行或列，你可以将结果汇总到一个显示研究方法的表格中（见准则二）。

你可以把作者的名字放在行的开头，而不是如例 8.2.1 所示，放在列的顶部。在例 8.3.1 中，作者简要总结了研究结果。

例 8.3.1

总结结果 --

关联宗教与青少年性行为的纵向研究

出版日期，作者	地点，年份，社会经济地位；样本（用 N 表示）	年龄或年级；性别；人种	宗教性测量	性行为测量	宗教对性行为的影响
（1975）杰赛和杰赛	落基山脉地区的小城市，1969 年至 1971 年，中产阶级；N=424	高中；男和女；白人	笃信宗教；参加教会活动	在时点 1 曾经有过性行为	在时点 1 和时点 2 之间开始性交的高中女生宗教信仰较低，去教堂的频率也较低
（1983）杰赛、科斯塔、杰赛和多诺万	落基山脉地区，1969 年至 1972 年及 1979 年；N=346 名处男/女	1969 年的七、八和九年级；男和女；白人	参加教会活动；笃信宗教[a]	初次性交的年龄	笃信宗教和更经常地参与教会活动预示着较晚的初次性交

（续）

出版日期，作者	地点，年份，社会经济地位；样本（用N表示）	年龄或年级；性别；人种	宗教性测量	性行为测量	宗教对性行为的影响
（1991）贝克、科尔和哈蒙德[b]	美国，1979年、1983年；N=2072	14岁至17岁；男和女；1979年的白人处女	青少年及其父母的宗教信仰（天主教、浸信会、主流新教、机构教派、原教旨主义）	性交经验（是或否）	1979年至1983年间，机构化教派（如五旬节教会、摩门教会、耶和华见证会）的白人青少年男性和女性与主流新教（如圣公会、路德会、卫理公会）相比，发生首次性交的可能性更小；即使控制参与情况，与主流新教徒相比，浸礼会女性和原教旨主义男性发生首次性交的可能性也较低
（1996）克罗克特、宾厄姆、肖巴克和维卡里	美国东部单一农村学区，1985年，较低的社会经济地位；N=289	七年级到九年级；男和女；白人	参与情况	初次性交年龄	更经常参加教会活动的女性（而不是男性）更可能在年长一些时发生初次性交

（续）

出版日期，作者	地点，年份，社会经济地位；样本（用N表示）	年龄或年级；性别；人种	宗教性测量	性行为测量	宗教对性行为的影响
（1996）莫特、冯德尔、胡、科瓦列斯基-琼斯和莫纳汉[c]	美国，1988年、1990年和1992年；N=451	1992年时至少14岁；男和女；白人（黑人和西班牙语裔过抽样）	参与情况；朋友们是否参与同一个教堂的活动	早期发生首次性交（以14岁作为早期的标准）	经常参与且同伴也参与教会活动者更不可能在14岁前发生性交
（1996）普莱克、索恩斯坦、库和伯布里奇[d]	美国，1988年（第一轮，N=1880）、1990年至1991年（第二轮，N=1676）	1988年15～19岁；男性；37%黑人，21%西班牙语裔，3%其他	宗教的重要性；参与教堂活动的频率	过去12个月未使用避孕套的性交次数	青春期中期更经常地参与教会活动的男性在青春期后期无保护性行为的频率下降（相对于预测水平）
（1997）米勒、诺顿、柯蒂斯、希尔、洛克菲勒和扬格[e]	美国，1876年、1981年和1987年；N=759	1976年7～11岁；男和女；白人和黑人	参与情况（父母报告）；对参与教会活动的态度	首次性交年龄（在第三轮时回溯性报告）	报告显示，对参加宗教服务持正向态度的家庭成员更可能推迟首次性生活

（续）

出版日期，作者	地点，年份，社会经济地位；样本（用N表示）	年龄或年级；性别；人种	宗教性测量	性行为测量	宗教对性行为的影响
（1999）贝尔曼和布吕克纳[f]	美国，1994年至1996年；N=5070	七年级到十二年级；只有女性；白人、黑人、亚裔、西班牙裔	宗教派别	首次性交（是或否）；首次性交年龄；怀孕风险（是或否）	除了年龄对首次性行为的影响外，保守的新教徒和天主教徒相较于主流新教徒，在时点1和时点2之间发生首次性交的可能性更低
（1999）惠特贝克、约德尔、霍伊特和康格	美国中西部州，1989年至1993年，乡村；N=457	八年级到十年级；男和女；白人	综合：参与情况，重要性（母亲和青少年）	性交（是或否）	母亲的宗教信仰降低了九年级和十年级青少年首次性行为的可能性；青少年的宗教信仰对首次性行为有强烈的负向影响

（续）

出版日期，作者	地点，年份，社会经济地位；样本（用 N 表示）	年龄或年级；性别；人种	宗教性测量	性行为测量	宗教对性行为的影响
（2001）贝尔曼和布吕克纳	美国，1994 年至 1995 年（第一轮）、1996 年（第二轮）；N=14787	七年级到十二年级；男和女；白人、西班牙语裔、亚裔、黑人	参与情况；感知重要性和祈祷频率的综合	首次性交年龄；首次性交的避孕措施（是或否）；贞操保证人（是或否）	较高的宗教信仰降低了白人、亚裔和西班牙语裔男女青少年初次性行为的风险；对于黑人青少年，没有发现宗教信仰和初次性行为之间的关联；宗教信仰在青春期中期（而不是早期）和后期延迟了首次性行为的时间（仅对非黑人被访者进行了分析）；宗教与首次性交避孕措施使用无关

注：a. 本文没有描述宗教性的测量。

　　b. 数据来自全国青年纵向调查（NLSY）。

　　c. 数据来自全国青年纵向调查（NLSY）。

　　d. 数据来自全国男性青少年调查（NSAM）。

e. 数据来自三轮的全国儿童调查（NSC）。

f. 数据来自第一轮和第二轮全国青少年健康纵向研究。

请注意，例 8.3.1 中的各种研究结果的总结是以叙述的方式给出的（未使用统计数据进行说明）。通常，这是呈现结果摘要的最佳方式。但是，如果直接给出了统计数据，并且这些数据在不同的研究中具有可比性，则可以提供统计数据。例如，如果有五项研究估计了高中生使用吸入剂的发生率，并且这些研究都以百分比的形式呈现结果，那么在结果摘要中包含百分比是合适的。另一方面，如果关于某个主题的统计数据在不同的研究中是不同的，那么以统计学的方式呈现这些数据就不太可取了，因为它们在不同的研究中没有直接的可比性（例如，一项研究使用百分比，另一项研究使用平均值和中位数，还有一项研究使用频率分布，等等）。之所以这么做，是为了让读者能够通过浏览列和行而注意到研究之间的差异。浏览和比较一列中混杂的统计数据可能会令人困惑。

8.4 准则四：当关于某个主题的文献很多时，建立一个标准来确定要在一个表中总结哪些文献

文献综述中的摘要表不一定要包括关于所综述主题的所有

研究，但如果只包括部分研究，则应描述准入标准。例 8.4.1 和
8.4.2 显示了让读者明了此类标准的示例语句。

 例 8.4.1

对准入标准（如只包含真正的实验）的说明 ·········

　　表 1 总结了受试者的特征、采用的处理方法和测量结果。
此表仅包括**真正的实验**（即将参与者随机分配到实验组和对照
组的实验）。

 例 8.4.2

对准入标准（如只包含最近的调查）的说明 ·········

　　表 2 总结了最近五次关于这一主题的调查的研究方法和结
果。由于文献表明，对这一问题的看法随着时间的推移而变化，
最近的调查能够最恰切地表明公众当前对这一问题的看法。

8.5　准则五：当关于某个主题的文献很多时，可以考虑构建两个或多个表来总结

　　即使在制定了准入标准（见准则四）之后，研究者也可能

因相关研究太多而无法将它们纳入一个表中。在这种情况下，你应考虑如何将文献分为若干组，以便为每组研究建立不同的表格。例如，一张表可以总结与主题相关的理论，另一张表可以总结关于主题的定量研究，第三张表可以总结定性研究。

8.6　准则六：在文献综述中仅为复杂材料提供表格

在综合文献的早期阶段，为了掌握文献的全貌，你可以对所创建的表格数量不限制。然而，你的文献综述应该只包含那些涉及复杂材料的表格，这些材料是读者在文中难以理解的。

请记住，文献综述不应该是表格的集合。相反，它应该主要是叙述性的，你在其中总结、综合并解释有关特定主题的文献，只是插入少量的表格用以帮助读者理解复杂材料。

8.7　准则七：讨论文献综述中的每个表格

文献综述中的所有表格都应在文献综述的叙述部分加以介绍和讨论。例 8.7.1 说明了如何做到这一点。

例 8.7.1
一篇文章的文献综述部分对表格的讨论　　　‑‑‑‑‑‑‑‑‑

　　表 1 总结了使用贝克抑郁量表作为结果测量工具来检查认知 / 行为治疗有效性的五项研究。总的来说，这些研究的样本量很小（从 n = 4 到 n = 16 不等）。尽管存在这一局限性，研究结果还是显示了认知 / 行为疗法的应用前景——与对照组相比，所有治疗组（即实验组）的抑郁症状在统计学上都显著降低。

　　虽然你应该对每个表格加以讨论，但没有必要表述其中的每个部分。例如，例 8.7.1 讨论了一个总结了五项研究的表格，然而在叙述中只提到了两项研究（n = 4 和 n = 16）中使用的样本量。

8.8　准则八：给每张表格设定一个序号和一个说明性标题

　　所有表格都应附有序号（如表 1、表 2 等）和说明性文字（即标题）。请注意，本章中的所有表格都有表格编号和标题。关于如何在文稿中设定表格格式，请参考你的专业格式手册。
　　对使用文字处理软件来建立表格的全面指导超出了本书范围。在诸如 Word 之类的编辑器中，学会如何修改表格非常容易，只需稍加实践便可掌握。

8.9　准则九：表格跨页拆分时插入"(续)"

虽然每张表格都应该放在同一个页面上，但这并不总是可行的。当一张表格跨页拆分时，请在表格底部插入"（续）"，以便读者知道如何翻页并继续阅读表格。请注意，文字要用括号括起来。相应地，下一页中表格第二部分的顶部也要重复表格编号，后跟"（续）"。

⏰ 本章活动

　　假设你已经阅读了许多文章，你将在文献综述中评估和综合这些文章。请在初步阅读文献的基础上，尽可能回答以下问题。

　　1. 列出你读过的文章中给出的定义。你是否收集了足够数量的定义，以便建立一个定义表？解释一下。

　　2. 根据你的阅读，你是否计划建立一个研究方法表？它是否也包括一行或一列对研究结果的总结？

　　3. 你可以用什么标准来区分你读过的文献？如果你正在建立一个关于研究方法的表格，这些标准在构建表格时有用吗？解释一下。

　　4. 你是否希望在你的文献综述中插入多个表格？解释一下。

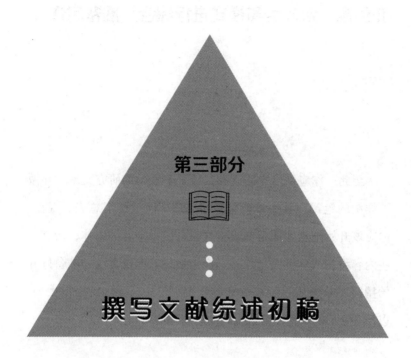

第三部分

撰写文献综述初稿

第9章 对趋势和模式进行综合：准备写作

至此，你应该已经阅读和分析了一系列的研究文章，并做了详细的笔记，其中可能包括第8章中建议的汇总表。现在，你应该开始把这些笔记和表格材料合成一个新的整体，所有这些内容将构成你的文献综述。换句话说，你现在已经准备好开始撰写文献综述了。本章将帮助你制定一个详细的写作大纲，以便在之后的写作中节省宝贵的时间和精力。

9.1 准则一：在开始写作之前，考虑你的目的和文风

先问问自己写作文献综述的目的。你想让你的指导教师相信你为准备课程学期论文下了足够功夫吗？你是想在学位论文中展示你对某一研究领域的掌握程度吗？或者你的目的是为你希望发表在期刊上的研究提供一个背景？这些情况中的每一个都会产生不同类型的成果，部分原因是作者的目的不同，但也可能源于读者的期望不同。回顾一下第1章对三类文献综述的说明。

在你确定了你的目标并且考虑了你的读者之后，就应该为你的文稿选择一种合适的**文风**（或者写作风格）。作者在文献综述中的文风应该是正式的，因为这是学术环境所需。科学写作中的传统文风要求作者不应突出自己，而是把读者的注意力集中在内容上。在例 9.1.1 中，作者的**自我**形象过于明显，从而分散了读者对其所述内容的注意力。例 9.1.2 更胜一筹，把重心放在了内容上。

例 9.1.1
学术写作中的不当文风

在这篇综述中，我将展示团队在许多重要的生活活动中往往是不可或缺的，并且具有提高绩效和生产力的潜力。然而，我认为这一潜力很少得到充分发挥。基于我在文献中观察到的，团队的一个众所周知的局限性是，个人在团队中工作时比单独工作时付出的努力要少，这种现象被称为"社会懈怠"（Latané, Williams & Harkins, 1979）。

例 9.1.2
适合学术写作的文风

团队在许多重要的生活活动中往往是不可或缺的，并且具有提高绩效和生产力的潜力。然而，这一潜力很少得到充分发挥。团队的一个众所周知的局限性是，个人在团队中工作时比单独工作时倾向于付出更少努力，这种现象被称为"社会懈怠"（Latané, Williams & Harkins, 1979）。

请注意，学术写作通常倾向于避免使用第一人称。相反，他们会让数据和理论来说话。这并不意味着你永远不应该使用**第一人称**的写作风格。然而，传统的做法是慎用第一人称。

9.2 准则二：考虑如何重新组合笔记

既然你已经确定了文献综述的目的、你的读者对象和你的文风，那么接下来你应该重新评估你的笔记，以确定如何重新组合笔记片段。你应该知道，在撰写文献综述时，仅仅给出一系列的研究注释几乎总是不可接受的。从本质上讲，这就像是在描述一棵树，而实际上你应该描述的是森林。你正在一篇文献综述中创建一个独特的新森林，你将使用你在阅读文献中找到的树来创建它。为了构建这个新的整体，你应该在准备主题大纲时考虑各个部分之间的关系，如在下一个准则中描述的那样。

9.3 准则三：创建一个主题大纲来勾勒你的论点

像其他任何类型的文章一样，综述应该**首先**为读者确立你的论证路线（这就是所谓的**论文**）。你可以用论断、争论或命题的形式来表述。**然后**，你应该提出一套有迹可循的叙述，证明这条论证路线是有价值的和正当的。这意味着你应该在分析和综合你所综述的文献的基础上，形成对该主题的判断。

你应该将主题大纲设计成论证的路线图，如例 9.3.1 所示，这里给出的提纲基于本书附录中的一个文献综述范例。注意，它首先描述了网络霸凌的实际案例，然后讨论了以前对传统霸凌的定义。除了将传统霸凌和网络霸凌进行对比之外，作者还充实了其他学者对网络霸凌的定义，最后是一个以大学生为研究对象的案例。

由于本章其余部分将多处提及下面的提纲，请花点时间仔细阅读。你可以在此页放置一个标记或将其添加到书签中，以便后面涉及该大纲时方便查阅。

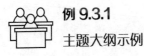
例 9.3.1
主题大纲示例 --

主题：数字时代的霸凌行为发生了怎样的变化？

Ⅰ. 导言

A. 介绍网络霸凌主题

B. 列举真实的例子

Ⅱ. 术语定义

A. 对比传统霸凌和网络霸凌的定义

B. 补充一些学者对网络霸凌的定义

C. 说明不同形式或类型的网络霸凌（例如骚扰、跟踪、"泄露"等）

Ⅲ. 综述之前关于网络霸凌发生率的研究

A. 报告的发生率各有不同且范围很广（低至 4.8%，高达 55.3%）

B. 对公立学校人群的研究

　1. 初中生

　2. 初/高中生

C. 对大学生人群的研究——相对较少

D. 对工作人群的研究

E. 总结网络霸凌发生率的相关研究

Ⅳ. 网络霸凌的受害者受到何种影响

A. 网络霸凌带来的情感影响

B. 网络霸凌带来的行为后果

C. 网络霸凌产生的临床症状

D. 导致的自杀行为

E. 其他影响

Ⅴ．受害者在受到网络霸凌后如何应对

　　A. 说明所报告的各种应对策略

　　B. 说明关于不同群体应对策略的研究

Ⅵ．本研究将以大学生群体为研究对象

　　A. 文献综述总结

　　B. 现在的目的是增进对网络霸凌如何影响这一群体的
　　　 理解

　　C. 此外，文中还额外提供了有关大学生网络霸凌发生
　　　 率的数据，并比较了性别差异

9.4　准则四：根据你的论点重新整理笔记

　　对于你自己的文献综述，上述准则中给出的例子应该能够指导你创建一个自己的主题大纲，无论是以电子格式还是打印出来的方式。上一个准则中的主题大纲说明了作者的论点，对你来说，下一步应该是根据大纲重新整理笔记。你可以从在电子表格中添加一列开始，在该列的适当位置添加对大纲的引用。例如，在例 9.3.1 中，你将在说明网络霸凌实例的记录旁边输入"Ⅰ"，在处理网络霸凌定义和形式或类型的记录旁边输入"Ⅱ"，在报告霸凌率统计数据的记录旁边输入"Ⅲ"，在与说明霸凌行为对受害者的影响有关的记录旁边输入"Ⅳ"。然后，你

将回到主题大纲并指出特定研究的具体参考文献。例如，把讨论如何定义网络霸凌的参考文献名直接写在提纲标题"Ⅱ"的右边。

9.5 准则五：在每个标题中注明不同研究的差异

下一步是在你的提纲上注明不同研究内容的差异。基于某种差异，你可能需要考虑是否有可能将文章归类为子主题。例如，在例 9.3.1 的文献综述中，有一个图表说明了一种霸凌行为的分类法，即划分为"直接"霸凌和"间接"霸凌两种主要类型。这就为学者们如何定义网络霸凌的讨论提供了另外一种组织方式，如例 9.5.1 所示。

例 9.5.1

例 9.3.1 中第 Ⅱ 部分的另外一种组织方式 - - - - - - - - - - - - -

1. 直接霸凌的例子

   a. 骚扰

   b. 跟踪

   c. 其他（如威胁、恶作剧、殴打）

2. 间接霸凌的例子

   a. 网络霸凌

（1）敌视、骚扰、诋毁

（2）伪装（冒名顶替）

（3）泄露（如散布谣言、泄露隐私信息）

（4）网络跟踪

b. 其他（如口口相传的谣言）

你可能还想对不同研究结果的一致性进行评论。例如，请参考例9.3.1的表述：在对霸凌发生率的说明中，对于每个群体，不同的学者报告了不同的结果。当你在讨论这种差异时，可以通过提供有关研究的具体信息来帮助你的读者，并对这些差异做出可能的解释。前三篇文章比较老旧而最后一篇比较新颖吗？前三篇文章是否使用了不同的方法来收集数据（例如，一项研究中的统计数据是基于官方的学校记录，而不是使用调查问卷收集的数据）？你要注意诸如此类的差异，这将引导你在撰写文献综述时关注需要讨论的重要问题。

9.6 准则六：在每个标题中寻找明显的空白点或需要进行更多研究的领域

在基于例9.3.1中的主题大纲的完整综述中，综述者指出，虽然研究者对学龄儿童进行了许多跨文化研究，但只有两项研究侧重于大学生群体。因此，任何基于对幼童开展的研究的结论可能不适用于更年长的群体。此外，这揭示了一个可能成为当前研究重点的领域，这个案例实际上也是这样做的。

9.7 准则七：简要说明相关理论

第 1 章讨论了理论文献的重要性。你应该简要说明与你的文献综述主题相关的每项理论。例 9.7.1 对客体化理论（objectification theory）做出了说明。请注意，作者首先总结了初始理论，然后总结了支持该理论的研究，最后他们指出，这一理论还没有在男性身上得到验证。

例 9.7.1
相关理论的定义 ------------------------------------

客体化理论（Frederickson & Roberts, 1997）最初以女性的经验为基础，认为女性身体的性客体化是无处不在的，并且可以被内化。具有吸引力的文化标准的内化是通过不断接触社会化信息来实现的，这些信息促进了人们遵从和认同其内容。这种内化可以促使人们对自己的身体采用观察者的视角，即自我客体化，并表现为持续的身体监视。身体监视包括习惯性地监控和比较一个人的身体与内化的吸引力标准，重点是一个人的身体看起来如何，而不是其感觉或功能如何。身体监视反过来会导致身体羞耻感，因为它没有达到（通常也无法达到）具有吸引力的文化标准。

采用横向和纵向数据的研究支持了这三个客体化理论变量之间的关系模型，即内化与身体监视和身体羞耻感是正相关的，身体监视与身体羞耻感也有一种独特的正相关关系。身体羞耻感常常调节客体化理论变量与结果变量之间的关系，尽管内化和身体监视常常与结果有独特的额外关系（综述见 Moradi & Huang, 2008）。这一连串的关系被认为是一个人改变外表以符合其内化理想的不健康努力的基础，这种努力可能包括过度节食和锻炼、饮食失调、美容手术或药物使用。大量文献对这一模型进行了检验，并将其应用扩展到具有不同种族和民族背景、能力状况和性取向的女性中间。中间该模型的各个方面也在新兴的男性研究中获得了支持（Moradi & Huang, 2008）。然而，研究者仍然需要评估该模型对男性身体形象问题的适用性。

9.8　准则八：讨论各个研究如何与理论相关并推进理论

你应该思考一项研究（通常是具体的）是如何帮助定义、说明或推进理论概念的。通常，研究者会指出他们的研究如何与理论相联系，这将有助于你思考这个问题。例如，如果你将在文献综述中讨论一个或多个理论，你可以在提纲中把它们标记出来，这将向你的读者表明，你将讨论建立一个更完善的理论模型的必要性。

如果你所在的领域里存在相互矛盾的理论，你应当讨论你所综述的文献能够在多大程度上支持它们。请记住，研究结果与基于理论的预测之间出现的不一致可能是由于理论模型的不完善或研究中使用的方法的不完善造成的。

9.9 准则九：定期进行总结，并在综述结束前再次进行总结

分阶段总结从文献综述中得出的推论、概括和／或结论是很有帮助的。例如，例 9.3.1 中的大纲要求对文献综述中的两点进行总结（即在 III.E 中总结网络霸凌发生率的各种结果和 VI.A 中文献综述的全面总结）。在一篇文献综述中，冗长而复杂的主题往往需要单独的总结。这些总结有助于读者理解作者的写作方向，并让读者暂缓一下，以思考和理解难度较大的材料。

如前所述，例 9.3.1 中的最后一个要点以对前面所有材料的总结开始。通常情况下，在开始撰写长篇综述的最后一部分时，作者应该对所有涉及的要点进行总结。这向读者展示了作者对综述要点的看法，并为讨论作者的结论和可能产生的任何影响

奠定了基础。在很短的文献综述中，作者可能不需要进行总结。

9.10　准则十：提出结论和启示

请注意，**结论**是对某一主题的知识现状的论断。例 9.10.1 展示了一个结论，但并不意味着这个结论已经被证明了。综述者应该避免谈论证据的效力（例如，"似乎可以安全得出的结论是……""结论可能是……""强有力的证据表明……"或"压倒性的证据所支持的结论是……"）。

 例 9.10.1

陈述结论 --

根据对器官捐献态度的文化差异的研究，**似乎可以得出这样的结论**：不同文化背景下的群体对器官捐献的态度有很大不同，因此有效的干预策略需要考虑到这些差异。具体而言……

如果关于一个主题的证据的分量并不明显有利于一个结论（相对于另一个结论而言），要明确表述出来，例 9.10.2 说明了这种技巧。

例 9.10.2
对不能得出结论的说明 ----------------------

尽管大多数研究表明，方法 A 具有优势，但一些在方法学上强有力的研究也指出了方法 B 的优越性。在缺乏更多证据的情况下，**很难得出结论……**

启示（implication）通常是关于个人或组织根据现有研究应该做些什么样的陈述。换句话说，综述者通常应该通过对研究的回顾，就未来可能采取哪些行动提出建议。因此，通常最好的做法是在提纲的末尾加上标题"启示"。例 9.10.3 是一个关于启示的例子，因为它表明，特定的干预可能对特定的群体有效。

例 9.10.3
关于启示的表述 ----------------------

本文综述的大量证据表明，就亚裔美国人而言，干预措施 A 似乎最有希望增加这一群体的器官捐献数量。

一开始，一些新手作者认为，他们应该只描述已发表的研

究中的"事实"，而不是试图提供自己的结论或推测有关的影响。然而，请记住，一个彻底而仔细地综述了某个主题文献的人，实际上已经成了这方面的专家。除了对某一主题的研究有最新了解的专家，我们还能向谁咨询有关知识现状（结论）和我们应该怎样做才能更有效（具启示意义）的建议？因此，表达你对某一主题的知识状况及由此产生的影响的看法是恰当的。

9.11　准则十一：在综述接近尾声时提出未来研究的具体方向

当你开始思考自己想说什么的时候，请记住：仅仅指出"未来需要更多的研究"是不够的；相反，你要提出具体的建议。例如，如果所有（或几乎所有）研究者都使用了自填问卷，你可能会建议未来的研究者使用其他的数据收集手段，如直接观察实际行为，以及查阅捐赠协调机构保存的记录。如果有未被研究的群体（如美洲土著人），你可能会呼吁对他们进行更多的研究。如果几乎所有的研究都是定量的，你可能会呼吁开展更多的定性研究。你可以提出的建议是无穷无尽的，你的任务是建议完善那些你认为最有希望推进你所综述领域发展的知识。

例 9.11.1
对未来研究的建议

虽然这篇综述强调了预期在持续关系中的作用，但预期在关系开始阶段似乎也很重要。例如，奥廷根和梅耶（2002）发现，对关系形成的预期预示着对关系形成的更大追求和更高发生率。此外，对拒绝的预期往往会导致对关系形成尝试的减少（Vorauer & Ratner, 1996）。此外，关于伴侣偏好的理论同样表明，人们会寻求那些预计在未来能成功繁衍后代和获取资源的伴侣（Buss, 1989; Fletcher, Simpson, Thomas & Giles, 1999），这再次证明了预期对于关系形成的重要性。未来应该研究预期影响关系形成的机制，以及预期的特征和影响的内容。

9.12 准则十二：用分析细节充实你的大纲

在开始撰写初稿之前的最后一步是回顾你所创建的主题大纲，并用你对研究文献的分析中的具体细节来充实它。当你扩展大纲时，要尽一切努力纳入足够多的细节。一定要注意研究的优势和劣势，以及文献中显现的空白点、关系、主要趋势或模式。在这一步结束时，你的大纲应该有好几页长。这时，你就可以开始撰写初稿了。

例 9.12.1 说明了如何用更多的细节来充实例 9.3.1 中大纲的一部分。请注意，例 9.12.1 中的几条文献不止出现在一个地方。例如，普里维泰拉和坎贝尔（2009）的报告在讨论重复成分和权力差异时均被提及，因为他们的文章涉及这两方面内容。你应该避免在综述中的一个地方总结一篇文章，然后将其从讨论中剔除。相反，你应根据需要多次引用某条文献，只要它与你的论点有关即可。

例 9.12.1

充实大纲的一部分 -

Ⅱ．**术语定义**

 B. 补充一些学者对网络霸凌的定义

  1. 作为一种"心理虐待"（Mason, 2008）

  2. 有无重复成分（Privitera & Campbell, 2009; Raskauskas & Stoltz, 2007; Slonje & Smith, 2008）

  3. 包含犯罪者和受害者之间的权力差异（Hinduja & Patchin, 2007; Mason，2008; Privitera & Campbell, 2009)

  4. 权力不平衡标准的差异——体力、体形、年龄、技术能力（Vandebosch & Van Cleemput, 2008）

- -

⏰ 本章活动

针对指导教师指定的典型文献综述，回答以下问题。这些文献综述范例位于本书后半部分。

1. 这些文章都是期刊文章。针对这些文章的潜在读者，作者在写作时是否使用了恰当的学术文风？解释一下原因。

2. 作者的论证从一个主题到另一个主题的转换是否合乎逻辑？解释一下。

3. 作者是否指出了需要进行更多研究的领域？解释一下。

4. 这些文章有助于定义、说明和 / 或推进理论吗？如果是，请解释一下。如果不是，请给出理由。

5. 文章中有总结或结论吗？解释一下。

6. 作者是否清楚地阐述和讨论了结论和启示？

第 10 章　初稿撰写指南

　　到目前为止，你已经在数据库中检索了与你的综述主题相关的文献，仔细记录了文献的具体细节，并对这些细节进行了分析，以确定模式、研究之间的关系、文献中的空白点以及具体研究的优缺点。然后，你重新整理了笔记，制定了详细的写作提纲，准备撰写文献综述。

　　事实上，你已经完成了写作过程中最困难的步骤：对文献的分析、综合，以及对论证过程的规划。这些初步的步骤构成了准备文献综述的知识基础。接下来的步骤（即起草、编辑和改写）将把你的智力劳动成果转化为对你所发现的事物的叙述。

　　本章中的准则将帮助你完成文献综述的初稿。第 11 章中的准则将帮助你形成一篇连贯的文章，避免出现大量注释化表述，还提供了与风格、形式和语言用法相关的附加标准。但是，我们首先要考虑撰写初稿的问题。

10.1 准则一：从确定宽泛的问题领域
开始，但要避免空泛的陈述

通常，文献综述的导言是从确定宽泛的问题领域开始的。经验法则是"从一般到特殊"。然而，一个人在开始时的"一般"程度是有限的。参考例 10.1.1，作为对高等教育中某一主题的文献综述的开端，它的内容过于宽泛，无法确定任何特定领域或主题。你应该避免用这种空泛的陈述来开始你的综述。

例 10.1.1
无法确定特定领域或主题

高等教育对美国和世界其他地区的经济都很重要。如果没有大学教育，学生们将无法为这个千年里将要发生的许多进步做好准备。

将例 10.1.1 与例 10.1.2 进行对比，例 10.1.2 也涉及教育中的一个主题，但显然与将要综述的特定主题有关，即学校中的霸凌行为。

例 10.1.2
与正在综述的特定主题有关

相当一部分儿童在整个学年都参与了霸凌行为。受霸凌的儿童报告了一系列问题，包括焦虑和抑郁（Nansel, Overpeck, Pilla, Ruan, Simons-Morton & Scheidt, 2001）、自卑（Egan & Perry, 1998）、学习成绩下降（Juvonen, Nishina & Graham, 2000）和旷课（Eisenberg, Neumark-Sztainer & Perry, 2003）。霸凌也可能是与自杀行为相关的重要压力源（Klomek, Marrocco, Kleinman, Schonfeld & Gould, 2007）。

10.2　准则二：在综述的开头，指出为什么被综述的主题是重要的

在文献综述的第一段，你就应该指出为什么这个主题很重要。例 10.2.1 的作者指出，他们的主题涉及一个严重的健康问题。

例 10.2.1

在文献综述的开头表明这个主题的重要性 ----------

维生素 D 摄入不足的情况在所有年龄组中都在增加（Look-
er et al., 2008）。最近的研究表明，缺乏维生素 D 是导致多种慢性
疾病的危险因素，包括 1 型和 2 型糖尿病、骨质疏松症、心血管
疾病、高血压、代谢综合征和癌症（Heaney, 2008; Holick, 2006）。

当然，并非所有问题都像例 10.2.1 中的问题那样具有普遍
重要性。然而，综述的主题应该至少对某些人来说很重要，这
一点应该像例 10.2.2 中那样被指出来，即广泛使用调整兰德指
数（adjusted Rand index, ARI）是选择其方差作为本研究一部分
的主要原因。

例 10.2.2

在文献综述的开头表明这个主题的重要性 ----------

确定观测分组充分性的选择标准是调整兰德指数（Hubert
& Arabie, 1985）。这篇介绍兰德指数的文章是有史以来在《分
类学期刊》（*Journal of Classification*）上发表的论文中被引用最
多的，一共被引用了 2756 次；而斯坦利（2004）随后发表的一
篇讨论兰德指数性质的论文则是 2004 年以来在《心理学方法》

（*Psychological Methods*）上发表的论文，其位列被引用次数最多的前 10% 范围，一共被引用 144 次。在本文中，我们推导了兰德指数的方差，为 30 年前的度量提供了一个关键的组成部分。在得出方差之后，我们又进行了一次模拟，探讨了使用正态近似进行推导的充分性。

10.3 准则三：区分研究结果和其他信息来源

如果你描述的观点是基于轶事证据或个人观点，而不是基于研究，请指出来源的性质。例如，例 10.3.1 中三个句子中包含的关键词（"推测""建议""个人经历"）表明，这些材料基于个人观点而非研究发现。

例 10.3.1

在陈述的开头表明以下材料基于个人观点（而不是研究）

"能源部（2016）推测……"

"有人建议……（Smith, 2015）"

"布莱克（2014）讲述的一次个人经历表明……"

请将例 10.3.1 中的陈述与例 10.3.2 中的陈述进行对比。例 10.3.2 中的陈述用在文献综述中介绍基于研究的发现。

 例 10.3.2
在陈述的开头表明接下来的材料是在研究的基础上得到的 ----------------------

"在全州范围内的调查中，琼斯（2016）发现……"
"希尔（2012）对城市课堂的研究表明……"
"最近的发现表明……（Barnes, 2014; Hanks, 2015）"

如果对某一主题的研究很少，你可能会发现有必要综述那些只表达观点（而没有研究基础）的文献。鉴于此，在综述中更细致地讨论文献之前，你可以考虑做一个一般性的陈述来说明这种情况，如例 10.3.3 所示。

 例 10.3.3
对缺乏研究的陈述 --

这个数据库包含 50 多个文档、期刊文章和专著。然而，其中没有一个是基于原创研究的报告。相反，它们提供了一些轶事证据，比如接受治疗的个体客户的信息。

10.4 准则四：指出为什么某些研究是重要的

如果某项研究具有方法论上的优势，请提及它们以表明其重要性，如例 10.4.1 所示。

 例 10.4.1
表明某项研究的重要性

皮尤研究中心（The Pew Research Center, 2007）最近对随机抽取的 2020 名成年人进行了一项全国性调查。调查发现，21% 的在职母亲喜欢全职工作，60% 喜欢兼职工作，19% 不喜欢工作。

如果一项研究代表了某个研究领域发展的一个关键点，它可能很重要。比如，一篇表明一个著名研究者的立场发生了逆转的研究文章，或者一篇发表了新方法论的文章。一项研究诸如此类的特征可以证明其重要性。当一项研究极为重要时，确保你的综述能让读者意识到这一点。

10.5 准则五：如果你在综述一个主题的发展历程，在说明时间框架时要具体

要避免在综述开头宽泛地提及某个主题的时效性，例如："近年来，人们对……的兴趣越来越大。"这个开头会给读者留下许多疑问，比如：作者指的是什么年代？作者是如何确定"兴趣"是在不断增加的？谁变得更感兴趣——是作者还是该领域的其他人？有没有可能是作者最近对这个话题产生了兴趣，而其他人却一直在失去兴趣？

同样，一个问题的增加或一个感兴趣的人群的增加，应该具体到数字或百分比，以及所涉及的具体年份。例如，只是陈述"作弊的大学生人数可能增加了"或"就业率将持续增长"则信息量不大。例 10.5.1 和例 10.5.2 的作者通过具体列举百分比和时间范围来避免这个问题。

 例 10.5.1
明确时间范围 --

多年来，该领域的研究显示了大学生群体中作弊和不道德行为发生率的稳定增长（Brown & Emmett, 2001），最早的研究可以追溯到 1941 年。贝尔德（1980）报告说，大学作弊率从 1941 年的 23% 上升到 1970 年的 55%，再到 1980 年的 75%。随后，麦凯布和鲍尔斯（1994）报告说，大学作弊率从 1962 年的

63% 上升到 1993 年的 70%。

最近，伯克、波利梅尼和斯拉文（2007）指出："许多研究表明，我们可能处于学术不端文化的悬崖边缘，大量的学生在进行着各种形式的作弊行为。"俄克拉荷马州立大学的学术诚信中心（2009）对 1901 名学生和 431 名教师进行了大规模调查，发现了一些非常令人不安的结果。研究显示，60% 的大学生至少有一种违反学术诚信的行为，72% 的商科专业本科生报告自己存在这种行为，而其他学科的学生只有 56%。**布朗、怀布尔和欧莫斯克（2010）也报告说，2008 年管理类本科课程的作弊比例接近 100%，而在 1988 年只有 49%。**

- -

 例 10.5.2
明确时间范围 -

随着当前经济出现复苏乏力的迹象，雇主对未来持谨慎乐观态度。不同地域的多种失业率指标显示，某些行业的就业增长有所提升。《今日美国》（*USA Today*）最近发布的一份经济报告显示，12 个月来全国就业增长最为强劲的是建筑业（3.9%）、休闲和酒店业（3.4%）、教育和卫生服务业（2.9%）、专业和商业服务业（2.9%），而传统上就业增长强劲稳定的行业——如政府部门（0.3%）和公共事业部门（0.3%）——则增长速度较慢。

- -

多数大学都设有写作中心，可以为新手提供帮助。许多这样的中心在他们的网站上提供有用的指南，其中一个网站的网址为：http://www.phrasebank.manchester.ac.uk。这个网站将学术写作中常用的短语划分成有用的类别，如分类和列表、说明趋势、表明过渡、谨慎对待等。

10.6　准则六：若引用经典或里程碑式的研究，请说明理由

确保在你的综述中明确指出这是一项经典或里程碑式的研究，这类研究通常是已发表文献的历史发展中的关键点。此外，这类研究往往引领了一个特定的问题或研究传统，也可能是后续文献中使用的关键概念或术语的原始来源。无论他们的贡献是什么，你都应该说明它们在文献中的经典价值或里程碑地位。例 10.6.1 引用了一项里程碑式的研究（关于该主题的最早调查之一）。

 例 10.6.1

明确一个里程碑式的研究 ----------------------------

一些研究考察了长期以来小学中的受迫害情况与成绩之间的直接和间接联系。科钦德费尔和拉德（1996）**在关于这一主**

题的最早调查中指出，同龄人的受迫害经历是整个幼儿园阶段学校适应问题（如学习成绩问题、逃学、孤独感）的前兆。

10.7　准则七：如果重复了一个里程碑式的研究，请提及并说明重复的结果

如前一准则所述，里程碑式研究通常会激发更多的研究。事实上，通过使用不同的参与者群体或通过调整其他研究设计变量，许多里程碑式研究被重复多次。如果你引用的是一个里程碑式的研究，并且已经被重复研究，你应该提到这个事实，并指明这项重复进行的研究是否成功，如例 10.7.1 所示。

 例 10.7.1
指出质疑先前假设的新证据 ----------------------------

为了解释儿童在掌握被动结构时所遇到的困难，博雷尔和韦克斯勒（1987）提出了 A 链成熟假说（A-chain maturation hypothesis），根据这一假说，儿童在 5 岁或 6 岁时就能够掌握动词的被动结构。

然而，**A 链成熟的方法与来自其他 A-运动结构习得的证据不一致**，在这些结构中，儿童的行为类似于成人，例如习得反

身–附着结构（Snyder & Hyams, 2014），以及主语转换能力的提升（Becker, 2006; Choe, 2012; Orfitelli, 2012）。

10.8　准则八：讨论关于你的主题的其他文献综述

如果你发现一篇关于你的主题的早期综述，在综述中讨论它是很重要的。在这样做之前，请考虑以下问题：

- 这篇综述和你的综述有什么不同？
- 你的综述做了更新吗？
- 你是否采用了不同方式来界定这个主题？
- 你进行了更全面的综述吗？
- 先前的综述者是否得出了与你相同的主要结论？

这篇综述在多大程度上值得读者注意？

- 阅读这篇综述能够得到什么？
- 这篇综述是否提供了不同的、可能有用的观点？
- 这篇综述的主要优点和缺点是什么？

实事求是地评估你对这些问题的回答，可能会使你确认自己选择当前主题的决定，也可能会引导你改进或重新确定你的重点，使之朝着更有用和更有成效的方向发展。

10.9　准则九：阐述你选择不讨论某个特定问题的理由

如果你认为有必要省略对**相关问题**的讨论，则应该解释你做出此决定的原因，如例 10.9.1 所示。不言而喻的是，你的综述应该完全涵盖你选择的特定主题，除非你提供了忽略某个特定问题的理由。仅仅描述关于你的主题的部分文献，然后让读者通过其他渠道获取其余内容是不可接受的。然而，例 10.9.1 中说明的技巧对于指出综述中没有详细讨论某个问题的原因是有帮助的。

 例 10.9.1
解释为什么不讨论某个问题 ------------------------------

迄今为止，试图将广义线性混合模型与连锁方程插补相结合的尝试都不太成功。例如，赵和尤塞尔（2009）研究了一个简单随机截距模型中，一个连续变量和一个二元变量的链式方程插补。当组内相关性非常接近于零时，该方法效果良好，但在其他条件下，产生了不可接受的覆盖率（覆盖值在 0.40～0.80 之间）。撇开性能不谈，由于 Gibbs 采样器需要一个迭代优化步骤，使线性混合模型合乎填充的数据，因此该过程计算量大且容易收敛失败。赵和尤塞尔（2009）报告说，随着组内相关性的增加，收敛失败是很常见的，而我们自己尝试将链式方程插补应用到具有二元结果的随机截距模型中时，40%以上的时间都会出现收敛失败。总的来说，这些发现对使用广义线性混合模型进行分类变量插补提出了疑问，如果最简单的随机截距模型都会产生估计失败和覆盖率低的问题，该方法就不太可能适用于涉及随机斜率或分类和连续变量的复杂的现实场景中。**鉴于这些困难，我们不对这种方法进行进一步的讨论。**

10.10　准则十：为研究的空白点提供理由

如果你在文献综述中发现了一个值得一提的空白点，要解释一下你是如何得出这个结论的，至少也要解释一下你是如何进行文献检索的——你检索了哪些数据库，你的检索日期和检索参数是哪些。你的解释不需要过于具体，但读者会希望你论证了关于研究空白点的观点。

为了避免误导读者，最好在综述一开始就对你的检索策略做出说明，如例 10.10.1 所示。如果你指出了一个实际上并不存在的空白点，这将保护你免受批评。换句话说，你告诉了读者，产生的空白点可能是由使用**特定的检索策略**造成的。

例 10.10.1
说明检索文献的策略 ----------------------------

我们系统地检索了 2011 年 2 月之前的相关研究。我们从收集来的以前关于这个主题的研究中的一组有关父母被监禁的儿童的报告开始。四种方法被用来检索相关研究。第一，以关键词检索 23 个电子数据库和互联网搜索引擎。输入的关键词是（prison* or jail* or penitentiary or imprison* or incarcerat* or detention）、（child* or son* or daughter* or parent* or mother* or father*）和（antisocial* or delinquen* or crim* or offend* or violen* or aggressi* or mental health or mental illness or internaliz* or depress* or anxiety or anxious or psychological* or drug* or alcohol* or drink* or tobacco or smok* or substance or education* or school or grade* or achievement）。

第二，我们研究了之前综述的参考文献目录（Dallaire, 2007; S. Gabel, 2003; Hagan & Dinovitzer, 1999; Johnston, 1995; Murray, 2005; Murray & Farrington, 2008a; Myers et al., 1999; Nijnatten, 1998）以及关于被监禁父母的子女的书籍（Eddy & Poehlmann, 2010; K. Gabel & Johnston, 1995; Harris & Miller, 2002; Harris, Graham & Carpenter, 2010; Shaw, 1992b; Travis & Waul, 2003）。第三，我们联系了该领域的专家，要求他们提供给我们可能遗漏的其他任何研究的信息。第一组联络的专家包括大约 65 名研

究者和从业人员，我们知道他们是对父母被监禁的儿童感兴趣的专业人士。第二组由大约 30 名犯罪学领域主要从事纵向研究的负责人组成。

10.11　准则十一：避免冗长、泛泛的参考文献列表

在学术写作中，书面文本中的参考文献列表至少有两个作用。第一，它们被用来为作者的观点（或者在直接引用的情况下，对一组特定的词）提供适当的注释。如果不这样做，就会构成剽窃。第二，参考文献被用来证明文稿的覆盖范围之广。例如，在导言段落中，不妨提及将在综述正文中更详细讨论的几项关键研究。但是，不宜使用与所表达的观点没有具体关系的冗长的参考文献列表。例如，在例 10.11.1 中，第一句中的一长串不具体的参考文献出处可能是不合适的。这些都是实证研究吗？他们是否反映了作者对这个问题的思考？有些参考文献比其他的更重要吗？作者最好让读者关注一些关键的研究，这些研究本身就包含了对该特定领域的其他研究实例的引用，如例 10.11.2 所示。

例 10.11.1

一项文献综述中的第一句话

（列举了太多不相关的参考文献）

许多作者指出，单亲家庭的孩子比双亲家庭的孩子学习成绩差的风险更大（Adams, 2015; Block, 2014; Doe, 2013; Edgar, 2015; Hampton, 2009; Jones, 2015; Klinger, 2008; Long, 2011; Livingston, 2010; Macy, 2011; Norton, 2012; Pearl, 2012; Smith, 2009; Travers, 2010; Vincent, 2011; West, 2008; Westerly, 2009; Yardley, 2011）。

例 10.11.2

例 10.11.1 的改进版本

许多作者认为，单亲家庭的孩子比双亲家庭的孩子学习成绩差的风险更大（e.g., see Adams, 2015; Block, 2014）。最近的三项研究为这一论点提供了有力的实证支持（Doe, 2013; Edgar, 2015; Jones, 2015）。其中，琼斯（2015）的研究最为有力，该研究采用了全国样本，并对……进行了严格控制。

注意"e.g., see"（例如，见……）的用法。这表明，对于作者提出的观点只引用了一些可能的参考文献。你也可以用拉丁文缩写"cf."（意思是"**比较**"）来表示。

10.12 准则十二：如果以前的研究结果不一致或差异很大，请分别引用

对同一主题的研究产生不一致或差异很大的结果并不罕见。如果是这样，为了让读者正确理解你的综述，单独引用这些研究是很重要的。以下两个例子说明了潜在的问题。例10.12.1 具有误导性，因为它没有注意到，先前的研究是根据给定百分比范围的两个极值进行分组的。例 10.12.2 显示了引用不一致结果的更好方法。

 例 10.12.1
将不一致的结果作为一个结果引用（不可取）

在之前的研究中（Doe, 2013; Jones, 2015），不同家长对要求学生在公立学校穿校服的支持率差异很大，从 19% ～ 52% 不等。

例 10.12.2

示例 10.12.1 的改进版本 --------------

在以前的研究中，不同家长对要求学生穿校服的支持程度有很大的不同。农村地区父母的支持率仅为 19%～28%（Doe, 2013），而城郊地区父母的支持率为 35%～52%（Jones, 2015）。

10.13 准则十三：推测先前的研究结果不一致的原因

例 10.13.1 的作者推测了关于群体内道德丧失的羞耻感的不一致的发现。

例 10.13.1

对先前的研究结果不一致的推测（可取） ------------

我们**认为**，关于群体内道德丧失的羞耻感的不一致的发现，**可能是由于**在过去的工作中，对羞耻感有相当广泛的概念化。正如高塞尔和利奇（2011）最近指出的那样，不同的羞耻感研究将这种情绪概念化为涉及评价和感觉的不同组合。以前的一些研究将羞耻感概念化为**对谴责的关注**和随之而来的对**拒绝感**的综合评价。大多数以前的研究都将羞耻感概念化为**自我缺陷的评价**和随之而来的自卑感的结合。

10.14　准则十四：在学位论文或期刊文章的综述部分引用所有相关参考文献

在撰写学位论文或发表文章时，如果文献综述先于原始研究报告，通常应首先引用文献综述中的所有相关参考文献，并避免在后面的章节（如结果或讨论部分）中引入新的参考文献。请确认你已经检查了整个文档，以确保自己的文献综述是全面的。在讨论你的结论时，你可以综述以前对相关研究的讨论，但它们应该首先出现在学位论文或文章开头的文献综述中。

10.15　准则十五：在文献综述部分强调你研究的必要性

当你撰写一篇学位论文或期刊文章时，如果文献综述是在撰写研究报告之前进行的，你就应该用文献综述来证明你的研究是正当的。你可以用多种方式达到这个目的，例如指出你的研究填补了文献中的空白，对当前理论的一个重要方面进行了检验，重复了一项重要的研究，使用新的或改进的方法和程序重新检验了假设，旨在解决文献中的冲突，等等。

例 10.15.1 摘自一个研究报告的文献综述部分，该研究报告旨在研究与接受成人继续教育的英国手语学习者成功相关的变量。在他们的综述中，作者指出了文献中的空白点，以及他们

的研究是如何弥补这些空白点的，并增进了大众对这一人群的
理解。这是开展这项研究的有力理由。

 例 10.15.1
论证研究的必要性 ------------------------------

　　这项研究包含了几个独特的要素。第一，它收集了英国三
所继续教育学院的数据，这三所学院的授课方式在某些方面各
不相同。英国的继续教育体系与美国的继续教育体系相似，指
的是继 16 岁以前的中等义务教育之后的教育，但通常没有达到
学位教育水平。其中两个学院提供的服务在英国是典型的。第
三个学院提供一些非典型的服务，例如每周额外的会话课程，
这有可能提升学生的体验。比较这些学院的成功率有助于评估
这些差异对成功的影响。第二，本文调查了可能是对英国的一
级和二级课程的成功很重要的变量。这些等级相当于英国普通
中等教育资格证书的第一年和第二年。第三，研究收集了一些
以前在第二语言手语学习中没有检验过的几个变量的信息（如
自我报告的视觉思维风格）。

⏰ **本章活动**

基于指导教师指定的每个文献综述范例，回答以下问题。这些文献综述范例见本书附录。

1. 描述每个综述范例所涉及的宽泛问题领域。每一位作者在开始他们的综述时，都充分解释了这个宽泛问题吗？解释你的答案。

2. 作者是否向读者阐明了被综述主题的重要性？在你看来，这么做的有效性如何？

3. 作者是否用适当的措辞区分了研究结果和其他信息来源？解释一下这是怎么做到的。

4. 作者是否引用了里程碑式的研究？如果是，作者解释了为什么这是一项里程碑式研究吗？里程碑式研究和综述中涉及的研究之间存在什么关系（如果有的话）？

5. 是否有参考文献中未详细讨论的相关问题的其他综述？解释它们被引用的原因。

6. 如果某位作者说自己在这个的主题的某些方面"没有发现相关研究"，这个说法是否合理（如本章所述）？

第 11 章　使文章连贯的准则

　　本章旨在通过指导你撰写一篇连贯的文章，帮助你完善初稿。记住，一篇文献综述不应该是你所读文献的一系列相关摘要（或注解）。相反，它应该有一个明确的论点，并且应该以这样一种方式撰写：其包含的所有要素相互配合，以传达对该论点的合理解释。回想一下，这是第 9 章中讨论详细大纲时的一个主要关注点，但这里特别重要的是，你需要重新阅读该章中的准则三和准则四。换言之，主题大纲是为了追踪你的论证路径而设计的，你应该重新编排笔记以适应这条路径。如果你没有做到这一点，一定要回过头去完成这些任务。

11.1　准则一：如果综述篇幅很长，要在综述开头提供一个概述

　　在撰写长篇文献综述时，为读者提供一个清晰的论证路线图是很重要的。你通常要在综述的导言部分完成这一任务，其中应包括对文章其余部分将涵盖的内容的概述。例 11.1.1 对此

进行了说明。

 例 11.1.1
综述开头处的有效路线图 ----------------------------

本报告的主要目的是对三大问题进行全面分析。首先，合作激励措施是否能促进和维持在小群体社会困境中的合作？其次，哪些变量可能影响激励的有效性？最后，奖励和惩罚在促进和维持合作能力上有区别吗？在简短的讨论中，我们采用了相互依存理论（interdependence-theoretical）来理解激励是否会促进合作，以及这些激励何时可能尤为有效。

11.2　准则二：在综述开头明确说明 涵盖或不涵盖哪些内容

有些题目太过宽泛，因此你的综述不可能涵盖所有研究。如果你正在撰写学期论文，导师可能对页数有要求，或者如果你正在准备发表一篇文章，综述往往相对较短——这些都是完全真实的。在这种情况下，你应该在综述的开头部分明确指出包括和不包括什么（即明确你的综述范围）。例 11.2.1 说明了这一准则的应用。在这个例子中，作者报告说，目前的报告是一个更大的数据收集研究项目的一部分，尽管目前的研究只是处理了一部分数据。

例 11.2.1
对综述范围的说明 -

这项研究是一个更大的研究项目的一部分，在这个项目中，孩子们会受到不同的刺激。参与者观看了一个短片和一个现场戏剧场景，做了一个关于发酵粉和水的实验，并通过指认图片来识别声音。此外，参与者暴露于嗅觉、触觉刺激及两种声音事件形式的听觉刺激之中。大约两周后，在接受对声音事件进行回忆和识别的任务之前，儿童接受了关于刺激的标准访谈或认知访谈。本研究将只包括对两个声音事件的回忆和识别数据。

- -

11.3　准则三：在综述之初明确你的观点

正如前面所强调的，你的文献综述应该是以一篇文章的形式写的，有一个具体的观点以反映你对研究的回顾。这个观点对你构建论文的论点（论文其余部分支持的论断或命题）是很有帮助的。

你在表达观点时不需要太详细（尽管也可以很详细）。在例

11.3.1 中，综述者简要说明了他们的观点（虽然社会科学家和工程师在各自学科内的发展迥然不同，但跨学科共享数据会带来一些好处）。这么做就会很早地在综述中告诉读者，这个总体观点指导着综述人对文献的解释和综合。

例 11.3.1
对论证路径的早期总结 ------------------------------------

对交易区的普遍看法是，它们对每个参与领域都有同样的好处。因此，计算机科学家能够从与社会科学家的接触中获益，反之亦然。但事实真的如此吗？这些领域是否有共同的研究文化以及相互重叠的研究兴趣，从而使交流成为可能？还是他们有难以比较的观点，使交流变得困难？我们能否期望他们因为共同关注大数据而选择平等、互惠的交流形式，使理论观点和研究框架向任何一方输出？或者更有可能的是，一些领域将更多地发挥主导作用，并对那些跟随者进行殖民统治？

在下面的章节中，我们将描述这些领域——一方面是社会科学领域，另一方面是工程／工业领域（为了简单起见，我们将两者分开）——是如何采用迥异的研究框架和文化的。

当然，你应该在阅读和思考了整个文献**之后**，再确定一个观点。换句话说，这条准则说的是你应该在什么时候（即在综述之初）**表达**你的观点，而不是在什么时候**形成**你的观点。

11.4　准则四：追求文章清晰连贯并避免注释化表述

到目前为止，本书已经多次强调，一篇优秀的文献综述应该是论文形式的。对于学术新手来说，最常见的问题可能是，他们很难不在文献综述的正文中使用注释化表述。

注释化表述是对文章内容的简要概括。在一篇综述的正文中把几个注释化表述串在一起，也许可以说明在一个主题上有哪些研究，但是它不能为读者组织材料。一篇好的文献综述是用来说明问题的，作者需要说明各个研究是如何相互关联的——它们的相对优势和劣势是什么？空白点在哪里，为什么存在？诸如此类的所有细节是支撑作者撰写综述的主要目的。第 9 章中的详细大纲描述了论证路径，但重要的是作者如何将其转化成一篇文章，如何将研究文献的重要细节整合成一篇传达独特观点的文章。

例 11.4.1 显示了如何将数个研究报告作为一个段落的一部分加以引用。显然，该段的组织形式是专题性的，而不是围绕个别作者的。

例 11.4.1
具有多个信息来源的单个段落 --------------------------

法农（Fanon）几乎没有精神分析的临床经验或理论经验
［不过，关于他的实践，参见伯曼（Burman）的综述 c 部分］。
最权威的描述是他更受现象学尤其是存在主义的影响，尤其是
受到了萨特的影响（Macey, 2012; Desai, 2014）。"文化精神分析
学家"（Gates, 1991: 248）这一称谓更具说服力，因为其描述了
种族化的社会生成或黑人的社会结构，尤其对黑人男性"恐惧
症"进行了说明。盖茨（1991）和梅西（2012）都对把法农描
绘成"原始拉康派"的努力进行了严厉的批评，尽管他在自我
和他人分离的构成中赋予了视觉识别的重要性。这种对视觉的
关注确实是至关重要的和具有启发性的，并且明显地产生了一
种拉康式的叙述，即通过建立一种种族主义象征秩序来破坏想
象的路线（另见 Vergès, 1997）。

11.5 准则 5：使用子标题，尤其是在长篇综述中

由于长篇综述（特别是那些为学位论文而撰写的综述）经
常涉及多个学科领域的文献，因此本书建议使用子标题以区分
各个领域。如果你决定使用子标题，请把它们放在适当的位置，

以帮助推进你的论点，并让读者更容易跟进你的讨论。你在第 9 章中制定的主题大纲可以帮助你确定子标题应该放在哪里，尽管你可能需要把一些主题语改成标签而不是语句。

11.6　准则六：使用过渡词来帮助追踪你的论点

策略性的过渡短语可以帮助读者理解你的论证过程。例如，你可以使用过渡词来为读者提供标记讨论进展的文本线索，例如，当你以**第一、第二**和**第三**（或者**最后**）开启段落时，就标记了三个相关观点。当然，任何常见的写作手册都会包含正式写作中常用的过渡表达。

你不应过度使用这些过渡词，特别是在简短的综述中，如果三个相邻的段落分别描述了三个相关点，则可能没有必要使用这些词语来标记三个相关点的发展。另一个经常在简短综述中出现的问题是过度使用贝姆（1995）所称的"元评论"（meta-comments），即对于综述**本身**的评论（而不是对需要综述的文献的评论）。例如，在例 11.6.1 中，作者在其中重述了综述的组织结构（这即是元评论的一个例子）。虽然元评论本身并没有什么错，但你应该避免频繁重复已经说过的话。

例 11.6.1

元评论使用示例 --------------------------------

汉娜的日记展示了这种对时间的复杂利用。本文的下一部分将介绍汉娜，并对她的日记进行说明。接下来是对时间和关系空间（包括文化空间）理论背景的讨论，将探讨时间、空间、情感和符号化的多向性。然后，本文将介绍这三个条目，并说明这些创造和聚集时间的想法，以作为情感产生、再认、调节以及创造符号化和主体性的基本过程。

11.7 准则七：如果你的主题跨越两个或多个学科，考虑分别综述每个学科的研究

有些话题自然而然超越了学科界限。例如，如果你在写有关少女糖尿病治疗的文章，你会在几个学科领域找到相关的资料，包括保健学、营养学和心理学。首先，卫生保健文献可能涉及胰岛素疗法的变化（如所用胰岛素类型的变化或胰岛素泵与注射器的使用）。其次，营养学期刊可能会包含管理食物摄入的替代方法的研究，以寻求更有效的方法来控制胰岛素休克的发作。最后，心理学文献可以提供对青春期女孩常见压力源性质的见解，特别是解释这些压力源是如何干扰女孩在自我监控、

营养选择和价值取向方面的决策过程的。虽然这些例子都是假设性的，但很容易看出，将综述分为三个部分是有益的，而且每个学科领域的研究结果都可以分别进行综述。

11.8 准则八：在综述结束时写出结论

你的文献综述的结尾应该为读者提供一个结束语。也就是说，论证的路径应该以某个结论结束。然而，你如何结束一篇文献综述将取决于你的写作理由。一方面，如果综述是独立撰写的，例如学期论文或发表的综述文章，结论需要明确说明正文中的材料是如何支撑导言中提出的主张或见解的。另一方面，在学位论文或期刊文章中对原创研究的综述，通常会引出将要解决的研究问题。

如果你的综述冗长而复杂，你应该简要地总结一下论证的主要线索，然后提出结论。否则，读者可能不得不停下来回顾你的综述。简短的综述通常不需要进行总结，但也要看你所提出的论点的复杂性。你可能需要听取教师或同事的意见，以帮助你确定最后需要重述多少内容。例 11.8.1 给出了一个简短的总结和结论，该部分出现在一篇长篇综述的末尾。在大多数情况下，对于篇幅很长的综述，一个更详细的总结是可取的。

例 11.8.1
一个长篇综述结尾处的总结和结论部分 ············

社会上普遍认为，经常接触印刷品对学业成功有着持久的影响，就好像练习阅读是预防和治疗阅读问题的灵丹妙药一样（Dickinson & McCabe, 2001; Phillips, Norris & Anderson, 2008）。这个关于印刷品接触的综合性荟萃分析为这一观点提供了一些科学支持。我们的研究结果与阅读能力在正式教学之前就已开始发展的理论是一致的，并且发现了图书分享是积极的家庭识字环境的一个方面。书籍为学习阅读提供了有意义的背景（而不仅是刺激阅读理解的一种方式），也是提升技术性阅读技能的一种手段，甚至在儿童早期也是如此。我们发现，在常规阅读者中，接触印刷品与口头语言和阅读的基本知识有中度的关联。读书对在校儿童（他们属于常规阅读者）来说仍然很重要……

············

11.9　准则九：检查论证过程的连贯性

学术写作中最难掌握的技巧之一是评估自己的写作是否连贯。连贯性是指作为一个整体论证的文稿，各部分相互关联的程度。重要的是要问问自己，综述的各个部分之间的联系有多紧密。这就要求你仔细评估文中修辞元素的有效性，这些修辞元素能够告诉读者文章的结构和各部分之间的关系。子标题在确定文稿的结构方面往往有很大的帮助。过渡词和其他类型的修辞标记也有助于识别章节之间的关系，如"下一个例子""相关研究""一个反例"和"最新研究"。显然，这样的例子还有很多。记住，这些修辞手段对读者来说是很有用的导航工具，特别是当综述的细节很复杂的时候。

🕐 **本章活动**

与同学合作，交换彼此的论文，并独立回答以下问题。然后，你们可以一起分享彼此的反馈和讨论。

1. 如果综述很长，作者是否在综述开始时提供了一个概述？解释一下。

2. 作者是否明确说明了综述将涵盖和不涵盖哪些内容？解释一下。

3. 这篇综述是一篇清晰连贯的文章吗？解释一下。

4. 作者是否避免了加入注释化表述？解释一下。

5. 如果综述很长，作者是否使用了子标题？解释一下。

6. 作者是否使用了过渡词来帮助读者追踪他的论点？解释一下。

7. 如果主题是跨学科的，作者是否分别综述了各学科的研究？

8. 作者是否在综述的结尾部分写下了结论？

9. 论证过程连贯吗？

第四部分

编辑和准备文献综述的终稿

第12章　编辑文章和采纳反馈意见的准则

在写作过程的这一阶段，你已经完成了文献综述的主要部分。然而，你的工作还没有完成，你即将进入写作过程中重要的最终步骤，即修改综述。

新手在这个阶段经常会遇到挫折，因为他们需要以客观的视角看待个人化的作品。在早期，作为作者的你是分析、评价和综合其他作者作品的人。现在，你的初稿是你自己和你的读者进行分析和评价的对象。这不是一件容易的事，但这是撰写一篇**好的**文献综述至关重要**又**必不可少的一步。

完成这个角色转换的第一步是把文稿放在一边一段时间，从而让作品和你之间产生一些距离。第二步是提醒自己，写作过程是作者和目标读者之间的一个持续交流过程。这就是角色转换如此重要的原因。你现在应该从试图阅读和理解作品所传达的论点的角度来看待你的初稿。

修改过程通常涉及评估和采纳反馈意见。这些反馈意见可能来自指导教师和你的同龄人，也可能来自你自己完善和修改初稿的努力。如果你正在写一篇学期论文的文献综述，你可以在写作过程中的关键时点征求指导教师的反馈意见，或者在办公时间拜访他时讨论你的想法，或者（如果你的指导教师愿意）提交初稿以征求其意见。如果你正在撰写的是学位论文，最早的反馈意见可能来自你的导师，不过你也应该考虑征求同学和同事的意见。如果综述是为一篇拟发表的文章准备的，你应该向指导教师、同学和同事寻求反馈意见。你能收到的反馈意见越多越好。

作为作者，你应该决定采纳哪些意见，放弃哪些意见，但这些从不同来源处收到的反馈意见都会给你提供宝贵的信息，告诉你如何改进你的想法以及与读者的沟通过程。下面的准则旨在帮助你完成这一过程。

12.1 准则一：读者永远是对的

这条准则被故意夸大以引起你的注意，因为它是修改过程中最重要的一条。如果一个受过教育的读者不理解你的某个观点，那么沟通过程就不会顺畅。因此，你应该经常认真思考如何修改初稿，以便让读者看得更清楚。为初稿辩解通常会适得其反。相反，你应该尝试确定读者为什么不理解它。你的分析是否有误？你提供的背景资料是否不足？在节与节之间添加更明确的过渡词会使它更清晰吗？这些只是文稿中可能存在的几个问题。你要计划花足够的时间与读者讨论这些误解，这样才能完全理解难点出在哪里。

12.2　准则二：获取指导教师对内容的评论

对你来说，在修改过程的早期，获得指导教师对文稿**内容**的反馈是很重要的。如果你的初稿有许多格式和无意识的错误，比如拼写错误或标题放错了地方，你的指导教师可能会觉得有必要把重点放在这些问题上，并推迟对内容的评论，直到文稿变得更容易阅读。

12.3　准则三：首先集中精力评论你的想法

正如前两条准则所建议的，在这个阶段，你的首要任务应该是确保你的想法得到了你想得到的理解。当然，你应该注意有关格式问题的评论并最终加以处理，但你的首要任务应该是确保你已经表达了自己提出的论点。因此，你需要仔细评估你从你的同学、指导教师和其他所有来源那里得到的反馈意见，因为在这个阶段，你需要集中精力确保论文能够有效及正确地传达你的想法（有关格式和语言使用的一些重要问题将在后面讨论）。

12.4　准则四：通过澄清来调和相互矛盾的反馈意见

评阅你初稿的人可能会产生意见上的分歧。例如，学位论文委员会的不同委员给予你相互矛盾的反馈意见并不罕见。一位委员可能会要求你提供关于某项研究的更多细节，而另一位成员可能会希望你不要强调它。如果遇到了这样的意见分歧，你就有责任寻求双方的进一步澄清并协商解决方案。第一，你要确保出现不同的观点不是因为有人不理解你的论点。第二，你应与双方讨论此事并达成妥协。

12.5 准则五：使有关格式的意见与格式手册相协调

确保你已经仔细阅读了写作任务所需的特定格式手册。如果你最早的学术写作经验是在语言类课程中学到的，你可能已经接受过使用美国现代语言协会《美国现代语言协会手册》（*MLA Handbook*）的培训。许多大学图书馆建议学位论文遵循《芝加哥格式手册》（*The Chicago Manual of Style*），但在社会科学和行为科学中使用最广泛的手册是《美国心理协会出版手册》（*Publication Manual of the American Psychological Association*）。如果你准备发表论文，在提交论文之前，请查阅特定的期刊或与出版商联系，以获得关于格式的指导。最后，许多学术部门和学校会有自己的格式手册。无论你的写作任务与哪一种格式手册相关，请记住，你应该一丝不苟地遵守它。当你考虑吸收自己获得的任何反馈意见时，请确保它符合所需的格式手册要求。

12.6　准则六：为意见反馈和修改过程留出足够的时间

当学生们面对重大的结构或内容修改而最后期限迫在眉睫时，他们往往会感到沮丧。你应该至少对你的文献综述做一次较大的修订，因而要给自己留出足够的时间。专业的作者在定稿之前常常要经过三次或三次以上的草稿。虽然你可能没有那么多草稿，但你应该留出足够的时间，以便从容地对文稿进行至少几次修订。

12.7　准则七：将你的初稿与主题大纲相比较

你在阅读了第 9 章之后形成的主题大纲为文献综述确定了论证路径。现在你的初稿已经完成了。你应该把你写的东西和主题大纲进行比较，确保你已经恰如其分地遵循了论证路径。

12.8　准则八：检查你的综述结构的平行性

文献综述的读者（尤其是复杂的长篇综述的读者）需要掌握稿件的结构，同时理解和分析综述的细节。主题大纲通常会包含平行的结构元素。例如，对缺点的讨论将由对优点的讨论来平衡，支持某一立场的论点将由反对这一立场的论点来平衡，等等。读者的这些预期源于学术写作中长期存在的修辞学传统。因此，你需要检查你的文稿，以确保你的描述是适当平衡的。这可能需要你解释某个平行性缺乏的问题，或许可以明确指出没有发现与某个特定观点相矛盾的研究（如果这适用于你的综述，请参见第 10 章的准则十）。

12.9　准则九：避免过度使用直接引语，尤其是长引语

对于社会科学和行为科学领域的新手学者来说，最棘手的问题之一就是过度使用引语。这是可以理解的，因为在大学写作课上，人们非常强调正确使用引语的惯例。事实上，使用直接引语本身并无不妥。然而，当作者不恰当或不加区别地使用直接引语时，问题就出现了。

断章取义的直接引语可能无法表达作者意图的全部含义。当读者难以理解综述中引语的作用时，综述的信息传达就会中断。解释引语的全部内容可能会让读者更加困惑，因为这些细节对于当前的综述来说并不重要。相比之下，解释作者的主要思想通常更有效，也更容易避免无关的细节。此外，转述消除了由于不同作者的不同写作风格而造成综述表述混乱的可能性。在这两种情况下，你仍然需要引用你的来源。

最后，很少有人能接受以引语开始一篇文献综述。有些学生很难抗拒这样做。请记住，如果在文献综述的作者建立适当

的语境之前就使用引语，那么作者通常很难让读者体会到引语的预期效果。

12.10 准则十：避免对反复出现的词语使用同义词

综述实证研究的重点应该是尽可能清晰、准确地呈现、解释和综合其他作者的观点和研究成果。这可能需要你重复说明几项研究的常规内容。刚接触学术写作的学生有时会把这项任务当作一项创造性的写作练习，**其实不然**。文献综述应该包括许多研究（和其他类型的文献）的信息，所有这些都应该是读者能够迅速内化的。因此，作者必须坚持使用常规术语，即使它们重复出现。如果作者自始至终坚持使用常规术语，尤其是在提及研究方法的细节或研究的其他技术方面时，就能达到最佳的清晰度。

一般来说，最好不要改变标签的使用方式。例如，如果一项研究涉及两组参与者，并且研究者将他们分为第 1 组和第 2 组，那么你通常应该避免用更具创造性的短语（如"凤凰组"或"最初的年轻人组"）来代替。另一方面，如果替代标签有助于阐明研究设计（例如，当第 1 组为实验组，第 2 组为对照组时），则可以使用替代表达，但要注意在整个讨论过程中保持一致。例 12.10.1 说明了同义词的使用和"创造性"的句子结构是如何迷惑读者的。在不同地方，第 1 组被称为"凤凰组""第 1

组"或"实验组"，这势必会引起混乱。例 12.10.2 是一个改进版本，作者一贯性地使用"**实验组**"和"**控制组**"来标识这两个组。

例 12.10.1
识别术语使用不一致

凤凰组被教导正确识别各种玩具动物的名字。研究者对他们进行了两次研究，一次是在 6 个月后，另一次是在一年结束后。另一组青少年在 6 个月后只被要求回答一次这组问题，但他们被教导按颜色而不是按名称来标记动物。第 1 组的表现优于第 2 组的表现。

实验组的优异表现归功于……

例 12.10.2
例 12.10.1 的改进版本

实验组被教导用颜色来识别玩具动物，并以 6 个月的时间间隔接受了两次复测。对照组被教导通过名称识别玩具，6 个月后只复测一次。实验组的表现优于对照组。

实验组的优异表现归功于……

12.11　准则十一：首次使用首字母缩略词时要使用全称，并避免过多使用首字母缩略词

许多首字母缩略词（acronym）已经成为我们日常词汇的一部分，在编辑过程中很容易被忽略，如学校的首字母缩略词（如 UCLA 和 USC）、专业的首字母缩略词（如 APA 和 MLA）以及我们日常生活中的首字母缩略词（如 FBI、FDA 和 GPA）。尽管这条准则看起来显而易见，但这些和其他例子的首字母缩略词从未被拼出来的情况是很常见的。仔细检查你文稿中的首字母缩略词，并在第一次使用它们时将其全部拼写出来。

有时，用首字母缩略词来指代某事物是很有用的，特别是当全称很长并且你打算多次使用时。例如，加州州立大学系统对学生毕业写作评估的要求通常被称为"GWAR"。一般来说，你应该避免使用太多的首字母缩略词，尤其是那些不常见的首字母缩略词，比如 GWAR。在复杂的文献综述中，使用一些首字母缩略词可能会有所帮助，但过多地使用可能会令人困惑。

12.12　准则十二：避免使用缩写形式——使用缩写形式在正式学术写作中是不恰当的

缩写形式是语言的自然组成部分。它们是语言简化自然过程的一个例子，说明了语言是如何随着时间缓慢但必然地发生

变化的。许多教师（甚至一些学术写作教师）容忍缩写形式的使用，认为它们的使用反映了现代语言中可接受标准的变化。然而，尽管存在这种态度，在正式的学术写作中，你使用缩写形式几乎总是**不恰当的**。

例 12.12.1
不适当地使用缩写形式 -------------------------------

实验组**没有**（wasn't）被要求通过颜色来识别他们的玩具动物，也**没有**（didn't）对提示做出正确的反应。

例 12.12.2
例 12.12.1 的改进版本 -------------------------------

实验组**没有**（was not）被要求通过颜色来识别他们的玩具动物，也**没有**（did not）对提示做出正确的反应。

12.13　准则十三：使用创造的词语时应加引号

有时，用一两个词来说明一件通常需要一个或多个句子来说明的事物是很有用的。人们创造的词语经常会成为一种惯常的用法，例如名词"Google"（谷歌），现在常用作动词（例如，你能 Google 一下她的地址吗？）。然而，在正式的学术写作中，你应该少用创制词语。如果你打算创制一个词语，在第一次使用时要用引号将其隔开，以表明在标准词典中找不到它的含义。

12.14　准则十四：避免使用俚语、口语和习语

记住，学术写作是正式写作。因此，在文献综述中使用俚语、口语和习语是不合适的。尽管许多俚语——如"cool"（"很酷"）和"ain't"（不是）——正在成为我们会话语言的一部分，但在正式写作中应该完全避免使用它们。如"thing"（事情）和"stuff"（东西）一类的俗语应替换为适当的非口语术语，如"item"（项目）、"feature"（特色）和"characteristic"（特征）。同样，如"to rise to the occasion"（能够应付）和"to demolish the opposing theories"（推翻对立的理论）一类的习语，应该用更正式的表达方式来代替，如"to address the need"（满足需要）或"to disprove the other theories"（驳斥其他理论）。

12.15　准则十五：括号里的内容使用拉丁文缩写，其他地方则使用英文翻译

下面所示的拉丁文缩写及其英文翻译通常用于正式学术写作。除了"et al."（等等），这些缩写词仅限于括号内的内容。例如，这句话末尾括号中的拉丁语缩写是恰当的（i.e., this is a correct example）。如果单词或短语不在括号内，你应该使用英语翻译，例如"That is, this is also a correct example."。此外，请注意每个缩写所需的标点符号。特别要注意的是，"et al."中的"et"后没有英文句号。

cf.	比较（compare）
e.g.,	例如（for example）
et al.	以及其他（and others）
etc.	等等（and so forth）
i.e.,	即（that is）
vs.	对（versus, against）

12.16　准则十六：检查你的初稿是否符合一般写作习惯

所有学科都需要遵从一些额外的写作惯例。检查你的初稿，

确保你已经满足了以下所有项目，然后再交给你的指导教师审阅。

1. 确保句子完整。学生们可能会发现，一个有用的技巧是大声朗读初稿。如果你在读一个句子时停顿了一下，这通常意味着需要再斟酌和修改这个句子。

2. 用第一人称撰写文献综述有时是可以被接受的。但是，你应该避免在正式的学术写作中过度使用第一人称。

3. 在学术写作中使用性别化语言是不恰当的。例如，当你不确定某人的性别时，总是用阳性代词 "he"（他）、"him"（他）、"his"（他的），或者阴性代词 "she"（她）、"her"（她）、"hers"（她的）来指代某人是不恰当的，例如，在不知道教师的性别时说，"the teacher left her classroom."（教师离开了她的教室）。通常情况下，使用复数形式可以避免性别化语言，例如，"the teacher left their classroom."（教师离开了他们的教室）。如果你必须使用单数形式，请交替使用阳性和阴性形式，或使用 "he or she"（他或她）。

4. 你应该努力使文本清晰明了。因此，你应该避免使用间接结构和被动语态，例如，"在史密斯的研究中，……被发现"可以改进成"史密斯发现了……"。

5. 一般来说，数字 0 到 9 都是拼写的（如 one、two 等），但是数字 10 及以上都是用数字写的（如 25、1995 等）。这条规则的两个例外是图表的编号和用小数或公制单位表示的测量值。

6. 当名词后跟数字或字母，表示编号序列中的一个特定位置时，名词首字母总是大写的。例如下面这句话：This is Item 6 under Guideline 16 in Chapter 12（这是第 12 章准则十六下的第 6 项）。请注意，这句话中的"I""G"和"C"是大写的。

7. 当句子中的第一个单词或短语是数字时，一定要用拼写的方式，例如，"Seventy-five participants were interviewed…"（"75 名参与者接受了访谈……"）。有时也可以改写为数字不在句首的形式，例如，"Researchers interviewed 75 participants…"（"研究者访谈了 75 名参与者……"）。

12.17　准则十七：为综述拟定一个简明的说明性标题

文献综述的标题应该明确你所调查的研究领域，并告诉读者你的观点。但是，它也应该是简洁的，并说明了你所写的内容。一般来说，标题本身不应引起注意。相反，它应该帮助读者采用一个适当的参照系来阅读你的论文。以下建议将帮助你避免一些常见的标题问题。

1. **明确领域，但不要进行过多描述。**尤其是对于冗长而复杂的综述而言，试图描述出论点的每一个方面是不可取的。如果你这样做，结果将会产生一个过于冗长和详细的标题。你的标题应该给你的读者提供一个容易进入你论文的入口，而不是强迫读者停下来琢磨它。

2. **具体说明你的偏好、方向或范围**。如果你的综述带有某种偏好、方向或范围，最好在标题中加以说明。例如，如果你对文献的某些方面持批评态度，可以考虑在标题中使用诸如"对……的批评"或"对……的批判性评价"一类的短语。子标题通常可以有效地用于这一目的。例如，"堕胎的政治：对定性研究的综述"有一个副标题，表明综述被限定为定性研究。

3. **避免使用"可爱"的标题**。避免使用双关语、典故或其他有损于标题内容的修辞手段。如果你的综述是对全语言教学的批评，那么像"拼音与'洞'语言"（"Phonics vs. 'Hole' Language"）这样起标题可能看起来很聪明，但它可能会分散读者的注意力。一个更具描述性的标题，如"阅读是口语的自然或非自然产物"（"Reading as a Natural or Unnatural Outgrowth of Spoken Language"），会让你的读者更好地开始理解你的综述。

4. **保持简短**。标题应简明扼要、直奔主题。专业会议组织者通常会将提交材料的标题限制在 9 个字左右，以便在会议手册中印刷数以百计的标题。虽然这样的印刷限制对一篇学期论文或一个章节的标题没有影响，但还是建议你尽量保持综述标题的简洁。一个很好的经验法则是将标题长度固定在 10 个字左右（上下浮动 3 个字）。

12.18　准则十八：力争使文稿对读者友好

你应该把你的初稿当作一项仍未完成的工作。同时，它的格式应能吸引读者的评论。因此，它应该是易读的，并且以一种允许读者对你的想法做出回应的方式来布置。下面的内容包含一些建议，以确保你的初稿对读者是友好的。请你的指导教师审阅此内容，并根据需要添加其他项目。

1. **对文稿进行拼写检查、校对和编辑。**文字处理程序具有拼写检查功能。在让任何人阅读你的论文之前，请使用拼写检查功能。但是，仔细编辑自己的文稿是不可替代的，特别是因为拼写检查功能可能会忽略你的一些错误（例如，"see"和"sea"的拼写都是正确的，但是如果你键入错误，拼写检查功能不会将它们作为错误来突出显示）。请记住，你的目标应该是一个没有错误的文档，它可以便捷地传达内容，并且不会因粗心的低级错误而分散读者的注意力。

2. **为所有页面编号。**教授们有时会在电子邮件正文中写下一般性的评论，或者在对你的论文做注释的基础上写成备忘录。没有编号的页面使这种评论更难写出，因为教授们没有具体的页码可以参考。

3. **使用双倍行距。**单倍行距的文档使读者难以写下具体评论或建议替换的措辞，也经常不符合特定学科的要求。例如，按照美国心理协会的指南，所有论文应使用双倍行距。

4. **使用标准的 1 英寸页边距**。较窄的页边距可能会节省纸张，但会限制教师用于添加评论的空间。

5. **使用订书机或结实的活页夹装订文稿**。你的初稿是教师要读的许多论文之一，用订书机或结实的夹子固定文件会使纸张更容易放在一起。如果你使用文件夹或活页夹来装订初稿，请确保它是可以摊平的。塑料文件夹不能平放打开，这使得教授（或编辑）很难在页边空白处写评论。

6. **文稿要包括一个标题页**。因为你的初稿是你的指导教师将要阅读的许多论文之一，所以明确你是作者是很重要的。因此，文稿要始终包含一个格式正确的标题页。

- **按照美国心理协会的指南，论文要有一个标题页，并采用居中和双倍行距**。论文的标题不应加下划线。

- 美国心理协会的指南并不要求你列出课程指导教师的姓名和日期，但是你的大学或教授通常会要求你这么做。

- **每一页都应该有页眉，并注明标题的简写和页码**。这个简短标题不应超过 50 个字符（包括空格在内）。

例 12.18.1

美国心理协会指南的标题页示例 --------------------

> Running head: SHORTENED TITLE IN CAPS   1
>
>
>
>
>
> Title
>
> First Name Last Name
>
> Course Title
>
> Instructor's Name
>
> Date Submitted

7. **至少保留一份纸质文件的备份。**你应该在多个地方备份你的文件，并始终保有一份硬拷贝。许多学生选择使用 Dropbox（多宝箱）或 Google Docs（谷歌文档）等在线云服务，以确保即使电脑硬盘崩溃或被盗，文件副本仍然存在。

8. **如果提交论文的纸质版，请确保文稿打印清楚。**虽然许多教师现在更喜欢或要求提交电子文件，但如果你打算交一份纸质版的论文，要确保打印出来的字体足够黑，以便阅读舒适。你应该确保自己核对了你的作业要求／教学大纲，和／或与你的导师一起核实他们对所提交论文的偏好。

9. **避免使用"可爱"的修饰。**一般来说，你应该避免使用彩色文本突出显示字词（可以使用斜体代替）、混合不同大小的字体（除标题外，要使用统一的字号）、使用剪贴画，以及任何其他特殊的修饰。否则，这些修饰可能会分散读者的注意力，使他们只注意你的论文外观而不是内容。

12.19　准则十九：确保你已经在引号中附上和／或引用了所有不是你自己的文字和想法

以电子形式获取研究资料固有的危险之一是，将准确的短语（甚至更多内容）纳入自己的写作中变得如此容易。重要的是，你要格外注意，你应该只用自己的语言来描述你所综述的文献中的想法和概念。如果你选择使用这些来源中的单词、短语或整个段落，请确保你已经按照美国心理协会的指南引用了它们；如果你遵循其他格式手册，则按照你所在领域的引用指南引用。

你可以用几种叙述方式中的一种来正式引用参考文献。总之，美国心理协会的格式手册坚持采用"作者–日期法"的文本引用方式。这意味着当直接引用另一位作者的作品时，你要引用作者的姓氏和出版年份作为文本的来源。重要的是，任何不是你自己写的单词和短语也要放在引号内。参见下面的例12.19.1 和例 12.19.2。

 例 12.19.1
直接引用作者的话作为叙述的一部分 ------------------

According to Galvan and Galvan (2016), "under no circumstances should you forget to correctly cite your source's words directly" (p. 101).

译文：根据加尔万和加尔万（2016）的说法，"在任何情况下，你都不应忘记正确地直接引用信息来源中的话语"（第101 页）。

 例 12.19.2
括号式引用的直接引文 ------------------------------

President Harrisons's speech spoke openly to the idea that,

"under no circumstances should you forget to correctly cite your source's words directly" (Galvan & Galvan, 2016, p. 101).

译文：哈里森总统的讲话公开表明，"在任何情况下，你都不应忘记正确地直接引用信息来源中的话语"（Galvan & Galvan, 2016, p. 101 ）。

注意：在括号中引用两位作者的姓名时，请使用"&"而不是"and"。如果是在叙述中引用，则应使用单词"and"。你应使用分号来分隔括号中的两个以上的引用，如"（Black, 2014; Brown, 2015; Green, 2016)"。

如果你是在转述一个观点，但不是直接引用另一个作者的话，在引用时只需提到作者和出版年份。在这种情况下，通常不需要标明页码，见例 12.19.3。当引用一本书、一篇期刊文章或其他来源的全部内容（而不是一个特定的页面或一组页面）时，也应该符合这个规则，参见例 12.19.4。

例 12.19.3
括号式引用的间接引文

University policies are generally very strict in administering punishment for plagiarism offenses (Galvan & Galvan, 2016).

译文：大学政策在剽窃行为的处罚上通常非常严格（Galvan & Galvan, 2016）。

 例 12.19.4
括号式引用的间接引文 --

Galvan and Galvan (2016) utilized a three-part process to describe the mechanics of completing a literature review.

译文：加尔万和加尔万（2016）采用了三步流程来说明完成文献综述的运作方式。

当你引用二手来源时，请确保你已明确说明出处，参见例 12.19.5。

 例 12.19.5
在内文中引用二手来源 --

(Doe, as cited in Smith, 2016).

译文：（多伊，转引自史密斯，2016）。

请注意，只有史密斯（2016）应被列入参考文献列表（与此相关的准则见第 13 章）。论文正文中直接引用的所有来源**必须**出现在论文末尾的参考文献列表中。

12.20　准则二十：注意避免剽窃

如前所述，专业格式手册（包括美国心理协会的手册）给出了如何在我们自己的作品中引用其他作者话语的具体准则。剽窃是指故意将他人的文字、思想或作品据为己有的行为。鉴于人们对网络资源和信息的广泛使用，在引用已发表的作品和其他人的观点时要格外谨慎。

如果你不确定什么是剽窃，建议你参考所在大学的学生行为守则或学术不端处理政策。这些内容通常可以在大学的主页中找到，也可能在其他学生容易获取的地方转载。

大学图书馆网站和大学写作中心经常有自己的防剽窃指南供学生参考。有关剽窃的在线文档通常与图书馆格式手册和引文指南放在同一地方（见第 13 章）。加州州立大学洛杉矶分校图书馆的网站就是一个例子，它是一个可供访问的有关剽窃问题的信息库。它链接到一个视频教程和其他有用的关于剽窃的在线指南，网址是 http://calstatela.libguides.com/style。单击主页上的"关于剽窃"标签或蓝色的"剽窃"超链接，就可以转到包含这些信息的页面。

华盛顿大学的心理学写作中心提供了一份可供下载的写作指南，题目是《如何以及何时引用》（How and When to Cite）。在主页上，单击"写作指南"链接，你将看到 PDF 格式的资料列表。在"避免剽窃"标题下，你会发现一份由大学学术行为委员会（Committee on Academic Conduct, 1994）编写的关于学术责任的声明，其中讨论了六种类型的剽窃，以及不同类型的例子：①原始文本；②可能存在剽窃的文本；③正确的非剽窃文本。

1. 未经适当引用就使用其他作者的文字。

原始文本：随着复杂的作弊检测软件的开发，新技术所催生的作弊方法也同样随之出现。

剽窃文本：随着复杂的作弊检测软件的开发，新技术所催生的作弊方法也同样随之出现。（直接引用作者的话，而没有使用引号或添加引文出处。）

正确文本：据研究者称，"随着复杂的作弊检测软件的开发，新技术所催生的作弊方法也同样随之出现。"（Paulhus & Dubois, 2015, p. 183）。

2. 未经适当引用而使用其他作者的观点。

原始文本：在过去，聪明的学生可能很清楚传统的检测方法并谨慎行事。

剽窃文本：聪明的学生过去可能会谨慎行事，因为他们了解传统的检测方法。（作者使用了其他作者的想法，更换了一些词或改变了顺序，但没有引用他们的作品。）

正确文本：保卢斯和迪布瓦（2015）认为，从历史上看，"聪明的学生可能很清楚传统的检测方法并谨慎行事"（p. 187）。

3. 引用了原文，但在复制原话时不加引号。

原始文本：在过去，聪明的学生可能很清楚传统的检测方法并谨慎行事。

剽窃文本：在过去，聪明的学生可能很清楚传统的检测方法并谨慎行事（Paulhus & Dubois, 2015, p. 187）。（即使有引用，但没有将作者原话加引号也会被视为剽窃。）

正确文本：根据保卢斯和迪布瓦（2015）的研究，"在过去，聪明的学生可能很清楚传统的检测方法并谨慎行事"（p. 187）。

4. 借用另一作者的短语或句子结构，而不注明其出自哪位作者。

原始文本：在过去，聪明的学生可能很清楚传统的检测方法并谨慎行事。

剽窃文本：以前，聪明的学生可能会因为他们对传统检测方法的了解而谨慎行事。（作者改变了语序，改写了原文的部分内容，但完全没有引用原始资料。）

正确文本：以前，聪明的学生可能会谨慎行事，因为他们了解传统的检测方法（Paulhus & Dubois, 2015, p. 187）。

5. 借用其他学生的全部或部分论文，或利用他人的大纲撰写自己的论文。

6.使用论文写作服务或让朋友为你代写论文。

作为对剽窃行为的一种制度性预防，许多大学都订购了在线软件，以协助教师在学生的书面作业中识别剽窃的内容。Turnitin 是一个在线工具，可以直接识别出似乎是从其他来源（包括在线资料和印刷品）复制的短语、句子和整个段落，并生成报告。根据教师的情况，学生可能有机会（也可能没有机会）获得自己的**原创性报告**（参见图 12.20.1，了解指导教师查看学生的原创性报告时可以看到的样本）。换句话说，通过使用这些工具，指导教师可以相当容易地识别出未经认可或没有被适当引用的材料。极为重要的是，学生在吸收来自外部的想法时要非常谨慎，并确保所有这些想法都能得到适当引用。

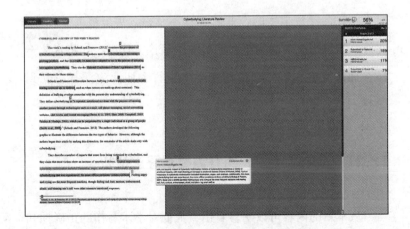

图 12.20.1　Turnitin 中的原创性报告示例

借用一两个词是否构成剽窃，或者一个想法是否真的属于作者，很容易引起争论。然而，剽窃是可以很容易避免的，只要确保你正确引用了来源。如果你对自己的写作有任何疑问，请与你的指导教师谈谈。还应注意的是，剽窃检测软件往往会标示出文献综述，特别是有许多引用来源的短篇文献综述，这很可能是由于学生的参考文献列表导致的。如果使用标准格式（如美国心理协会的格式），参考文献部分将显示为"抄袭"，因为引用的内容是相似的。如果使用 Turnitin，可能会为你从分析中排除参考文献清单以及引用的材料。这可能是一个很好的练习，可以帮助你识别在文献综述中对引文的使用（或者过度使用）。如果这成为你的一个问题，我们建议你与你的指导教师讨论这个问题。

需要强调的是，剽窃是一个非常严重的问题，在大多数情况下，它会导致学生的作业和课程不及格，甚至被大学开除。此外，学位论文中的剽窃可能导致整篇论文作废，你将永久不得参加研究生课程学习，你的学术声誉和职业生涯都将受到影响。

12.21　准则二十一：如有需要则寻求帮助

从本章的内容可以明显看出，人们对学术写作的正确性和准确性期望很高。如果你觉得自己目前的写作水平无法满足这些要求，你可能需要得到帮助。国际学生通常被建议聘请校对人员来帮助他们达到导师的期望。大多数大学都开设了写作课，有的是通过语言系，有的是通过其他学科。一些大学为那些难以满足学位论文要求的学生提供工作坊，许多大学还设有写作中心，为学生提供各种各样的服务。如果你觉得自己需要帮助，可以询问一下指导教师，以了解你所在的大学提供哪些服务。你不应该指望你的指导教师来编辑你的文章的格式和组织整个行文过程。

🕐 本章活动

1. 检查本书附录中文献综述范例的标题。

● 每个标题在明确综述领域方面的作用如何？

● 文献综述的标题是否明确了作者的观点？

2. 现在请思考一下你的文献综述初稿。

● 把你的初稿和你制定的主题大纲比较一下。它们相符吗？如果不相符，你的初稿和大纲有什么不同？这种差异会影响你的综述的论证路径吗？

● 在你的综述中找两三个位置，你的讨论会在那里跳转到主题大纲的下一个主要部分。读者如何知道你已进入下一主题（你是否使用了子标题或过渡语来表示切换）？

3. 让你的两个同学阅读你的文献综述初稿，并对内容进行评论，然后比较他们的评论。

- 他们在哪些方面意见一致?

- 他们在哪些方面有分歧? 你将遵循这两种意见中的哪一种? 为什么?

- 思考一下你的同学认为很难理解的地方,重写这些段落。记住,你想让任何读者都能理解你的观点。

4. 设计五个问题来引导你的指导教师或同学对你的综述内容给出反馈意见。

- 重读你的综述初稿,并假想自己是教师,回答自己的问题。

- 根据自己的反馈意见修改初稿。

- 重新考虑你为指导教师或同学设计的五个问题。你会把哪些问题留在你的清单上? 你会补充什么问题?

第 13 章　准备参考文献列表

本章中的参考文献列表编制指南与《美国心理协会出版手册》中的原则一致，该手册是社会科学和行为科学领域最常用的格式手册。这本手册可以在多数大学图书馆的文献区找到，也可以在多数大学的书店及互联网上购买（www.apastyle.org）。此外，许多大学的图书馆在其网站上提供易于访问和针对特定学科的引文指南。建议你向图书馆咨询台查询更多信息。

13.1　准则一：考虑使用文献管理软件来帮助管理参考文献的细节

文献管理软件的发展已经深刻改变了作者进行文献检索的方式。专门的文献管理软件，如 EasyBib, EndNote Web & RefWorks，以及 Zotero 等开源（免费）软件被开发出来，以帮助研究者收集和管理他们资料来源的目录信息。许多大学的图书馆提供免费订阅的在线引文格式管理工具，建议你向所在大学的图书馆员查询可能免费提供的文献目录工具。

如果你决定使用这些文献管理软件，它们可以在你进行研究时创建一个能够保存潜在资源的存储库，从而节省你事后整理完整参考文献列表的额外步骤。这样，你就省去了将潜在引文复制和粘贴到单独文档中并打印大量页面的烦琐步骤，避免丢失引文的详细信息。是否在研究过程中使用这项新技术取决于你自己，但值得注意的是，它们提供了有益的功能，包括但不限于存储文章全文的 PDF 文件和相关网站的截图，或者按关键词组织文献。更重要的是，它们可以让你通过单击按钮实现生成完整且格式正确的文献信息的目标。下面的准则解决了无论你是否选择使用文献管理软件都需要解决的格式问题。

13.2　准则二：将参考文献列表置于综述末尾的"参考文献"大标题下

大标题"参考文献"应居中，不要加下划线，也不要使用粗体、斜体或引号。除了作者联系信息或附录（如果有）以外，它将是综述的最后一个部分。

13.3　准则三：参考文献列表应仅包含文献综述中引用过的文献

出于某种原因，经常有一些文献没有被作者在综述中引用。

文献综述结束时，参考文献列表中**不应**包括这些未被引用的资料。请记住，参考文献列表应当**只**包括你所写的文献综述中实际引用过的条目。

13.4　准则四：按作者姓氏字母的顺序排列参考文献

对于有多个作者的文献，请标明第一作者（即文献开头提到的第一作者）的姓氏。

注意：如果使用文献管理软件来管理文献，当你准备好编辑参考文献列表时，可能会看到"导出到 Word"选项。在将文献信息导出到文字处理软件时，应该按字母顺序排列，并设置成悬挂缩进（见下面的准则六）。你应该确保字体样式和大小与文档的其余部分一致。

13.5　准则五：所有条目间都要采用双倍行距

你应该把参考文献列表中包含的所有文本设置成双倍行距。

13.6　准则六：对第二行及之后的行使用悬挂缩进

当首行**没有**缩进，但随后的行缩进时就会产生一个悬挂缩进，如例 13.6.1 所示，其中作者的姓氏会在列表的左边缘突出显示。

例 13.6.1

带有悬挂缩进并按字母顺序排列的三条参考文献

Apple, D. W. (2016). Experimental evidence of the XYZ phenomenon. *The Journal of New Developments, 55*, 99–104.

Boy, C. C. (2014). New evidence on the validity of the XYZ phenomenon. *Journal of Psychological Renderings, 44*, 454–499.

Catty, F. B., & Jones, C. M. (2015). The XYZ phenomenon reexamined. *Journal of Social and Economic Justice, 167*, 19–26.

13.7　准则七：学习如何使用文字处理程序设置悬挂缩进

　　文字处理程序可以帮你很容易地设置悬挂缩进。例如，你可以使用 Microsoft Word 设置悬挂缩进：

　　1. 键入一条文献信息作为一段，不带任何缩进。

　　2. 在该条文献上单击右键，然后选择"段落"，将出现一个对话框。

　　3. 在对话框中，单击"特殊格式"下面的向下箭头，然后单击"悬挂缩进"。（注意，此时 Word 将提示缩进的大小，标准大小为半英寸。）

　　4. 单击"确定"。[1]

13.8　准则八：标注期刊标题及其卷号时使用斜体字

大多数学生在基础作文课上都知道，书名应该用斜体表示。同样，期刊名称也应该用斜体表示。

通常情况下，某一年的所有期刊构成一卷。第 1 卷包括期刊出版第一年的所有各期，第 2 卷包括第二年的所有各期，依此类推。在每卷中，所有页码都是连续的。换句话说，一年中第一期的第一页是第 1 页。同年的下一期的页码在上一期结束之处继续排列。例如，如果某年的第一期在第 98 页结束，那么该年的第二期从第 99 页开始。

综上所述，很明显，读者要想找到一篇文章，只需要获取期刊的名称、卷号和页码即可，期号对这一目的来说并不重要。

卷号应以斜体呈现（期数可以不出现在文献信息中）。

例 13.8.1 将期刊的名称和卷号都用斜体表示出来。

1　如果 Word 建议的默认值太大或太小，请再次在条目上单击右键，并再次单击"段落"，然后更改"By"下的英寸数。——原注

例 13.8.1

期刊名及卷数均为斜体的一条文献 --------------------

Burrell, L. V., Johnson, M. S., & Melinder, A. (2016). Children as

earwitnesses: Memory for emotional auditory events. *Applied*

Cognitive Psychology, 30, 323-331.

注意，许多较新的图书馆检索引擎在源目录页面上提供已经生成的引文。虽然这些有助于节省时间，但我们应该仔细检查所提供的引文格式是否正确，是否包含所有必要的信息。你可能会注意到，建议的条目包括期数——如前所述，这是不必要的。图 13.8.1 是使用 OneSearch 数据库工具生成的。

Cite this:

APA

Haugland, S. , Holmen, T. , Krokstad, S. , Sund, E. , & Bratberg, G. (2015). Intergenerational hazardous alcohol use and area factors: The hunt study, norway. *Substance Use & Misuse, 50*(14), 1753-1764.

MLA

Haugland, SH, TL Holmen, S Krokstad, ER Sund, and GH Bratberg. "Intergenerational Hazardous Alcohol Use and Area Factors: The HUNT Study, Norway." *Substance Use & Misuse,* 50.14 (2015): 1753-1764.

Turabian / Chicago

Haugland, SH, TL Holmen, S Krokstad, ER Sund, and GH Bratberg. 2015. Intergenerational Hazardous Alcohol Use and Area Factors: The HUNT Study, Norway. *Substance Use & Misuse.* 50, no. 14: 1753-1764.

> These citations are software generated and may contain errors. To verify accuracy, check the appropriate style guide.

图 13.8.1 在 OneSearch 中单击 "引用此内容" 后出现的对话框

13.9　准则九：要特别注意大写字母

格式手册规定了在文献列表中何处需要大写的问题。例如，在美国心理协会的格式中，只有文章标题的主标题（和子标题）中的第一个词的第一个字母是大写的。即使**期刊本身**的文章标题中的所有重要词汇都是大写的，情况也是如此。这说明有些格式问题是无法从逻辑上推导出来的，你需要特别注意格式手册规定的细节。

13.10　准则十：要特别注意标点符号

如果在参考文献列表中没有使用正确的标点符号，可能会导致学生的综述被退回修改。例如，在美国心理协会格式的印刷期刊中，在出版年份的括号后和参考文献的结尾处应该始终放置一个句号。

13.11　准则十一：不要画蛇添足，如添加页码缩略语

美国心理协会格式的期刊页码是参考文献中的最后两个数字。美国心理协会格式对于页码不使用"p."或"pp."等缩写。请参考第 12 章中关于正文引文格式的准则十九。

13.12　准则十二：通过在线数据库获取的期刊 文章应按印刷品的形式进行引用

　　不要将通过在线数据库获取的期刊文章作为网站资源进行引用。对于通过 JSTOR 等在线文章库获取的期刊文章，你必须像对待印刷品一样引用其来源（参考例 13.12.1）。在线数据库应该在检索结果中提供相关的引文信息，或者提供"引用此项"的选项（参考例 13.12.2）。然后，你可以选择将引文复制并粘贴到你的参考文献列表中（通过点击其右侧的剪贴板图标），或导出到其他文献管理工具中（通过点击相应的超链接）。

例 13.12.1
带有期刊出版信息的 JSTOR 搜索列表样市 ----------

Impeding Phenomena Emerging from Students' Constructivist Online Game-Based Learning Process: Implications for the Importance of Teacher Facilitation

Morris Siu-yung Jong, Junjie Shang

Journal of Educational Technology & Society, Vol. 18, No. 2 (April 2015), pp. 262-283

[Journal]

Download PDF

Add To My Lists

Cite This Item

例 13.12.2

在 JSTOR 中单击"引用此项"后出现的对话框 ------

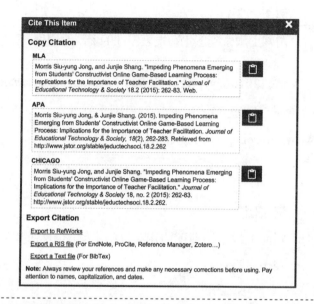

13.13 准则十三：在文献信息中提供在线 出版物的日期和网址

因为在线发布的资料可能会被定期修改，所以提供在线资料的检索日期很重要。你的列表可能会有所不同，这取决于你所掌握的有关资料来源的作者和出版物信息的程度。无论如何，重要的是提供一个完整的网址（如 www.example.com/retrieve），以及其他任何识别信息，如作者的名字（如果知道的话）。

例 13.13.1

对网上检索到的带有发表日期的资料的引用 --------

Jones, A. A. (2016, July 15). *Some new thoughts on material evidence in the XYZ matter*. Retrieved August 5, 2016, from www.newexample.org/specimen

例 13.13.2

对网上检索资料的引用，其中未标明内容的

发布日期 ----------------------------------

Jones, A. A. (n.d.). *Some new thoughts on material evidence in the XYZ matter*. Retrieved August 5, 2016, from www.newexample. org/specimen

例 13.13.3

对网上检索到的未列出作者或日期的资料的引用 ----

Sample Research Society. (n.d.). *Some new thoughts on material evidence in the XYZ matter*. Retrieved August 5, 2016, from

www.newexample.org/specimen

13.14　准则十四：根据格式手册设置书籍的参考文献格式

例 13.14.1 展示了如何以美国心理协会格式引用书籍文献。

 例 13.14.1
美国心理协会格式的书籍引用

Martocci, Laura. (2015). *Bullying: The social destruction of self.*
Philadelphia, PA: Temple University Press.

13.15　准则十五：如果使用在线文献管理工具，确保生成的引文格式正确

尽管你可以选择使用在线引文格式管理工具来帮助你准备参考文献列表，但确保生成的引文格式正确是很重要的。例 13.12.2 提供了一个包含超链接的美国心理协会格式的引用建议。根据引用来源的方式（如脚注、文本引用、参考文献列表等），

你需要对这些信息进行调整，以符合格式惯例。建议你将生成的列表与上述的准则一至准则十四进行交叉检查。

13.16　准则十六：对照综述正文中的引文，仔细检查参考文献列表

除了检查所有引用的材料是否在参考文献列表中被标注外，还要检查作者姓名在不同地方的拼写是否相同。同时，你还要检查引文和参考文献列表中的出版年份是否一致。

13.17　结论

如要引用本章中未涉及的某种文献来源，请查阅综合性的格式手册，如《美国心理协会出版手册》，其中规定了如何引用多种类型的专业资料，如时事通讯文章、在专业会议上未发表的论文、已发表的技术报告等。

🕐 本章活动

1. 创建一个示例性的参考文献条目，并将其设置成悬挂缩进格式。

2. 去你的大学图书馆看看，有哪些免费的文献管理工具可供你使用。生成并导出一个示例性的引用列表到你的文字处理软件，并确保本章所述的所有格式准则都已应用于你的示例中。

3. 你是否引用了本章未涉及的任何类型的文献来源（如新闻稿或会议论文）？如果是这样，请查阅合适的在线和 / 或印刷版引用指南，以确定如何正确引用这些文献。

附录 A

完善终稿的综合性自我编辑检查表

终稿在内容、结构和体例方面应尽可能准确无误。在你仔细考虑了从同行和学术顾问那里得到的反馈，以及在你根据他们的意见修改了手稿之后，你应该仔细地最后一次编辑你的文稿。这项最终检查的目的是确保准确性。

以下检查表中的项目是根据指导教师在评价学生作品时使用的一些主要标准分组的。当一个人在撰写论文或毕业论文时，这些标准中的大多数是非常关键的。但是，如果是在一个学期内完成的学期论文，你的指导教师可能会放宽其中的一些要求。

请记住，检查表的目的是帮助你完善终稿。最终，你所能达到的完善程度将取决于你如何精心编辑自己的作品。

遵守编辑和改稿的写作程序

_____ 1. 你是否邀请了指导教师审查这个清单，并根据他们的偏好添加或删除项目？

_____ 2. 在完成最后一稿后，你是否会将文稿放在一边几天后才开始修改（即在从"作者"到"读者"的角色转换之前，你是否与文稿保持了适当的距离）？

_____ 3. 你是否邀请了一个人或几个人来评阅你的文稿？

_____ 4. 你已经解决评阅人提出的所有问题了吗？

_____ 5. 你调和评阅人之间所有的意见分歧了吗？

主题的重要性或意义

_____ 6. 从理论或实践的角度来看，你选择的主题重要吗？

_____ 7. 你是否提出了一个新观点或找到了文献中的空白点（是否解决了一个以前没有解决的问题）？

_____ 8. 你所选择主题的意义或重要性是否得到了展现和证明？

_____ 9. 就你的研究领域而言，选择这个主题恰当吗？

_____ 10. 就研究文献中所反映的内容而言，该主题是否新颖？

_____ 11. 文章标题是否充分描述了你的综述主题？

结构和其他全局考虑

_____ 12. 你的综述是否包含导言、讨论和结论部分？

_____ 13. 你是否提供了参考文献清单？

_____ 14. 你的综述的篇幅和结构是否符合下述标准，即你的指导教师提出的标准（如果你正在撰写学期论文）、你的答辩委员会主席提出的标准（如果你正在撰写学位论文）和你的目标期刊的投稿准则（如果你是为发表而写作）？

导言的有效性

_____ 15. 导言是否说明了你所综述的文献的范围以及该主题之所以重要的原因？

_____ 16. 导言描述论文的总体结构了吗？

_____ 17. 导言是否指出了你在文稿中遵循的论证路径？

_____ 18. 导言是否说明了综述将涵盖和不涵盖哪些内容，以及这样做是否合适？

_____ 19. 如果合适，导言中是否明确了你的论点或观点？

引用文献的时效性和相关性

_____ 20. 你浏览过关于这个主题的大多数最新文章了吗？

_____ 21. 你所综述的研究是最新的吗？

_____ 22. 如果你的综述包含了旧的文章，你有充分的理由吗？

_____ 23. 你解释过为什么描述一些研究发现为强有力的吗？

_____ 24. 你解释过为什么描述其他研究发现为薄弱的吗？

_____ 25. 你是否确定了文献中的主要模式或趋势？

_____ 26. 你的文稿中是否明确了你引用的经典或里程碑式的研究？

_____ 27. 你是否详细说明了这些经典研究与它们可能影响到的后续研究之间的关系？

文献综述的全面性和准确性

_____ 28. 你的综述范围是否足够充分？

_____ 29. 你是否注意到并解释了文献中的空白点？

_____ 30. 你是否说明过这方面的任何相关争议？

_____ 31. 如果你对第 30 项的回答为"是"，你是否能明确指出各项研究属于争议的哪一方？

_____ 32. 你检查过初稿结构的平行性了吗？

_____ 33. 你是否注意到并解释了研究之间的关系？例如，哪些研究是最早的？哪些研究有相似之处？哪些研究有所区别？

_____ 34. 你是否指出了关键术语或概念的来源？

_____ 35. 你的文稿正文有空白点吗？

论证路径的连贯性和流畅性

_____ 36. 你综述的每一项研究是否都与你的主题大纲相符？

_____ 37. 你是否删除了你决定不纳入综述中的引文，因为它们与你的论证路径无关？

_____ 38. 你的论证路径在整个文稿中都清晰吗？

_____ 39. 你的综述的每一部分是否都与前一部分逻辑连贯？

_____ 40. 如果你使用了"元评论"（见第 11 章的准则六），它们是必要的吗？

_____ 41. 如果你使用了子标题，它们是否有助于推进你的论证？

_____ 42. 如果你没有使用子标题，添加子标题是否有助于推进你的论证？

_____ 43. 你的文稿是连贯的吗？你是否采用了更多的过渡性手段，从而有助于更加清晰地将各部分连贯起来？

结论的有效性

_____ 44. 你的结论是否为读者提供了答案？

_____ 45. 你的结论是否参照了你在导言中提出的论点？

引文和参考文献的准确性

_____ 46. 你是否查阅了你的格式手册中关于在叙述中引用文献的指南（例如，何时使用括号，如何引用多个作者，以及如何引用二手资料）？

_____ 47. 你检查过文稿中的每一条引文，并确保它们出现在你的参考文献中了吗？

_____ 48. 你检查过参考文献中的所有条目，并确保其中每一条都在文中得到引用了吗？

_____ 49. 你是否删除了文稿中所有未经引用的参考文献条目？

_____ 50. 参考文献中的大多数研究的日期是否是比较近的？

_____ 51. 你检查过文稿中的日期和参考文献中的日期是否完全一致吗？

_____ 52. 你检查过文稿和参考文献中作者姓名拼写的准确性吗？

文稿的格式和整体准确性

_____ 53. 你仔细阅读和编辑你的文稿了吗？

_____ 54. 你对整个文稿进行最后的拼写检查了吗？

_____ 55. 页边距的设置是否恰当？

_____ 56. 所有页面都编号了吗？

_____ 57. 文稿是以双倍行距呈现的吗？

_____ 58. 文稿是否署有你的全名（对于学位论文，还包括你的电话号码或电子邮箱地址）？

格式及语言使用的得体性

_____ 59. 你是否仔细阅读了适用于你所在领域的格式手册？

_____ 60. 你检查过你的文稿和你的格式手册是否保持一致了吗？

_____ 61. 你的标题是否符合相应格式手册中规定的格式？

____ 62. 如果你使用了拉丁语缩写（如 i.e.,/e.g.,/etc.），它们是否包含在括号中？你是否检查了所需的标点符号？

____ 63. 如果你使用了长引文，它们是确有必要的吗？

____ 64. 每条引语是否都对综述有重大贡献？

____ 65. 这些引语中是否有可以进行转述的？

____ 66. 重要的关键术语和概念是否避免了同义词？

____ 67. 如果你创造了一个新名词，你在第一次使用时是否会将其用引号标示？

____ 68. 你避免使用俚语、口语和习语了吗？

____ 69. 你避免使用缩略词了吗？

____ 70. 你是否加入了任何与综述的论证路径无关的注释化表述？

____ 71. 你避免使用一系列注释化表述了吗？

____ 72. 你把首次出现的所有缩写词都拼全了吗？

____ 73. 如果你用了第一人称，这是否合适？

____ 74. 你避免使用性别歧视的语言了吗？

____ 75. 如果你在综述的叙述中使用了数字，你能否确保数字 0 到 9 的连续性？

____ 76. 如果你用一个名词后跟一个数字来表示序列中的一个特定位置，你是否已经将该名词首字母大写？［如该列表中的第 76 项（Item 76）］

____ 77. 如果你用一个数字作为句子开头，你将其拼写完整了吗？

语法准确性

_____ 78. 你检查过文稿的语法是否正确了吗？

_____ 79. 你的文稿中的每一句话都是完整的吗？

_____ 80. 你避免使用间接结构（如"在加尔万的研究中，……被发现"）了吗？

_____ 81. 你使用的时态是否一致（例如，如果你在描述一项研究发现时使用了现在时态，除非你在综述研究之间的历史关系，否则你应始终使用这种时态）？

_____ 82. 你检查过逗号和其他标点符号的正确性吗？

_____ 83. 你尝试避免使用复杂的句式结构了吗？

_____ 84. 如果你使用了长句（例如几行的句子），是否已经尝试过将它们分成两个或更多的句子？

_____ 85. 如果你使用了任何长段落（例如一页或更长），你是否已经试着将它们分成两段或两段以上？

为非英语母语人士和有严重写作困难的学生提供的额外编辑步骤

_____ 86. 如果你的英语水平不高，有没有请校对员帮忙？

_____ 87. 你是否检查了整个文稿的冠词用法（如 a, an & the）？

_____ 88. 你检查过文稿中介词的用法了吗？

_____ 89. 你检查过每个句子的主谓语一致性了吗？

_____ 90. 你检查过文稿中是否正确使用惯用表达了吗？

指导教师建议的更多准则

_____ 91. _____

_____ 92. _____

_____ 93. _____

_____ 94. _____

_____ 95. _____

附录 B

文献综述范例

范例 1

Balderrama-Durbin, C.M., Allen, E.S. & Rhoades, G.K. (2012). Demand and withdraw behaviors in couples with a history of infidelity. *Journal of Family Psychology, 26* (1), 11–17.

尽管大多数美国人（高达97%）认为发生婚外性行为是错误的（Johnson et al., 2002），但出轨的发生率仍然很高，约有22%～25%的男性和11%～15%的女性承认自己发生过婚外性行为（extradyadic involvement, EDI）（关于婚外性行为的发生率和相关因素的综述，见 Allen et al., 2005)。出轨（也就是与主要伴侣以外的人发生性关系）通常与伴侣及双方关系存在的问题有关。有关出轨的许多负面情绪和行为相关因素已被记录在案，包括伴侣暴力、急性焦虑、抑郁、自杀意念以及类似于创伤后应激障碍的症状（Cano & O'Leary, 2000; Gordon, Baucom & Snyder, 2004）。关系的不合和解除通常也与出轨有关，出轨是导致离婚的最常见的原因（Amato & Previti, 2003）。

虽然先前的文献研究了大量与出轨相关的因素，但与出轨相关的具体互动特征的研究却很少。在最近的一项纵向观察研究（Allen et al., 2008）中，女性的出轨可以通过婚前较低水平的积极互动和较高水平的消极和无效互动来预测。男性的出轨可以通过婚前较低水平的积极互动和较高水平的无效互动来预测。因此，研究结果表明，互动问题是导致出轨的一个重要风险因素（Fincham & Beach, 1999; Markman, Rhoades, Stanley, Ragan & Whitton, 2010）。事实上，现有的出轨干预措施将培养沟通技能作为核心的治疗内容（Baucom, Snyder & Gordon, 2009）。

冲突型互动是判断夫妇双方当前和未来关系好坏的一项重要指标（Markmanet et al., 2010）。对彼此不满意的夫妇更有可能发生消极的冲突型互动行为，包括批评、防御、蔑视和退缩（Gottman, 1993）。冲突型互动中的"要求 / 退出模式"（demand/withdraw pattern）是被研究得最广泛、文献也最充分的消极沟通模式之一。在冲突型互动中，受此问题困扰的夫妇往往表现出一种二元冲突模式，其中一方指责、唠叨、批评另一方或迫使其改变，而另一方则回避或避免冲突（Christensen & Heavey, 1990）。这种要求 / 退出模式与关系不满意密切相关（Eldridge, Sevier, Jone, Atkins & Christensen, 2007; Ridley, Wilhelm & Surra, 2001），并且在寻求婚姻治疗和离婚的夫妇中比一般夫妇中更常见（Christensen & Shenk, 1991）。

在要求 / 退出模式中，冲突行为的性别差异已经在多个研究中得到证实。作为一个群体，不满意的妻子倾向于要求丈夫做出改变，而不满意的丈夫倾向于退出与妻子的冲突（Caughlin & Vangelisti, 2000; Christensen & Heavey, 1990; Christensen & Shenk, 1991; Eldridge et al., 2007）。一些理论观点被提出来以解释冲突行为中的性别差异，包括权力差异、亲密关系调节和性别角色（Caughlin & Vangelisti, 2000; Christensen & Heavey, 1990; Nichols & Rohrbaugh, 1997）。然而，最近的经验证据表明，要求和退出行为往往取决于其发生的背景（Holley, Sturm & Levenson, 2010; Vogel, Murphy, Werner, Wilson, Cutrona & Seeman, 2007），一个综合性的理论模型可能无法充分解释要求和退出行为的差别。有鉴于此，在关于夫妻冲突的讨论中，不仅要评估性别差异，还要评估可能影响个人的要求和退出行为的背景因素。

本研究考察了有和没有性出轨史的夫妇在冲突中的要求和退出行为。根据现有的关于出轨和夫妻关系困扰的文献，一般可以预测，与那些在夫妻关系中没有这种出轨史的夫妇相比，有出轨史的夫妇会有更高的要求和退出行为。然而，本文试图研究没有出轨史的夫妇和两种有出轨史的夫妇［那些已知和未知伴侣出轨的夫妇（分别为"已知"出轨和"未知"出轨）］的要求和退出行为。根据现有对出轨的了解等因素做出具体假设是很困难的。知道伴侣的出轨可能会加剧不合和消极的冲突行为。然而，以前的研究表明，在整个婚姻治疗过程中，未知对方有出轨行为的夫妇可能比已知对方有出轨行为的夫妇更加不和睦（Atkins, Eldridge, Baucom & Christensen, 2005），因此在存在未知出轨的关系中，如果这些行为是关系中更多不合或其他问题的标志，反而可能出现更高水平的要求和退出行为。因此，我们没有提出基于出轨知识的具体假设，把评估这些夫妇群体的要求和退出行为的相对水平作为探索性研究问题。此外，由于有出轨史的夫妇的要求和退出行为可能因伴侣在出轨中的角色（属于出轨的一方还是没有出轨的一方）而有所不同，我们进行了进一步的探索性分析，研究已知和未知出轨的夫妇的要求和退出行为的不同。鉴于研究这一特定背景的新颖性和理论上的多种可能性，我们也没有提出基于出轨中角色的具体假设。

方 法

参与者

成为研究对象的夫妇需要保持一种"严肃而稳定"的关系，且至少持续了一年。样本包括 74 对已婚夫妇和 96 对关系稳定的异性恋情侣。[1] 参与者的年龄在 18 ～ 67 岁之间

---

1 已婚夫妇和情侣在年龄和关系时长上有显著差异（ps<0.05）。（接下页）

（M＝34.8, SD＝11.7），男性（M＝36.0, SD＝11.9）的年龄比女性（M＝33.5, SD＝11.6）稍大。参与者的平均受教育年限为14.3年（M＝2.4，范围为8～20年不等），女性（M＝14.5, SD＝2.4）的受教育程度略高于男性（M＝14.0, SD＝2.5）。男性的年收入中位数在20,000～29,000美元之间，女性的年收入中位数在15,000～19,000美元之间。伴侣关系的平均持续时间是3.5年。大约49%的伴侣至少有一个孩子。在有孩子的伴侣中，平均有2.4个孩子（SD＝1.6）。参与者人数最多是非西班牙语裔白人（占比43.8%），其次是西班牙语裔（占比22.1%），再次是非裔美国人（占比19.1%）。亚裔美国人参与者（占比2.1%）和土著美国人参与者（占比2.4%）的比例很小。其余参与者（占比10.5%）为多种族或其他种族。

本文于2011年12月26日首次在线发表。

克里斯蒂娜·M.巴德拉玛-德宾和伊丽莎白·S.艾伦来自科罗拉多大学丹佛分校心理学系；加莱纳·K.罗兹来自丹佛大学心理学系。

（接上页）这些差异的效应大小分别为d＝0.33和d＝0.74。将两组数据汇集起来进行分析，可以保持足够的统计效力。主要的分析将关系长度作为控制因素；此外，所有分析均以关系状态（已婚与情侣）作为中介因素进行再分析，结果的总体模式得到保留。虽然情侣关系中的女性退出率明显高于已婚关系中的女性，但F（1154）＝5.92, p<0.05，基于出轨组的模式在已婚和情侣样本中都存在。——原注

克里斯蒂娜·M. 巴德拉玛—德宾现就职于得克萨斯农工大学
心理学系。

这项研究由伊丽莎白·S. 艾伦的启动基金资助，由科罗拉
多大学丹佛分校提供。

与本文有关的信件请寄往：Christina M. Balderrama-Durbin,
Department of Psychology-Mailstop 4235, College Station, TX
77843-4235。

电子邮箱：balderrama-durbin@tamu.edu。

参考文献（略）

范例 2

Burrell, L.V., Johnson, M.S. & Melinder, A. (2016). Children
as earwitnesses: Memory for emotional auditory events. *Applied
Cognitive Psychology, 30*, 323-331.

在某些情况下，犯罪事件的证人可能无法感知视觉信息，
例如，证人被蒙上眼睛，事件发生在黑暗中或者事件被遮挡在
视线之外。在这种情况下，对听觉信息的记忆可以在警察调查
和刑事诉讼中发挥重要作用。尽管听觉证词具有潜在的重要性，
但与目击者相比，调查听觉证人表现的研究相对较少（Wilding,

Cook & Davis, 2000; Yarmey, Yarmey & Todd, 2008）。大多数关于听觉证人的研究都集中在基于声音信息的人物识别上（Hollien, 1990; Öhman, Eriksson & Granhag, 2011），很少有研究涉及对环境声音和声音事件的记忆（Marcell, Malatanos, Leahy & Comeaux, 2007），尽管对环境声音的记忆在一些著名的刑事案件中非常重要，例如百万富翁费边·本特森遭绑架案（Brink, 2005）和2013年的"刀锋战士"（Bladerunner）枪击案（Laing, 2014）。

听觉记忆

环境声音是自然产生的非言语、非音乐的声音（Gygi & Shafiro, 2007），如球的弹跳声、玻璃破碎声或狗吠声。环境声音具有广泛的语义学和声学复杂性，且通常为人所熟悉（Gygi & Shafiro, 2007; Marcell et al., 2007）。在真实的声音环境中，声音刺激包含若干混合的声音（Gygi & Shafiro, 2007）。这样的听觉场景被称为环境声音事件，被定义为一系列紧密联系的和时间相关的环境声音，能够讲述一个故事或建立一种方位感（McAdams & Bigand, 1993）。先前的研究表明，听者将环境声音事件视为熟悉的事件或情境，即事件的过程是可以理解的，并且情感声音事件会引发情绪反应（Marcell et al., 2007）。

关于记忆能力的研究通常认为，回忆和识别能力在不同的模式下是不同的（Lawrence, Cobb & Beard, 1979）。据报道，人们对图片的记忆非常准确和稳定（Cohen, Horowitz & Wolfe, 2009），而对听觉刺激的记忆则一再被证实远低于对图片的记忆（Cohen et al., 2009; Snyder & Gregg, 2011）。当被要求区分之前呈现过的一对图片时，在没有环境声音时，参与者识别之前呈现的图片更加准确（Cohen et al., 2009）。除了记忆中的模态差异，科恩等人（2009）、米勒和塔尼斯（1971）报告了听觉模态中不同的记忆表现：口语比环境声音更容易被准确地识别。

有回忆任务的研究表明，在所有环境声音中，能够被回忆的声音数量从 23%（Crutcher & Beer, 2011）～ 95%（Paivio, Philipchalk & Rowe, 1975）不等。能够回忆的声音的百分比取决于持续时间、刺激数量、任务的单一性，以及编码[1]是偶然的还是有意的。大多数研究报告通常认为，成人参与者的回忆率约为 50%（Bartlett, 1977; Ferrara, Puff, Gioia & Richards, 1978; Philipchalk & Rowe, 1971; Thompson & Paivio, 1994）。识别测试报告也显示了一系列结果，识别率从 0.38（Clark, Stamm, Sussman & Weitz, 1974）～ 0.89（Zucco, 2003）不等，成人的平均识别率为 0.70（Cycowicz & Friedman, 1999; Lawrence & Banks, 1973; Lawrence et al., 1979; Opitz, Mecklinger & Friederici, 2000; Röder & Rösler, 2003; Schulze, Vargha-Khadem & Mishkin, 2012）。

---

1 这里的"编码"指外界信息转化为人脑记忆的过程。——编者注

目前关于听觉记忆和听觉证人的研究文献有几处显而易见的空白点。编码和提问之间较长的时间间隔是犯罪调查中的一个具体的实际挑战（Deffenbacher, Bornstein, McGorty & Penrod, 2008）。以前的大多数研究都是在编码的同一天测试记忆的表现，通常是在最初呈现刺激的几分钟之后。很少有研究针对长达一周的延迟时间（Huss & Weaver, 1996; Lawrence et al., 1979）。这些研究显示，随着持续时间的延长，记忆能力逐渐下降，而且这个问题对幼儿来说可能比年长的儿童和成年人更严重（Goodman & Melinder, 2007）。根据《挪威刑事条例》（Norwegian Criminal Regulation）第239条第4款的规定，会见证人应在接到刑事案件报案后的两周内进行。因此，本研究在两周后对证人进行了访谈，以便根据挪威法律调查证人对声音的记忆力。此外，认知心理学告诉我们，记忆保留在编码后的第一个阶段显著减少，接下来的几周则趋于稳定（Murre & Dros, 2015）。因此，本研究利用两周的延迟来研究儿童随时间推移而稳定的记忆表现。

此外，只有马塞尔等人（2007）的一项研究报告了环境声音事件（而不是个别和不连贯的环境声音）的使用。从逻辑上讲，人们会假设环境声音事件（而不是单个环境声音）具有更高的生态效度和推断犯罪事件的能力。个别和非连贯的环境声音的编码、组织和记忆可能不同于连贯、整体和有意义的环境声音事件的记忆。

最后，目前研究文献中的另一个空白点是明显缺乏儿童参与者。少数研究使用了儿童参与者，并比较了不同年龄组记忆声音和对话的能力（Ling & Coombe, 2005; Öhman et al., 2011; Öhman, Eriksson & Granhag, 2013a; Öhman, Eriksson & Granhag, 2013b）。由于很少有研究用到儿童参与者和延迟两周识别图片以及涉及环境声音事件，本研究旨在调查儿童在延迟两周后对环境声音事件的记忆。

情绪对记忆的影响

作为证人，要记住的刺激物通常是高度情绪化的，因此研究中性刺激物与情绪刺激物的证人证词非常重要。大量研究结果表明，情绪记忆比中性记忆更详细，也更容易被遗忘（Bradley & Lang, 2000; Mirandola, Toffalini, Grassano, Cornoldi & Melinder, 2014; Putman, van Honk, Kessels, Mulder & Koppeschaar, 2004）。与更多外围信息相比，事件的核心方面尤其如此（Baugerud & Melinder, 2012; Kim, Vossel & Gamer, 2013 ；综述见 Christianson, 1992）。当被要求回忆或识别先前呈现的图片时，在较短时间延迟（Bradley, Greenwald, Petry & Lang, 1992; Kensinger & Schacter, 2006）和一年之久的长时间延迟后，醒目的图片比中性图片更容易被记住（Bradley et al., 1992; Bywaters, Andrad & Turpin, 2004）。当参与者被要求识别先前呈现的单词

时，情绪性词汇也有优势（Bayer, Sommer & Schacht, 2011）。有趣的是，布拉德利和朗（2000）的一项研究也揭示了情绪性刺激对记忆听觉材料方面的优势。在听了60种环境声音后，参与者在短暂的延迟后接受了一项偶然的回忆任务。被归类为高度情绪化的声音比中性声音更容易被回忆起来（Bradley & Lang, 2000）。很少有研究探讨情绪性声音与记忆的关系，之前也没有研究关注情绪对环境声音事件记忆的影响。

不同于中性或非情绪化材料，情绪化材料在本质上是唤醒性的，可以有正向和负向的效价（Brainerd, Holliday, Reyna, Yang & Toglia, 2010）。比较正负向材料的记忆测试很少报告不同的记忆表现（Bayer et al., 2011; Bradley et al., 1992; Bradley & Lang, 2000; Kensinger & Schacter, 2006）。显然，影响记忆能力的主要不是刺激物的效价，而是唤醒程度。有关创伤事件的记忆似乎是所有记忆中最生动、最详细、最清晰的，可能是因为这些事件引起了最大程度的刺激。儿童对创伤事件的记忆能力也很强（Peterson & Whalen, 2001）。

片段记忆的发展

大量研究表明，随着年龄的增长，长期记忆能力逐渐增强（Eysenck, 2009b; Fivush, 2002）。这些结果在实验室内外都得到了证实（Gathercole, 1998; Hanten et al., 2007; Howe, 2006）。在

进行紧急医疗情况的访谈时，年幼的孩子表现得比年长的孩子差（Peterson & Whalen, 2001）。在访谈自称为性虐待受害者时，也出现了类似的结果（Lamb, Sternberg & Esplin, 2000）。年龄较小的学龄前儿童的记忆能力与年龄较大的学龄前儿童的记忆能力相比存在一些差异（Bruck, Ceci & Hembrooke, 1998; Goodman & Melinder, 2007）。一般来说，年龄较大的儿童会比年龄较小的儿童报告更多的信息和细节（Hanten et al., 2007; Howe, 2006; Lamb et al., 2000），年龄较大的儿童更能准确地叙述以前的经历（Nelson & Fivush, 2004; Peterson & Whalen, 2001），年龄较小的儿童比年龄较大的儿童遗忘得更快（Lamb et al., 2000）。当被要求回忆以前的经历时，年龄较大的儿童的证词更完整，并包含核心要素：谁、何时、何地和什么（Qin, Quas, Redlich & Goodman, 2002; Reese, 2009）。

在本研究中，参与者被分为两个年龄组：7～8岁的儿童一组，9～11岁的儿童一组。之所以这样划分，是因为研究表明，7岁以下儿童的记忆与成人的记忆有质的不同，而7岁以上儿童的记忆与成人的记忆大致相似（Howe, 2006; Lamb et al., 2000; Peterson & Whalen, 2001）。因为对声音的记忆明显比对图片的记忆差（Cohen et al., 2009; Snyder & Gregg, 2011），我们假设以7岁左右作为记忆的一般划分标准在某种程度上应该推迟一些。例如，平均6岁的孩子在回忆一个声音时会有很大的困难，即使同一个孩子能够熟练地回忆图片。因此，我们小幅提高了最小年龄组的年龄，一组年龄为 7 ～ 8 岁，另一组年龄为 9 ～ 11 岁。

致　谢

我们感谢斯文·马格努森对本文的宝贵帮助。这项研究得到了挪威儿童、青年和家庭事务理事会（Norwegian Directorate for Children, Youth, and Family Affairs）的资助（13/60525）。

参考文献（略）

通信地址：Annika Melinder, Cognitive Developmental Research Unit (EKUP)。

电子邮箱：a.m.d.melinder@psykologi.uio.no。

范例 3

Grekin E. R. & Ayna, D. (2012). Waterpipe smoking among college students in the United States: A review of the literature. *Journal of American College Health, 60*(3), 244−249.

摘 要

目的 综述关于美国大学生水烟使用情况的相关文献。

参加者 本科生。

方 法 使 用 PubMed, MEDLINE, PsycINFO & Academic Search Premier 数据库检索相关研究。检索包括以下关键词的组合："waterpipe""hookah""shisha""nargila""argileh""hubble bubble""college""university""student"。

结果 研究结果显示，大约 1/5 的美国大学生报告在过去一年使用过水烟。研究结果还表明，吸水烟与男性、阿拉伯人、吸香烟等有一定的相关性，并且认为吸水烟比吸烟危害小。

结论 尽管吸水烟有害健康，但这一行为在大学生中还是相当普遍的。未来需要更好的方法和理论框架来推进对这一领域的研究。

关键词 学院，水烟袋，综述，学生，大学，水烟。

格雷金博士和艾娜女士在密歇根州底特律的韦恩州立大学心理学系工作。

水烟（Waterpipe，也称"hookah""shisha""nargila""argileh"或"hubble bubble"）是一种有 400 年历史的吸烟方式，即用木炭加热烟草，通过水来吸入。典型的水烟包括一个装满烟草的"头"、一个装满水的玻璃碗和一根用来吸气或"吹气"的软管。传统上，水烟与中东文化有联系。然而，近年来，对水烟的使用已蔓延到北美和欧洲。和吸入所有形式的烟草一样，吸水烟增加了导致各种不良健康状况的风险。更具体地说，它的使用与食管癌、染色体畸变、肺和心血管功能下降、低出生体重、不孕症、牙齿问题和传染病有关。不出意料，吸水烟者也报告了烟草依赖症状，包括强烈的渴望和反复尝试戒烟。然而，尽管存在这些有害健康的结果，水烟的普及率仍旧在明显增加，特别是在中东的某些文化中，终生吸烟率高达 70%。

吸水烟在大学生和其他年轻人群体中尤其普遍。有几个因素可以解释这一点。第一，水烟的烟草相对便宜，这是许多水烟论坛和网站宣扬的事实。第二，与其他烟草产品不同，水烟烟草可以在网上购买，这使得大学生尤其容易获得，他们可能很容易上网。此外，许多水烟网站没有核实购买者的年龄，这可能会吸引未成年吸烟者。第三，在许多大学校园里，吸水烟已经融入了"社交场景"。大学校园附近的"水烟吧"和"水烟咖啡馆"的数量显著增加，社会化是许多学生吸水烟的主要动机。第四，在 20 世纪 90 年代，出现了一种称为"Maassel"的新式甜味水烟烟草。Maassel 有多种口味（含水果、太妃糖、咖啡等），对年轻人来说往往比传统水烟的无味烟草更具吸引力。第五，许多年轻人错误地认为水烟比香烟更安全（如水烟含有较少的尼古丁、不会上瘾等），并且认为吸水烟不算"吸烟"。虽然有一些个别研究反映了大学生使用水烟的普遍性和相关性，但研究者还没有对这些文献进行过系统的综述。本文旨在通过调查以下方面来填补这一空白：（1）大学生中吸水烟的流行情况；（2）有关吸水烟的人口统计学因素；（3）关于吸水烟的看法；（4）吸水烟与吸烟之间的关系。我们也会检讨现有关于吸水烟现象的研究方法的局限性，并提出未来的研究方向。

方　法

筛选研究

我们使用 PubMed, MEDLINE, PsycINFO & Academic search Premier 数据库进行了文献检索。这项检索包括以下关键词的组合："waterpipe""hookah""shisha""nargila""argileh""hubble bubble""college""university" 和 "student"。在分析中混合了大学生和非大学生数据的研究（e.g. Maziak et al.）被排除在本次综述之外，以研究生或专科学生为主而不是以本科生为主的研究也被排除在外。这篇综述主要针对美国的大学生，然而为了便于比较，文中也呈现了中东学生的数据。

我们确定了 16 项关于大学生吸水烟的研究，其中使用了 14 个不同的样本。所有的 16 项研究都是在 2001 年之后发表的。在这 16 项研究中，有 7 项研究调查了美国或欧洲大学生吸水烟的情况（表 1），剩下的 9 项研究调查了中东地区大学生吸水烟的情况（表 2）。

表 1　美国或欧洲大学生水烟使用情况调查研究

作者	样本	研究设计	报告的终生吸水烟率（％）	报告的过去一年吸水烟率（％）	报告的过去一个月吸水烟率（％）
普里马克等人	8 所大学的 8745 名学生	在线调查	29.5	–	7.2
艾森伯格等人	心理概论课的 744 名新生	在线调查	–	–	20.0
格雷金和艾娜	心理学课的 602 名学生	在线调查	15.1	12.4	–
杰克逊和埃夫亚德	随机选择的 937 名学生	纸笔调查	37.9	–	21.1
普里马克等人	随机选择的 3600 名学生	在线调查	41.0	30.6	9.5
史密斯–西莫内等人 *	私立大学的 411 名新生	在线调查	28.0	–	15.3
史密斯等人 *	私立大学的 411 名新生	在线调查	28.0	–	15.3

注： 标有"*"的研究使用了相同的样本。

表 2　中东大学生水烟使用情况调查研究

作者	样本	研究设计	报告的终生吸水烟率（%）	报告的过去一年吸水烟率（%）	报告的过去一个月吸水烟率（%）
阿扎比等人	约旦 4 所大学的 548 名学生	访谈问卷	61.1	–	42.7
罗哈夫扎等人	伊朗的233名大学生	访谈问卷	–	–	19.2
曼迪尔等人	阿联酋的1057名大学生	纸笔调查	–	–	5.6
查亚等人	贝鲁特美国大学的 416 名学生	访谈问卷	43.0	–	28.3
马齐亚克等人*	叙利亚的587名大学生	访谈问卷	45.3	–	14.7
马齐亚克等人*	叙利亚的587名大学生	访谈问卷	45.3	–	14.7
塔米姆等人	黎巴嫩 5 所大学的 1964 名学生	纸笔调查	–	–	32.4
塔米姆等人	黎巴嫩 4 所大学的 553 名学生	纸笔调查	–	–	43.3

注：标有"*"的研究使用了相同的样本。综述中引用的一项研究（Labib et al）没有包含一个非吸水烟者的比较组，因此这个样本的发生率不能包括在表中。

结 果

水烟使用率

在美国或欧洲进行的研究中，**终生**吸水烟率从 15.1% ～ 41.0% 不等（M=30.3%，SD=10.1%），**过去一年**吸水烟率从 12.4% ～ 30.6% 不等（M=21.5%，SD=12.9%），过去一个月吸水烟率从 7.2% ～ 21.1% 不等（M=14.6%，SD=6.2%；表 1）。在调查中东大学生使用水烟的 9 项研究中，**终生**吸水烟率在 43.0% ～ 61.1% 之间（M=49.8%，SD=9.9%）。中东地区的研究都没有报告**过去一年**的吸水烟率，**过去一个月**或**现在**的吸水烟率在 5.6% ～ 43.3% 之间（M=26.6%，SD=14.2%；表 2）。

根据这些使用率数据，可以得出几个结论。首先，在美国和欧洲，水烟的使用率相当高，近 1/5 的大学生报告在过去一年中吸过水烟。相比之下，大约 30% 的大学生报告在去年吸过水烟，这表明尽管吸香烟仍然是美国大学生中最流行的吸烟形式，但吸水烟是紧随其后的第二种常见吸烟方式。

其次，现有的有限数据表明，中东大学生中的吸水烟率大大高于西方样本中的吸水烟率。大约 1/4 的中东大学生报告说他们在过去一个月里吸过水烟。

水烟使用的性别差异

除普里马克等人，本综述中的所有研究都发现，男性比女性更可能使用水烟的情况。对于当前而不是终生的使用情况而言，性别差异尤其明显。例如，史密斯-西莫内等人对 411 名大学新生进行了一项横断面在线调查，发现 77.4% 的女性从不吸水烟，13.6% 曾经吸过水烟，9.0% 现在在吸水烟。相比之下，在男性中，67.0% 的人从不吸水烟，11.8% 曾经吸过水烟，21.2% 现在在吸水烟。同样，马齐亚克等人对叙利亚 587 名随机抽取的大学生进行了访谈，发现 62.6% 的男性和 29.8% 的女性报告说他们一直都在使用水烟，而 25.5% 的男性和 4.9% 的女性报告说他们过去一个月都在使用水烟。值得注意的是，在美国，大学样本中吸香烟的性别差异很小。因此，使男性比女性更喜欢使用水烟的因素不适用所有烟草制品。

使用水烟的族群 / 种族差异

这篇综述中有两项研究发现，在美国或欧洲上大学的阿拉伯裔学生比他们的非阿拉伯裔同学报告使用水烟的可能性要大得多。格雷金和艾娜发现，62% 的阿拉伯学生和 11% 的非阿拉伯学生在他们的一生中使用过水烟。同样，杰克逊和埃夫亚德发现，81.3% 的阿拉伯裔学生尝试过水烟，而白人学生为 38.1%，黑人学生为 26.1%，亚裔学生为 40.9%。没有其他研究来比较中东以外的阿拉伯裔和非阿拉伯裔学生使用水烟的情况。

其余的美国研究发现，黑人学生比其他种族的学生更不可能使用水烟。例如，普里马克等人发现，13.3% 的黑人学生吸过水烟，相比之下，白人学生为 31.4%，亚裔学生为 23.2%。同样，艾森伯格等人发现，35.5% 的白人学生、9.1% 的黑人学生和 33.7% 的"其他"学生报告了过去 30 天的水烟使用情况。这些数据与关于种族和药物使用的更广泛的文献研究一致，表明黑人大学生比白人大学生吸烟或饮酒的可能性更小。

关于吸水烟的看法

有五项研究调查了美国和欧洲大学生对吸水烟的看法。总的来说，这些研究表明，大学生认为吸水烟比吸香烟危害更小，更容易被社会接受。例如，史密斯-西莫内等人对一所私立大学的 411 名新生进行的一项横断面在线调查发现，学生们认为吸水烟比吸香烟更不容易上瘾，也更容易被社会接受。学生们还认为，在接下来的一年里，他们更容易受到朋友的影响而吸水烟而不是香烟，而且朋友们吸水烟（而不是吸香烟）时看起来更"酷"。史密斯等人利用同样的样本发现，37% 的参与者认为使用水烟比吸香烟危害小。

此外，当前 [odds ratio（OR）= 6.77] 和终生（OR = 3.19）吸水烟者比从不吸烟者更可能认为使用水烟比使用香烟危害小，这表明关于水烟危害性的观念可能在吸烟的开始和 / 或维持方面发挥了作用。

普里马克等人向随机抽取的 3600 名大学生发送了一份在线调查，并将其作为国家大学健康评估的一部分（研究者付费并在大学的调查问卷中添加关于水烟的问题）。来自 647 名学生的数据表明，超过一半的样本（52%）认为吸水烟比吸香烟更容易上瘾。此外，多变量模型揭示了过去一年中吸水烟（是／否）与以下因素的关联：（1）低伤害感知（认为吸水烟比吸烟危害小；OR＝2.54）；（2）低成瘾性感知（认为吸水烟比吸烟更容易上瘾；OR＝4.64）；（3）高社会可接受性感知（认为吸水烟在同龄人中是更可接受的；OR＝20.00）；（4）高流行度感知（认为大部分大学生都吸过水烟；OR＝4.72）。

艾森伯格等人在 744 名参加了心理学入门课程的大学新生中，进行了一项关于水烟使用情况的在线调查。与从不吸烟的人相比，过去一个月吸烟的人更可能认为：（1）吸水烟在同龄人中具有社会可接受性（OR＝3.71）；（2）吸水烟让同龄人看起来很"酷"（OR＝2.47）；（3）水烟比香烟危害小（OR＝0.31）；（4）水烟比香烟更不容易上瘾（OR＝0.65）。

最后，杰克逊和阿维亚德对英国伯明翰大学随机抽样的 937 名学生进行了横断面纸质问卷调查。随后，他们对 75 名学生进行了跟踪调查，这些学生至少每月抽一次水烟。在 75 名重度使用者中，有 21 人对后续调查做出了回应。除一人外，所有这些重度吸烟者都认为吸水烟在社会上是可以接受的，68.4% 的人认为吸水烟比吸香烟的危害小。

吸水烟与吸香烟的关系

有四项研究调查了美国和欧洲大学生中吸水烟和吸香烟之间的关系，所有四项研究都发现，这两种烟草使用形式之间存在显著关联。例如，艾森伯格等人发现，过去一个月吸过水烟的人吸香烟（OR = 10.44）和雪茄（OR = 6.31）的可能性更大。同样，格雷金和艾娜发现，吸香烟者报告终生使用水烟的可能性是非吸烟者的两倍。在对中东大学生的研究中，也发现了吸香烟和吸水烟之间的密切联系。

然而，到目前为止，还没有对香烟和水烟的使用轨迹进行纵向评估的研究。因此，尚不清楚吸香烟通常是在使用水烟之前还是之后，或者同时吸香烟和水烟的学生是否更频繁或更强烈地吸水烟。

值得注意的是，尽管吸香烟与吸水烟密切相关，但有相当一部分水烟使用者不吸香烟。例如，普里马克等人发现，在过去一年吸过水烟的学生中，有35.4%的人从未吸过香烟。同样，杰克逊和埃夫亚德发现，65%经常（至少每月一次）吸水烟的人从未吸过香烟。

目前尚不清楚哪些因素与专门吸水烟（即在不吸香烟的情况下使用水烟）有关。然而，初步的研究数据表明，这两种形式的烟草具有不同的相关性。例如，人们似乎可以预测男性对水烟的使用，但不能预测对香烟的使用。同样，参与俱乐部和校内运动似乎可以预防吸香烟，但不能预防吸水烟。这些数据表明，不同人群对水烟和香烟的看法不同。然而，还需要更多的数据描述这两种烟草制品共有的和独有的危险因素。

评 论

未来的方向和局限性

在过去的 10 年里，关于大学生中吸水烟情况的研究文献数量迅速增加。然而，关于这方面的研究仍然相对较少，许多潜在的吸水烟的预测因素还没有得到检验（如同龄人吸烟、吸烟预期、吸烟动机、饮酒和吸毒共存、焦虑 / 抑郁 / 压力等）。此外，还有一些方法学上的局限性，限制了我们得出关于大学生水烟使用的结论的能力。

第一，大多数现有的水烟研究使用方便数据（如以参加心理学入门课程学习的学生作为样本），而不是有代表性的样本。此外，为数不多的尝试招募有代表性样本的研究则回答率很低。例如，普里马克等人向随机抽取的 3600 名大学生发送了一份在线调查，并将其作为国家大学健康评估的一部分。然而，只有18.6% 的被招募的学生完成了调查。

值得注意的是，调查的响应者和未响应者之间往往存在重要差异，因此很难用现有数据概括更广泛的吸水烟的大学生群体。人们还需要进行具有全国代表性和某一校园代表性的研究，以准确考察水烟的流行率及其相关因素。

第二，所有现有的关于学生吸水烟情况的研究都是横向的，而不是纵向的或前瞻性的。因此，目前尚不清楚哪些变量先于并且能够预测水烟使用过程。此外，我们还不能得出关于水烟使用的典型轨迹的结论（例如，水烟的使用是否会在青少年时期达到高峰，并在整个生命的第三个 10 年中下降，如同对酒精和药物的使用那样）。

第三，大多数学生的水烟使用数据基于在线调查，而不是访谈或实验。尽管在线调查非常适合评估水烟使用的某些常规相关因素（如个性、信仰、态度、人口统计信息等），但仍有许多相关因素无法通过在线调查获得充分测量，如对于神经心理学功能、基于实验室的冲动性，以及《精神障碍诊断与统计手册》（*Diagnostic and Statistical Manual of Mental Disorder*）的诊断。

第四，现有关于大学生吸水烟情况的研究都没有关注水烟依赖，大都仅限于关注简单的使用数量和频率。水烟依赖是一个很难定义的模糊概念，这是由于吸水烟的社会性和间歇性以及它与吸香烟的高度共病性。然而，一些研究者已经提出了表征水烟依赖性的方法，并且已经发表了至少一个因子分析量表。因此，探索学生群体中水烟依赖性的特征将有助于开展未来的研究。

第五，很少有研究探讨水烟使用的潜在预测因素之间的相互作用。了解自变量和水烟使用之间的关系是否因性别、种族、年龄、个性和其他各种变量而有所不同是很有意义的。

第六，现有研究没有探讨文化在水烟使用的起始和维持中的作用。更具体地说，虽然一组研究调查了中东学生吸水烟的情况，另一组研究调查了西方学生吸水烟的情况，但没有探讨中东学生与西方学生吸水烟的预测因素和相关关系的研究。这类国际资料将提供关于支持或抑制水烟使用的、基于独特文化背景的信息。

第七，有关大学生吸水烟的文献都是非理论性的。解释目前的实证研究结果和启发未来研究方向的理论框架今后仍需大大拓展。

尽管有这些局限性，现有的文献还是指出了各种干预大学生吸水烟的潜在方式。例如，很明显，大学生是一个整体，特别是吸水烟者，他们认为吸水烟的危害比吸香烟小。提供有关水烟烟草对健康有害的信息（如通过大学咨询中心、同伴、导师、学生介绍会等）可能有助于减少其对水烟的使用。为那些最有可能吸水烟的人（即男性、吸香烟者、在美国的阿拉伯裔学生等）制定有针对性的预防和干预方案也可能是有用的。最后，在社会层面，人们需要通过在线监测水烟烟草供应和向未成年吸烟者销售水烟烟草的情况，来努力减少未成年吸烟者获得水烟烟草的机会。

结　论

尽管存在相关健康风险，但大学生中吸水烟的流行率相当高，大约 1/5 的学生报告说去年吸过水烟。还有一些已确定的吸食水烟的相关因素，包括男性、阿拉伯人、吸香烟，以及认为吸水烟比吸香烟害处小。虽然这些结论富有启发性，但现有关于大学生吸水烟的文献很少，未来需要使用不同的方法和更好的理论框架进行研究，以推进我们在这一领域的知识。

参考文献（略）

范例 4

Gulbrandsen, C. (2016). Measuring older women's resilience: Evaluating the suitability of the Connor-Davidson Resilience Scale and the Resilience Scale. *Journal of Women & Aging, 28*(3), 225–237.

测量老年女性的心理弹性

导　言

本文的目的是评估两种心理弹性测量工具的心理测量特

性，并讨论如何在未来的研究中使用这些工具，以增进对 60 岁及以上女性心理弹性的理解。本文对康纳-戴维森心理弹性量表（Connor-Davidson Resilience Scale, CD-RISC）（Connor & Davidson, 2003）和瓦格尼德-扬心理弹性量表（Wagnild-Young Resilience Scale）（Wagnild & Young, 1993）的心理测量学特性进行了评价。自这些测量工具开发以来，使用和评估这些工具的研究者主要集中于评估其可靠性和有效性。几位作者已经为其跨年龄组使用的信度和效度提供了大量支持。虽然研究者已经研究了心理弹性的年龄差异以及心理弹性与其他相关因素之间的关系，但是很少有研究使用康纳-戴维森心理弹性量表或瓦格尼德-扬心理弹性量表，来研究老年人心理弹性的性别差异。

综述者之所以对康纳-戴维森心理弹性量表和瓦格尼德-扬心理弹性量表的心理测量学性质进行评估，是为了描述先前研究对 60 岁及以上女性心理弹性未来研究的影响。

为什么要关注老年女性的心理弹性

尽管在关于老年人心理弹性的研究中，研究老年女性和老年男性一样经常出现，但很少有探讨老年人心理弹性的性别差异的研究。相比之下，一些研究强调了老年人在许多其他健康和心理社会因素方面的明显性别差异。据研究老年女性衰老情况的研究者报告，老年女性比老年男性长寿，丧偶的可能性更大，老年时贫困的概率更高，患慢性疾病的可能性更大（Cornwell, 2011; Felten, 2000; Hamid, Momtaz & Rashid, 2010; Iecovich & Cwikel, 2010; Malatesta, 2007；Martin-Matthews, 2011; Quail, Wolfson & Lippman, 2011）。这些研究结果有力地表明，在与年龄相关的问题中存在明显的性别差异。人们有必要进一步研究在遇到问题时，性别差异对老年女性心理弹性的影响。

尽管有其他测量心理弹性的工具，但本文只关注康纳-戴维森心理弹性量表（Connor & Davidson, 2003）和瓦格尼德-扬心理弹性量表（Wagnild & Young, 1993），因为一些研究者已经证实了这两种测量工具的可靠性和有效性，并为这两种测量工具应用于成年人群和老年人群提供了支持（Connor & Davidson, 2003; Lamond et al., 2008; Lundman, Strandberg, Eisemann, Gustafson & Brulin, 2007; Resnick & Inguito, 2011; Wells, 2009）。研究者还引入了其他工具，如成人心理弹性量表（Resilience Scale for Adults）（Friborg, Hjemdal, Rosenvinge & Martinussen, 2003）和简明心理弹性应对量表（Brief Resilience Coping Scale）（Sinclair & Wallston, 2004）。然而，由于针对这些工具的心理测量学特性的研究较少，目前对其信度和效度的研究有限，对老年人使用这些工具的相关文献也相当少（Ahern, Kiehl, Lou Sole & Byers, 2006）。未来使用康纳-戴维森量表和瓦格尼德-扬量表来研究老年女性的心理弹性的研究者，可以在这些工具良好的心理测量特性的基础上，继续探索相关学者所建议的方向，以收集对老年女性心理弹性的更细微的理解。尽管对老年人心理弹性的性别差异的研究还很少，但使用康纳-戴维森心理弹性量表和瓦格尼德-扬心理弹性量表研究心理弹性的研究者已经明确，人们根据年龄、性别差异和其他身份差异（如种族、健康和地理位置）来研究心理弹性的复杂性是有希望的（Lamond et al., 2008; Nygren, Randström, Lejonklou & Lundman, 2004; Resnick & Inguito, 2011; Wagnild & Young, 1990; Wells, 2009; Yu & Zhang, 2007）。康纳和戴维森（2003）以及瓦格尼德和扬（1993）都承认，需要用更多的异质性样本来进一步测试他们的测量工具。研究者测试了康纳-戴维森心理弹性量表（Connor & Davidson, 2003, 2003）和瓦格尼德-扬心理弹性量表（Wagnild & Young, 1993），强调选择偏差是他们研究中的一个局限。他们承认，其研究结果的普遍性受到样本在性别、年龄、人种、语言、收入和受教育程度等方面的同质性的限制（Lamond et al., 2008; Nygren et al., 2005; Resnick & Inguito, 2011; Wagnild & Young, 1993）。对老年人心理弹性的研究主要是由白人、中产阶级男女组成的样本。几位测试过康纳-戴维森心理弹性量表和瓦格尼德-扬心理弹性量表的研究者建议进一步开展研究，考察在不同性别、年龄、人种、教育、健康、收入和地理位置的样本中的心理弹性（Nygren et al., 2005; Smith, 2009; Wagnild, 2009）。基于本文概述的心理测量学性质，作者提出，康纳-戴维森心理弹性量表或瓦格尼德-扬心理弹性量表可以作为进一步研究老年女性心理弹性的基础。

定义心理弹性

构成康纳-戴维森心理弹性量表（Connor & Davidson, 2003）和瓦格尼德-扬心理弹性量表（Wagnild & Young, 1993）基础的心理弹性的概念综合考虑了不同的、相互竞争的心理弹性定义。研究者对文献中概念的模糊性进行了讨论，这些概念未能将心理弹性与幸福感、自我效能感等其他密切相关的概念区分开来（Hengudomsub, 2007; Lightsey, 2006）。其他作者强调，文献中关于心理弹性的概念缺乏一致性（Bonanno, 2012; Damásio, Borsa & da Silva, 2011; Hengudomsub, 2007; Herrman et al., 2012）。

康纳和戴维森（2003）以及瓦格尼德和扬（1993）在他们对心理弹性的调查和工具测试之前，对心理弹性进行了概念性的定义，将心理弹性定义为一种性格特征或特质，包括个人的内在力量、能力、乐观以及灵活性等品质，从而有助于一个人在面对逆境时有效应对。作者的定义确定了心理弹性的具体维度，这些维度反映在其测量工具所包含的条目上。

瓦格尼德-扬心理弹性量表（Wagnild & Young, 1993）和康纳-戴维森心理弹性量表（Connor & Davidson, 2003）都经过了其开发人员严格的测试。随着康纳-戴维森心理弹性量表和瓦格尼德-扬心理弹性量表的发展产生了可操作的定义，确定了心理弹性的具体、可衡量的组成部分。这些研究者通过识别不同的心理弹性组成部分，然后衡量它们之间的相互关系在多大程度上围绕着心理弹性这一总体概念，构建了心理弹性的可操作化定义。康纳和戴维森（2003）以及瓦格尼德和扬（1993）都通过测量工具中的条目来测量心理弹性的组成部分，以及这些组成部分单独和共同解释心理弹性得分的差异程度。

老年学研究者已经明确了专门针对老年人的心理弹性概念的定义。富勒-伊格莱西亚斯、塞拉斯和安东努斯（2008）提出，"老年人积极适应与衰老有关的环境和生物挑战反映了心理弹性的过程"。其他研究者将老年人的心理弹性定义为一个复杂的结构，与广泛的风险和保护因素相关（Dorfman, Méndez & Osterhaus, 2009; Gooding, Hurst, Johnson & Tarrier, 2012; Wagnild, 2009）。研究者测量了老年人的心理弹性，以了解心理弹性与潜在保护因素之间的关系，这些因素包括自我效能、乐观主义、对成功适应老龄化的自我评定、对身心健康的自我评定、社会支持、自尊，以及抑郁和认知障碍等风险因素（Lamond et al., 2008; Lundman et al., 2007; Nygren, Alex, Jonsen, Gustafson, Norberg & Lundman, 2005; Resnick & Inguito, 2011; Wells, 2009）。作者提出，测量心理弹性可以识别心理弹性水平较低的老年人，量化旨在提高心理弹性的干预措施的效果，并检测心理弹性随时间演变而发生的变化（Connor & Davidson, 2003; Lamond et al., 2008; Nygren et al., 2005; Resnick & Inguito, 2011; Wells, 2009）。

费尔滕（2000）认为，针对年轻群体的心理弹性的可操作化定义不一定适合老年女性。根据研究者的建议，未来还需要开展进一步的研究，以构建和测试区分年龄和性别差异的、具体适用于老年女性的心理弹性的可操作化定义。

测量心理弹性

使用瓦格尼德–扬心理弹性量表（Wagnild & Young, 1993）和康纳–戴维森心理弹性量表（Connor & Davidson, 2003）的研究者评估了每种工具测量心理弹性的能力。一些研究者用老年人样本评估了瓦格尼德–扬心理弹性量表（Nygren et al., 2005; Resnick & Inguito, 2011) 和康纳–戴维森心理弹性量表 (Lamond et al., 2008)，通过分别提供内部一致性和重测信度的相关系数来证明它们的信度。

通过对康纳–戴维森心理弹性量表进行因子分析（Lamond et al., 2008; Yu & Zhang, 2007）和 Rasch 分析（Resnick & Inguito, 2011），研究者检验了每项测量的有效性。这些有效性测试确认了为支持测量工具的有效性所需匹配的条目，并得出了最终结论——测量工具测量的是它们想要测量的东西，即心理弹性的结构。

康纳-戴维森心理弹性量表

康纳-戴维森心理弹性量表已被公认为是一个可靠和有效的工具（Ahern et al., 2006; Clauss-Ehlers, 2008）。这是一个旨在量化心理弹性的简明的自我评估工具，由 25 个条目组成，每个条目的回答都有 5 点，其中 0 = **完全不是**，1 = **很少是**，2 = **有时是**，3 = **经常是**，4 = **几乎总是**。康纳和戴维森（2003）对量表所包含的条目进行了描述，包括"能够适应变化""认为自己是一个坚强的人""知道去哪里寻求帮助"和"强烈的自我意识"。康纳-戴维森心理弹性量表的得分范围从 0 到 100。尽管分数越高表明心理弹性越高，康纳和戴维森并没有指出高心理弹性和低心理弹性之间的分界点。

凯瑟琳·康纳医学博士和乔纳森·戴维森医学博士都是杜克大学精神和行为科学系的教师，这就解释了他们的研究兴趣，即研究心理弹性与治疗焦虑、抑郁和创伤后应激障碍的结果之间的关系。在开发康纳-戴维森心理弹性量表时，康纳和戴维森（2003）就注意到，还没有一个为人广泛接受的、可用于精神病治疗的心理弹性测量方法。他们编制该量表的目的是制定一个可靠而有效的心理弹性测量方法，以确定精神病人群和普通人群的阈值，并研究药物治疗对心理弹性的影响。他们指出，他们的研究是首个关于心理弹性和药物干预之间联系的研究。他们最初为康纳-戴维森心理弹性量表的开发和测试所做的研究，为心理弹性成为一个可以测量和量化的概念提供了支持。

在他们测试康纳-戴维森心理弹性量表的最初研究使用的成人样本（n=806）中，77% 为白种人，65% 为女性，平均年龄为 43.8 岁。他们的样本包括以下子样本：初级保健门诊患者、广泛性焦虑症研究的参与者、两项创伤后应激障碍临床试验的参与者，以及私人诊所的精神科门诊患者。

可靠性 开发人员自己对康纳-戴维森心理弹性量表的评估有力证明了一般人群样本中测量工具的内部一致性（克朗巴哈系数=0.89），以及广泛性焦虑症和创伤后应激障碍样本的重测信度（0.87）。其他研究者证实了康纳-戴维森心理弹性量表的内部一致性，克朗巴哈系数分别为 0.923（Lamond et al., 2008）和 0.92（Smith, 2009）。

趋同效度 在康纳和戴维森（2003）对其量表进行的初始心理测量测试中，精神病门诊子样本的趋同效度与科巴萨耐受性测量（Kobasa, 1979）测定的耐性（n=30）（r=0.83）之间存在显著的正相关，大多数受试者的心理弹性和由希恩社会支持量表（Sheehan Social Support Scale）测量的社会支持分数之间存在统计学上显著的正相关关系（r=0.36），心理弹性和由希恩压力易受影响量表（Sheehan Stress Vulnerability Scale）测量的感知压力分数之间存在负相关关系（r=-0.32）。其他研究者表示支持康纳-戴维森心理弹性量表与心理弹性相关因素测量的趋同效度（Lamond et al., 2008; Smith, 2009; Yu & Zhang, 2007），并报告了其与自尊（0.49）、生活满意度（0.48）、情绪健康和幸福感（0.494）、乐观主义（0.438）、自评成功老龄化（0.425）、身体功能（0.116）（Lamond et al., 2008）和抑郁症状寻求帮助的意愿（r = 0.39）等概念呈正相关（Smith, 2009）。此外，拉蒙德等人（2008）报告了心理弹性得分与认知功能之间的负相关关系（-0.403）。

结构效度　为了确定康纳-戴维森心理弹性量表的结构效度，康纳和戴维森（2003）进行了探索性的因子分析，得出了涵盖五个组成部分的结构：因子 1 代表个人能力、高标准和坚韧性；因子 2 代表相信自己的本能、容忍消极影响和抗压力；因子 3 代表接受改变和稳固的关系；因子 4 代表个人控制；因子 5 代表精神影响。

其他研究者进行了更多的因子分析（Lamond et al., 2008; Smith, 2009; Yu & Zhang, 2007），证实了康纳和戴维森（2003）最初提出的五因子结构，进一步支持了测量的结构效度。与特定人群相关的不同因子结构强烈表明，不同人群心理弹性的性质不同。

与老年女性的心理弹性极为相关的是拉蒙德等人（2008）在老年女性样本中找到的一个特别的因子结构，该结构由以下因子组成：个人控制和目标导向、对负面影响的适应和容忍、领导力、相信本能，以及精神应对。这种因子结构与康纳和戴维森（2003）最初确定的五因子结构不同。尽管老年男性未被纳入研究样本，但拉蒙德等人（2008 年）进行的因子分析表明，老年女性的心理弹性由不同于康纳和戴维森所描述的因子结构组成。

其他研究者根据其他方面的差异（如人种）也报告了不同的因子结构。于和张（2007）指出，康纳-戴维森心理弹性量表只在西方样本中进行了测试，并提出因为不同文化和地理区域对逆境的性质和观点有很大差异，所以心理弹性的定义可能会有所不同。他们在18～60岁以上的中国成年人身上测试了康纳-戴维森心理弹性量表。为了确定中国样本的因子结构是否与康纳和戴维森（2003）确定的相同，于和张对中国样本进行了因子分析。他们确定了一个由坚韧、力量和乐观组成的三因子结构，并根据他们的发现，认为心理弹性的因子结构与文化有关。

康纳和戴维森（2003）支持其心理弹性量表在临床环境中的应用，强调该量表识别低心理弹性个体和衡量干预效果的能力。作者对该工具的初步测试支持了抑郁和焦虑患者的心理弹性得分对治疗的反应性，以及心理弹性得分与整体改善之间的正相关。

康纳-戴维森心理弹性量表 2

其他研究者已经开发出康纳-戴维森心理弹性量表的缩简版本，可以更容易地用于临床。例如，瓦什纳维、康纳和戴维森（2007）构建了一个两条目量表，命名为康纳-戴维森心理弹性量表 2（CD-RISC 2），用于诊断焦虑、抑郁和创伤后应激障碍的临床人群。他们提出，第 1 条（能够适应变化）和第 8 条（在疾病或困难之后往往可以恢复）充分抓住了心理弹性概念的本质，因此建议康纳-戴维森心理弹性量表 2 可以作为一个衡量治疗后的临床人群改善情况的筛查工具。瓦什纳维等人（2007）认为，该工具具有与康纳-戴维森心理弹性量表相当的信度和效度。

康纳-戴维森心理弹性量表已被用来衡量不同年龄组的心理弹性，包括老年人。然而，很少有研究者专门关注其在老年女性中的应用（Lamond et al., 2008; Smith, 2009）。

考虑到老龄化会导致新的风险因素出现，而且老年女性的心理弹性具有独特的因子结构，探讨心理弹性的相关因素，并继续探讨随着女性年龄增长而出现的各种风险和保护因素之间的相互关系，是今后研究的可行途径。

瓦格尼德-扬心理弹性量表

瓦格尼德-扬心理弹性量表最初是由护理学助教盖尔·瓦格尼德和护理学博士生希瑟·扬于 1993 年在西雅图华盛顿大学共同开发的。瓦格尼德（2009）描述了其心理弹性量表是如何从瓦格尼德和扬（1990）对 24 名年龄在 67 ～ 92 岁之间的女性参与者进行的早期定性研究发展而来的。该定性研究中确定的主题为心理弹性量表项目的开发提供了依据。瓦格尼德（2009）

概述了其在该定性研究中由主题分析得出的五个鲜明的心理弹性特征，并为心理弹性的量化提供了概念基础：**坚持**——不懈地与逆境抗争；**平静**——顺其自然的生活方式；**意义**——有生活的目的；**自力更生**——相信个人力量和能力的价值；**生存的孤独**——接受自己的独特性和独自经历的现实。

在第一版量表中，最初的 50 个条目来自女性参与者的个人陈述。瓦格尼德和扬（1993）进一步完善和发展了量表，将条目减少到 25 项。量表中的条目包括"我通常会反复尝试""我有决心""我每天都在处理事情""我的生活有意义"等。这些条目为 7 分制，从 1 分（不同意）到 7 分（同意）不等（Wagnild & Young, 1993）。个人得分是对每个条目的回答求和得到的。根据瓦格尼德（2009）的研究，145 分或以上表示高心理弹性，125～145 分表示中等心理弹性，低于 120 分表示低心理弹性。在随后的心理弹性量表评估中，瓦格尼德（2009）指出，结果倾向于负偏差，并推测了由于社会期望而产生偏见的可能性。瓦格尼德（2009）认为，社会期望和默许解释了高分的趋势。她建议进一步发展该工具，以回应这一批评。

可靠性　瓦格尼德和扬（1993）对其心理弹性量表进行了严格的心理测量评估。他们的初始测试（Wagnild & Young, 1993）为量表的内部一致性提供了有力的支持（克朗巴哈系数=0.91）。一些研究者（Nygren et al., 2004; Resnick & Inguito, 2011; Wells, 2009）为心理弹性量表的内部一致性提供了更多支持，报告的克朗巴哈系数值在 0.85 到 0.94 之间。研究者还报告了从 0.67 到 0.84 不等的重测信度系数（Lundman et al., 2007; Nygren et al., 2004; Wagnild, 1993）。然而，伦德曼等人（2007）评论说，对于超过一年时间的重测信度尚没有足够的支持。

趋同效度　一些作者将他们的重点放在与心理弹性相关的其他概念测量的趋同效度上（Wagnild, 2003; Wells, 2009）。威尔斯（2009）对农村老年人样本（n＝106，平均年龄 75 岁）的心理弹性进行了研究，重点探讨了心理弹性与保护因素之间的关系。研究发现，心理健康自评与心理弹性的相关性最高（r＝0.58），其次是身体健康自评（r＝0.24）。专注于瓦格尼德-扬心理弹性量表与老年人样本的趋同效度的研究者，检验了心理弹性与风险和保护因素之间的正相关关系，如心理一致性（0.35）、生活目标（0.53）、自我超越（0.49）、对身体状况的自我评定（0.24）、心理健康（0.58）（Nygren et al., 2005; Wagnild, 2003; Resnick & Inguito, 2011; Wells, 2009），以及与自杀意念的负相关（Lau, Morse & MacFarlane, 2010）。

结构效度　瓦格尼德和扬（1993）在最初的心理弹性量表测试中，期望得出与其定性分析中确定的五个主题相对应的五个因子。他们发现了一个可解释 44% 的心理弹性得分方差的双因子结构。他们确定的两个因子是接受生活和个人能力（Nygren et al., 2004; Wagnild & Young, 1993）。这个因子结构被发现能区分量表中的条目，除了四个条目是双重负荷的。其他研究者发现，生活和个人能力接受度这两个因子之间存在双重负荷，这使得量表的结构效度受到质疑（Lundman et al., 2007; Resnick & Inguito, 2011）。

雷斯尼克和因吉托（2011）将他们对瓦格尼德-扬心理弹性量表的批评集中在其结构效度上。为了测试结构效度并确定心理弹性测量的每个条目的有效性，他们采用 Rasch 分析来检查条目与测量工具的匹配性，并确定是否有任何条目影响了测量的有效性。Rasch 分析的结果表明，这些条目与模型相当吻合，并找出了影响有效性的条目。两个条目（5."如果有必要，我可以自己做"；11."我很少想知道这一切的意义是什么"）被认定为不符合模型。他们还报告称，量表的条目存在重大测量误差。他们推测，条目的高测量误差可能归因于参与者对选项回答的不一致。为了进行 Rasch 分析，雷斯尼克和因吉托通过将回答选项更改为修正后的强制选择格式，将 1 到 3 之间的回答编码为"同意"，将 4 到 7 之间的回答编码为"不同意"，从而纠正了紊乱的回答模式。

瓦格尼德-扬心理弹性量表的翻译版本 瓦格尼德-扬心理弹性量表（Wagnild & Young, 1993）已被翻译成其他语言。瑞典语（Nygren et al., 2004）、荷兰语（Portzky, Wagnild, De Bacquer & Audenaert, 2010）、西班牙语（Heilemann, Frutos, Lee & Kury, 2004）和日语（Nishi, Uehara, Kondo & Matsuoka, 2010）版本量表的心理测验表明，其信度和效度与英文原版相当。

尼格伦等人（2004）对 19～85 岁的成人样本（n=142）进行了瑞典语版本的信度测试，报告了初始测试的内部一致性（克朗巴哈系数=0.88）和重测信度（r=0.78）。尼格伦等人（2004）在瑞典语版本的测试和重测中的平均分分别为 141 分和 139 分，低于瓦格尼德和扬（1993）在老年人研究中的平均分，即 148 分（n=810）。

作者还说明了他们如何修改原始量，以获得其他语种可靠和有效的心理弹性量表版本。在一项使用荷兰语版心理弹性量表的研究中，波尔茨基等人（2010）说明了英语版的 7 分制李克特量表在荷兰语版中是如何被改为 4 分制的，并解释了 4 分制将要求参与者选择做出积极或消极的回应。荷兰语版的分数在 25 到 100 之间。波尔茨基等人（2010）报告了荷兰语版本的内部一致性（克朗巴哈系数=0.85）和重测信度（3 个月内，r=0.90），与英语版本相当。

海尔曼等人（2004）指出，在一项涉及 21～40 岁女性参与者（n=315）的研究中，西班牙语版的瓦格尼德-扬心理弹性量表在"接受生活"子量表的数据分析中省略了两个项目。尽管西班牙语版的"个人能力"的 17 项子量表对内部一致性（克朗巴哈系数=0.90）有足够的支持，但西班牙语版的"接受自我和生活"的 6 项子量表对内部一致性的支持（克朗巴哈系数=0.69）没有那么强。

在一项针对 18～51 岁成年人（n=497）的研究中，尼西等人（2010）使用日语版的瓦格尼德-扬心理弹性量表报告了较高的内部一致性（克朗巴哈系数=0.90）和重测信度（r=0.83）。然而，作者认为日语版量表的同时效度较低。基于111.19的低平均分，量表的得分与感知压力量表之间呈现正相关（Cohen, Kamarck & Mermelstein, 1983），心理弹性得分与抑郁症状的相关性较低。

使用该量表进行测量的性别差异 只有三项研究调查了老年人在瓦格尼德-扬心理弹性量表中得分的性别差异（Lundman et al., 2007; Nygren et al., 2005; Wells, 2009），其中只有两项研究报告了性别差异的统计显著性结果。伦德曼等人（2007）在一项研究中检验了瑞典语版瓦格尼德-扬心理弹性量表的心理测量学特性，该研究包括其他几项健康研究的子样本。其中两个子样本包括60岁及以上的老年人和85岁及以上的老年人。伦德曼等人研究了性别差异，并报告了只有在50～59岁的成年人中，平均心理弹性得分具备统计学上显著的性别差异（p=0.023）。尼格伦等人（2005）对瑞典85岁及以上的老年人（n=125）进行了一项研究，并报告了心理弹性得分仅在与自我超越、心理一致性、生活目标和自评心理健康的测量得分之间存在统计上的显著相关性。在一项研究中，威尔斯（2009）考察了社区农村老年人心理弹性的相关因素，考察了心理弹性得分的性别差异，但没有报告任何重大发现。有关老年人心理弹性的性别差异非常有限和不一致的研究结果表明，需要开展进一步的研究来识别和更仔细地检查这个年龄组心理弹性的性别差异。

基于一项支持瓦格尼德-扬心理弹性量表信度和效度的研究，埃亨等人（2006）认为，该量表（Wagnild & Young, 1993）适用于所有年龄组。作者报告说，瓦格尼德-扬心理弹性量表根据年龄区分心理弹性，老年人在该量表上的得分通常高于年轻人和青少年（Nygren et al., 2005）。

参考文献（略）

范例 5

Kosko, K.W. & Miyazaki, Y. (2012). The effect of student discussion frequency on fifth-grade students'mathematics achievement in U.S. schools. *The Journal of Experimental Education, 80*(2), 173–195.

课堂讨论形式的数学论述被认为是提高学生数学成绩的有效策略。通过讨论来分享想法可以让学生组织他们的推理，并鼓励他们证明自己的解答策略是正确的（D'Ambrosio, Johnson & Hobbs, 1995; Silver, Kilpatrick & Schlesinger, 1990）。把思考转化为语言的行为有助于学生组织和阐明他们的推理。谈论数学不仅可以向他人传达概念，而且有助于说话者理解概念（Pimm,

1987; Silver et al., 1990）。这种反思行为使个人能够进一步澄清自己的想法，并在适当的时候重新构建自己的想法。

对数学概念的理解应该转化为数学上的更高成绩，这似乎是可以接受的。加深对数学概念的理解是同伴讨论的一大好处。因此，让学生互相讨论数学应该能够提高学生的数学成绩。然而，这种看似显而易见的逻辑结果似乎并没有得到实证文献的充分支持。也就是说，尽管一些研究表明，经常讨论数学的学生数学成绩更高（e.g., Hiebert & Wearne, 1993; Mercer & Sams, 2006），但也有文献表明，学生频繁地讨论数学对成绩有负面影响（e.g., Shouse, 2001）。文献中的这种差异迫使我们质疑学生讨论的真正效果是什么，这种效果是积极的还是消极的，以及为什么各种研究的结果不同。寻找这些问题的答案是本研究的目标。为了实现这一目标，我们使用了一个在美国收集的大规模数据集（幼儿期纵向研究）来研究学生之间的讨论对数学成绩的一般影响，以及这种影响在不同课堂/学校之间的差异。

数学讨论的好处

有关数学教育的文献大力支持数学课堂讨论（以下简称"数学讨论"）的学业效益。

在说明斯蒂格和希伯特（1997）的结果时，格劳斯（2004）引用了国际数学和科学研究趋势调查（Trends in International

Mathematics and Science Study, TIMSS）作为证据，证明让学生分享解决方法并一起解决问题可以提高数学成绩。斯蒂格和希伯特（1997）评估了从 231 个课堂收集的录像，包括德国的100 个课堂、日本的 50 个课堂和美国的 81 个课堂。每个八年级的班级都有一节课被录像。定性研究结果表明，美国课堂上的学生参与数学学习的平均水平较低，这与定量研究的结果一致。然而，据观察，美国教师让学生发展数学概念的可能性要小得多（美国约为 22%，而德国为 78%，日本为 82%），而让学生简单陈述数学概念的可能性则要大得多（美国为 78%，德国为 22%，日本为 18%）。值得注意的是，让学生参与讨论数学概念被认为是发展数学概念的一部分。然而，格劳斯（2004）在研究中有个单独的发现，关于日本数学课堂上的一个独特区别。研究发现，日本学生比美国学生更有可能相互讨论数学解题策略。与格劳斯（2004）一致，德安布罗西奥等人（1995）认为，数学讨论是提高数学成绩的一种手段。斯蒂格和希伯特（1997）提供的研究结果以及格劳斯（2004）的描述表明，更频繁的讨论可能与更高的成绩有关。

希伯特和沃恩（1993）观察了 6 个不同的美国二年级课堂，发现在 6 个被观察的课堂中，有两位教师要求学生解释和证明他们的数学知识，明显多于该研究中的其他教师。另外，这两位教师的学生在内容知识上的收获也高于其他四位教师的学生。希伯特和沃恩（1993）在将其中一个课堂与三个具有类似初始成绩的课堂进行比较时指出：

> 与 A、B 和 C 课堂相比，D 课堂的学生要处理的
> 位值（place-value）和计算问题更少，在每个问题上
> 花费了更多的时间，参与了更多的全班讨论，并通过
> 描述他们的解决策略和解释他们的回答来分享更多的
> 话语。

E 课堂和 F 课堂也有类似的区别，在这两个课堂中，学生被认为是成绩更高的，但 E 课堂的学生参与的讨论更频繁，成绩也更高。

最近，默瑟和萨姆斯（2006）在英国进行了一项研究，比较了接受过数学讨论训练的教师和没有接受过这种训练的教师的五年级学生的成绩。默瑟和萨姆斯（2006）发现，前一组学生比后一组学生讨论数学的频率更高，而且在数学成绩上也有明显提高。尽管默瑟和萨姆斯（2006）以及希伯特和沃恩（1993）关注的是讨论的质量和频率，但是这两项研究发现，更频繁的数学讨论会带来更高的数学成绩。

科伊丘、伯曼和穆尔（2007）发现，有证据表明，在课堂对话中加入与启发式读写相关的语言、启发式的问题解决方式，以及在数学讨论中使用适当的启发式语言，可以提高成绩。在他们的实验中，科伊丘等人（2007）让以色列两个课堂中的八

年级学生参与解决问题。学生先以小组形式解决问题，然后作为一个班级进行讨论，类似于格劳斯（2004）所描述的日本数学课堂上成功的同伴讨论。科伊丘等人（2007）发现，在学生对话中加入启发式方法可以显著提高数学成绩。

肖斯（2001）对 1988 年全国教育追踪调查（National Education Longitudinal Study, NELS）的数据进行了回归分析，发现十年级学生进行频繁的数学讨论对数学成绩有轻微的负面影响。虽然幅度不大，但研究结果在统计学上是显著的。十年级的学生被问及他们参与数学讨论的频率，结果表明，学生讨论的频率越高，就越会对数学成绩产生轻微的负面影响。这一结果与以改革为导向的数学所倡导的，与学生讨论有关的大部分内容以及上述研究相矛盾。

NELS 数据是美国教育部收集的国家数据集，非常可靠。因此，乍一看，肖斯（2001）发现的结果似乎违反人们的直觉。然而，肖斯（2001）的分析存在一个特殊的弱点，本研究试图用一组更新的数据来解决这个问题。肖斯（2001）的研究使用了回归分析，没有考虑学生数据的嵌套结构。然而，分层线性模型（hierarchical linear modeling, HLM）确实考虑了学生所属的群体，并在统计上对此进行了解释。例如，如果某些课堂的每周讨论比其他课堂的更有效，分层线性模型将允许对课堂之间的差异进行统计检验，而在回归分析中则做不到。

其他关于数学成绩与数学讨论频率关系的研究主要是定性

的。一些研究进行了统计分析（e.g., Mercer & Sams, 2006），而其他研究则未进行统计分析。即使包括统计分析，这些研究也与肖斯的研究（2001）一样，存在类似的弱点，因为其没有充分调查数学讨论频率对课堂的影响的差异。正如本研究所提出的那样，研究者需要对这种影响进行大规模分析。

数学讨论的实现

前一节旨在说明支持数学讨论频率与数学成绩之间具有积极联系的研究背景。然而，支持频繁进行数学讨论与数学成绩之间呈现正相关的研究（e.g., Mercer & Sams, 2006; Stigler & Hiebert, 1997），也阐明了更频繁发生的数学讨论的效果。还有其他一些定性研究说明了教师在实施有效数学讨论中的实践（e.g., Truxaw & DeFranco, 2007; Wood, 1999; Yackel & Cobb, 1996）。与这些研究形成对比的是一些其他的定性调查，这些调查观察到教师让学生参与更频繁的讨论，但认为这些讨论对学生参与深入的数学思考方面没有益处。

马努切里和圣约翰（2006）进行了一项这样的研究，他们在说明他们的一些发现时，比较了学生参与程度较高的两段课堂对话。每个课堂中的教师都积极地让学生参与讨论，从表面上看，这两个课堂似乎很相似。然而，在其中一个课堂里，教师负责解释并阐明数学观点；在另一个教室里，则是由学生这样做。具体而言，尽管两个课堂的学生都经常参与讨论，但一个课堂的学生比另一个课堂的学生对讨论拥有更多的自主权。

卡齐米和斯蒂佩克（2001）观察了四年级和五年级课堂里的学生，发现虽然所有被观察的教师都有相似的数学讨论水平，但一些教师比其他教师更可能要求学生解释和阐明他们的数学观点。所有的教师都要求学生说明他们是如何解决问题的，但是一组教师要求学生讨论这些的说明，另一组教师只是问学生是否同意这些说明。

前几段中介绍的两项研究强调了这样一个事实：更频繁的数学讨论并不一定等同于更有效或更高质量的数学讨论。然而，目前尚不清楚的是，两者在多大程度上不相称。正如前面的文献综述所述，更有效的数学讨论应该与更高频率的数学讨论相一致，这才合乎逻辑。许多说明更高的数学成绩和数学讨论之间联系的研究表明，情况确实如此。然而，本节中的研究表明，情况并非总是如此。肖斯（2001）发现的频繁的数学讨论会对成绩产生轻微的负面影响或许就证明了这一点，也可能仅仅是用来说明先前对问题的分析不够完整。

其他有利于提高数学成绩的因素

尽管肖斯（2001）发现了这个结果，但许多文献表明，更频繁的数学讨论可以提高学生的数学成绩。然而，还有许多其他因素影响着学生的数学成绩。教育研究普遍都要考虑社会经济地位（SES）、种族/族群和性别等因素，我们将在本节简要讨论这些因素。文献中也发现了其他因素，但为了简单起见，我们这里只讨论其中几个因素。

历史上影响数学成绩的两个因素也相互交织在一起，即社会经济地位和种族/族群（Kohr, Coldiron, Skiffington, Masters & Blust, 1987）。

泰特（1997）对文献进行综述后发现，在1973年至1992年间，由于种族原因造成的成绩差距在四年级、八年级和十二年级中缩小了。此外，由社会经济地位造成的成绩差距也缩小了。尽管成绩差距缩小了，但仍然存在。鲁宾斯基（2002）研究了1990年、1996年和2000年国家教育进展评估（National Assessment of Educational Progress，NAEP）的数据，这些数据涉及社会经济地位、种族/族群与四年级、八年级和十二年级学生数学成绩的相互作用。她发现，从1990年到2000年，黑人学生的成绩差距在八年级有所扩大，在四年级和十二年级的差距保持不变。此外，用社会经济地位不能充分解释成绩差距。然而，社会经济地位造成的成绩差异仍然存在。乔治和帕拉斯（2010）研究了儿童早期纵向研究（Early Childhood Longitudinal Study，ECLS）中的幼儿园和一年级数据，发现黑人和西班牙裔学生入学时，基本数学技能普遍较低。随着学生在基本数学技能上赶上白人学生，白人"在更高的数学技能上取得了进步"。此外，还有其他一些报告指出了与社会经济地位有关的类似差距。乔治和帕拉斯（2010）对这些数据进行了检验，以确定差距在学年和暑假期间缩小或扩大的程度，但结果仍然表明，与种族／族群和社会经济地位相关的差距一直存在。

数学成绩方面的另一个历史性成绩差距与性别有关。芬尼马和谢尔曼（1977）发现，尽管在九年级到十二年级的高中生中几乎没有与性别相关的认知差异，但许多社会文化观念和因素似乎确实影响了他们的数学成绩，尤其是研究发现了一种普遍的文化观念，认为女生的数学能力较差。芬尼马和谢尔曼（1977）发现，这种成绩差距主要是由于这种观念而不是任何先天的认知能力造成的。在芬尼马和谢尔曼（1977）的研究之后的 10 年，杜利特尔和克利里（1987）发现，即使考虑到学生的数学背景，高中生数学成绩的性别差距仍然存在。10 年后，泰特（1997）在另一个文献综述中指出，男女学生之间的成绩差距是存在的，但在程度上越来越小。最近，麦格劳、鲁宾斯基和斯特林斯（2006）研究了 1990 年至 2003 年的八年级到十二年级学生的性别和数学成绩数据后发现，性别差距虽然相对较小，但始终存在。总之，本文所描述的文献表明，性别是并且一直是影响数学成绩的一个因素。

还有另外一些对数学成绩有显著影响的因素在文献中得到了不断确认。韦纳（1985）综述了若干情绪和动机因素影响学生成绩的研究。在检查这些研究的不同结果时，他发现：

……研究调查使用了各种类型的参与者来判断各种成绩情况，并涉及自我或他人。事实上，在记忆中，似乎有无限多关于因果关系的描述。然而，仅有少数因素对成绩的影响是显著的，其中最主要的是能力和努力。

韦纳（1972）的归因理论将能力和努力作为学生成绩的预测因子。西格斯和博卡耶茨（1993）在研究动机的各个方面如何影响 11 岁和 12 岁儿童的数学成绩时，证实了努力对数学成绩的积极影响。范德盖尔、普斯詹斯、范达姆和德蒙特（2008）发现，通过不同形式的努力解释了低年级学生数学成绩的性别差异。同样，劳埃德、沃尔什和耶拉（2005）对四年级和七年级学生的数学成绩进行了调查，发现具有积极努力倾向的学生有更高的数学成绩。此外，回顾有关数学成绩的文献，米德尔顿和斯潘尼亚斯（1999）证实，努力是更具影响力的预测因素之一。这些不同的文献表明，努力是预测数学成绩的一个稳定因素。

迄今为止，影响学生数学成绩的因素一直被用来预测或解释数学成绩，而关于数学讨论对数学成绩影响的研究却很少。因此，在探讨数学讨论如何影响学生的成绩时，考虑这些因素是很重要的。然而，还有一些需要加以考虑的因素也会影响数学成绩，并可能影响数学讨论的有效性。皮姆（1987）提出，虽然人们经常提倡数学讨论，但很少真正实施。然而，自从皮姆发声以来，美国国家数学教师委员会（National Council of Teachers of Mathematics）的两份有影响力的文件（NCTM, 1989; NCTM, 2000）为课堂上的数学讨论提供了深远的支持。这些文件影响了师范教育者对未来教师的教学方式，也影响了职业教师的从业方式。因此，有两个因素可能与讨论在提高学生的数学理解能力的有效性相互关联——首先是教师的教龄，其次是他们学过多少数学方法课程。

克洛特费尔特、拉德和维戈多（2007）发现，一般来说，一个教师的经验越丰富，其学生的数学成绩就越高。然而，他们也发现，与那些离职的教师相比，留任超过 2～3 年的教师在提高数学成绩方面效果较差。克罗宁格、赖斯、拉斯本和西尾（2007）研究了儿童早期纵向研究中的小学数据，发现在各种教师资格中，教龄、本科学过教学方法课程的数量和获得的最高学位在预测学生成绩方面是有显著影响的因素。

关于教师的教龄和教学方法课程的经验，可以得出一些合乎逻辑的结论。教师教龄越长，他们的教学就越精细，因此这种课堂上的数学讨论应该越有效。此外，由于近年来越来越提倡数学讨论（NCTM, 1989; NCTM, 2000），师范教育者很可能在他们的方法课程中鼓励这种做法。因此，一个教师学过的这些教学方法课程越多，越有可能让学生参与更高质量的数学讨论，这是合乎逻辑的。

概　述

从文献综述中可以明显看出，有两个问题需要在分析中加以解决。第一个问题是，更频繁的数学讨论与平均数学成绩之间是否存在正相关关系。第二个问题是，这种效果在不同的课堂之间是否有差异，这将是定性研究者所观察到的频繁数学讨论效果不同的证据（e.g., Kazemi & Stipek, 2001; Manouchehri & St. John, 2006）。

因此，本研究的主要研究问题是，学生讨论数学的频率是否对课堂和学校的平均数学成绩有显著的正向影响。除了这个主要的研究问题，谨慎的做法是调查一些课堂的讨论效果与其他课堂相比是否存在差异，因为这可能有助于解释文献中相互矛盾的结果。因此，第二个研究问题是讨论对数学成绩的影响在不同的教师、课堂或学校之间是否存在明显的差异。如果存在这种差异，则要确定这些要素的特点，以解释这种差异性。

参考文献（略）

通信地址：Karl W. Kosko, School of Education, University of Michigan, 610 East University Avenue, Rm 2404, Ann Arbor, MI 48109, USA，电子邮箱：kwkosko @umich.edu。

范例 6

Mason, O.J. & Holt, R. (2012). Mental health and physical activity interventions: A review of the qualitative literature. *Journal of Mental Health, 21*(3), 274–284.

摘 要

背景 作为心理健康的辅助干预措施，以体育活动为基础的干预措施已被证明是有效的，但人们对这些益处是为何知之甚少。

目的 本文综述了服务使用者视角的定性研究，以期揭示干预效果的心理机制和社会机制。

方法 通过对同行评议文献的详细检索，找出了 13 项已发表的研究。这些研究采用了各种方法，让患有严重和持久心理健康问题的参与者进行体育活动。本文将研究结果按主题分组，并就研究方法和结果进行了比较和对比。

研究发现 运动干预在有利于社会互动与社会支持、安全感、症状改善、意义感、目标感与成就感、辅助人员的角色和认同等方面存在着高度的一致性。

结论 运动干预在理论上和临床上都应该得到更多的重视，因为许多服务使用者认为，运动干预具有社会包容性、非污名化的特点，最重要的是有助于康复。

关键词：定性数据，体育活动干预

导　言

尽管有大量关于体育活动有助于心理健康的定量研究，但人们对于其改善心理健康状况的潜在机制尚未形成共识。通常，研究结果的重点是改善症状，而不是如何以及为什么发生变化（Fox, 2000）。本综述研究了心理健康服务使用者参与体育活动项目的经验。在简要总结了定量文献之后，本文的主体部分是对 13 项定性研究的综述。根据几项方法上的观察，我们从康复的角度来研究这种干预措施可以起到的作用。

一些（但不是全部）证据表明，体育活动与积极的心理健康之间存在关系（Biddle et al., 2000）。几项荟萃分析发现，体育锻炼具有与心理治疗干预中所观察到的相似的治疗效果。例如，斯泰托波尔等人（2006）在 11 个随机对照试验（randomised controlled trials, RCT）中发现了体育活动对缓解心理问题的显著效应，尤其对抑郁症的效果最好。他们还发现了体育活动对焦虑、饮食和药物使用失调有效的初步证据。最近，科克伦对 25 项抑郁症试验的综述（Mead et al., 2009）发现，最好的试验只产生了不具有统计学意义的一般效果，即使存在以上关联，也不一定意味着是体育活动本身起到的作用。一些人引用流行病学证据支持这种因果关系（e.g., Mutrie, 2000），另一些人则不支持这种因果关系（e.g., O'Neal et al., 2000）。

　　对精神分裂症的研究要少得多：福克纳（2005）和埃利斯等人（2007）的综述初步研究了体育活动可以减少精神分裂症的阳性和阴性症状的程度。随着积极证据的积累，人们提出了这样的建议：体育锻炼应该是促进心理健康和管理心理健康问题的一个组成部分（Biddle & Mutrie, 2001; Grant, 2000）。例如，国家卫生和临床优化研究所（National Institute for Health and Clinical Excellence）（2007）的抑郁症指南建议人们制订结构化的运动计划。

　　体育活动和心理症状结果之间的中介因素还没有得到广泛的研究。临床医生在对病人的护理做出选择时，很重视关于谁得到了帮助以及如何得到帮助的证据。对临床心理学家进行的关于其对运动的看法的半结构化定性访谈（Faulkner & Biddle, 2001）显示，尽管他们赞成将运动当作一种生活方式的选择，但缺乏对临床变化的解释降低了他们将其作为一种治疗方法的意愿。在文献中，运动影响症状的机制大致分为心理学或生理学两类。潜在的生理机制包括神经递质功能的变化（e.g., Brocks et al., 2003）以及与情绪和唤醒有关的压力激素（如皮质醇）的减少（Duclos et al., 2003）。

　　人们关注的心理机制主要包括自我效能、注意力分散和自尊。克拉夫特（2005）将体育活动与自我效能理论联系起来后发现，制定和监控运动目标以及利用他人的社会支持可能有助于提高自我效能，从而从抑郁中恢复。博丁和马丁森（2004）在对抑郁症的随机对照试验中比较了武术与使用固定式健身自行车的效果。虽然使用健身自行车是无效的，但练习武术能带来更强的自我效能和减少症状。运动能否分散人们对消极思维反刍（negative rumination）的注意力则尚不太清楚。克拉夫特（2005）测量了一组被诊断为抑郁症的女性在参加运动时的思维反刍、注意力分散水平及自我效能。运动组的人比对照组使用了更多的注意力分散技术，尽管这与抑郁症的减少没有显著的关系。对自尊研究得最多的理论方法（Sonstroem & Morgan, 1989）表明，运动有助于增强所能够感知到的身体能力（如身体耐力），进而提高整体自尊。穆特里（1997）认为，定性方法可能是"更好地理解运动对生活质量的影响机制的关键"。

从服务使用者的角度理解参与的重要性正得到越来越多的支持（e.g., Chadwick, 1997）。雷珀和珀金斯（2003）认为，这个过程必须有关于"亲历者的声音"。如果要在心理健康服务中形成一种促进形成积极心理的文化，那么我们就需要更多地关注运动对一个人的生活和精神疾病的康复所能做出的积极贡献。除了斯泰托波尔等人（2006）对试验文献中的几个细微研究的定量综述外，迄今尚未有这方面的定性文献综述。定性研究可能有助于人们更深入地了解运动如何以及为什么能够帮助心理康复，因此回顾一下近年来大量涌现的文献是很及时的。我们希望了解并强调参与者所认为的在心理康复过程中的重要方面。

方　法

研究特征

筛选标准如下：（1）某种锻炼 / 运动干预；（2）参与者为精神卫生服务使用者；（3）采用的是定性方法；（4）研究重点在接受服务用户的体验上。

为了检索所有可能的领域（运动、锻炼、心理和健康），我们使用标准（1）至标准（3）中的组合词对 PubMed, PsychInfo, Cochrane Library & Cinahl 等数据库进行了彻底检索，并通过人工检索相关综述和文章获得更多参考文献，以找出其他研究。我们共计找到了 13 份已发表的报告（见表 1），这些报告中有 5 篇与一项原始研究（Carless & Douglas, 2008a）的参与者有关。每篇报告都侧重于参与者所经历的不同方面。一位作者负责综合这些研究中的数据，以便根据其主题内容进行分析。我们最终确定了六个主题。在这些主题中，两项或两项以上的研究中都有类似的内容，而且至少有一些研究认为这个内容很重要。正如布劳恩和克拉克（2006）所指出的，评估"关键性"必然是主观的，我们倾向于宽容一些，因为背景、参与者和方法都非常不同，所以不能指望达成一致意见。然后，由另一位作者对照研究的原始结果检查主题的有效性。我们的目的不是验证一个特定的理论，而是用一种简单易懂的形式表达论文的内容，以帮助人们进行理论思考。作者们（两位临床心理学家都在研究有严重和持久性心理健康问题的成年人）同时在二级心理健康护理中进行了一项基于体育活动的干预评估，但并未在实施过程中进行评估。

表 1　研究汇总

研究和样本	方法论 / 分析方法	干预方式	研究发现
卡利斯（2008）：单案例研究	参与观察，参与者 / 专业访谈和医疗记录；内容分析 / 叙事分析	跑步	锻炼被认为是一种有意义的活动，可以强化自我认同和自我意识
卡利斯和道格拉斯（2004）：7 名有长期严重心理健康问题的男性和 4 名专家	参与观察和焦点小组；访谈	九周的高尔夫项目（每周一次）	根据鼓励参与还是妨碍参与的因素对主题进行分类
卡利斯和道格拉斯（2008a）：同卡利斯和道格拉斯（2004）	参与观察和访谈；叙事分析	不同的运动和锻炼小组	下面几种叙述得到确认，即"行动""成就"和"关系"
卡利斯和道格拉斯（2008b）：两名卡利斯和道格拉斯研究中（2004）的男性	个案研究；民族志研究；参与观察；记录分析和访谈	一个日间中心的运动和锻炼小组	对一位参与者来说，体育是认同的关键；对另一位参与者来说，运动和锻炼代表着回归有意义的活动
卡利斯和道格拉斯（2008c）：同卡利斯和道格拉斯（2004）	包括参与观察、访谈和焦点小组在内的民族志研究	高尔夫、足球、健身、羽毛球、网球、游泳和跑步	有参与者通过锻炼提供和接受信息、有形资产、尊重和情感支持的证据

（续）

卡利斯和斯帕克斯（2008）：3名卡利斯和道格拉斯研究中（2004）的病人	解释性案例研究方法	游泳、健身和徒步	叙述了每个病人的故事，供读者思考
卡特-莫里斯和福克纳（2003）：5名有长期心理健康问题的男性；患者的照顾者（人数未知）	访谈；使用了一些扎根理论方法	足球项目；没有更多细节提供	主题：（1）正常化和有个体意义的社交活动机会；（2）参与运动有助于挑战幻听和妄想执念；（3）与药物副作用有关的参与障碍
克龙（2007）：接受心理健康服务的患者；N＝4；2男2女	半结构化访谈；来自扎根理论的方法	一个徒步项目	主题：（1）对项目的态度；（2）影响参与的因素；（3）对项目的态度和意见；（4）意识到参与的利益和结果；（5）经验
克龙和盖伊（2008）：11名接受心理健康服务的患者，包括10男1女	焦点小组；扎根理论	包括羽毛球、健身、水上健美操和保龄球在内的活动	主题：参与、参与原因、既往经历、运动治疗的作用、态度/观点、影响参与的因素、意识到的益处和未来的改进
福克纳和斯帕克斯（1999）：1男1女，均患有精神分裂症	民族志；参与者和关键工作人员访谈；为期10周	每周两次30分钟的徒步和游泳	在心理健康、睡眠模式、社会交往、卫生、应对方式和注意力分散方面的积极变化
福克纳和比德尔（2004）：2男1女，患有抑郁症	重复的半结构访谈和叙事分析	健身计划	提出了三种不同的叙述方式；从效益和问题方面讨论结果

（续）

普里斯特（2007）：接受心理健康日间服务患者；N=14；10男4女	参与观察；访谈；小组讨论和扎根理论	每周徒步小组	类别：贴近自然、感觉安全、融为一体、努力、逃离、做自己、找到意义
雷恩等（2002）：20名参与了为有心理健康问题的人设立的健身房运动的人，包括健身房的用户（8女12男）	访谈和焦点小组；未提及数据分析	社区健身房设施	健身房的非机构性外观、社区位置以及对健康服务活动的感知（心理的）和物理上的距离，这些因素是有意义和具有社会价值的；培养积极关系的重要性

方法论：批判性评价

虽然总的来说，样本的情况很好（基于参与者和背景信息的详细程度），但研究者在公开他们的背景、角色和观点方面有很大差异。一位作者（Guy from Crone & Guy, 2008）称，自己是一名客户，而另一位作者则未透露身份。他们认为，参与者和访谈者之间的共同经历使受访者感到轻松，但没有考虑这可能对他们的数据解释产生什么影响。福克纳（Faulkner & Sparks, 1999）曾经在宿舍设立的运动项目中当临时工，他反思了这个角色可能对研究过程的影响。他明确指出其目的是了解该项目是否有益，并叙述了随着时间推移他以关键工作者角色而发展起来的友谊。另一些人除了职业之外，没有详细说明他们的价值观、兴趣或角色（卡特-莫里斯是一名社区精神病学护士，普里斯特是一位临床心理学家，克龙不详）。

有一些明确的证据表明，研究者在思考他们自己对这一过程的贡献，但除非明确这一点，否则很难判断其程度。普里斯特将现场笔记摘录到了类别叙述中。虽然通过调查工作而不是明确的自我叙述，我们了解到道格拉斯（Carless & Douglas, 2008a）是一名高尔夫教练，但我们没有了解到她的兴趣对数据解释的影响。斯帕克斯（Carless & Sparkes, 2008）作为一个"诤友"和"理论的传声筒"，鼓励卡利斯进行自我批评。

信度（参与者是否认为结果具有代表性）是以各种方式来处理和讨论的。普里斯特与她的同事们举办了一次数据分析研讨会，探讨了类别的意义，并返回了徒步小组，就她的解释征求反馈意见。克龙（2007）称，研究者在数据收集前后参加了徒步活动，从而解决了信度问题，但没有详细说明这如何构成可靠性检查或使参与者能够做出回应。相反，这项研究似乎是由研究者对感知到好处的兴趣所驱动的。一些研究将参与者的结果与照顾者（Carter-Morri & Faulkner, 2003）、健身房工作人员和推荐人（Carless & Douglas, 2008b; Raine et al., 2002）的访谈进行比较是有帮助的。

许多研究的样本非常小，有几项研究属于一个单一群体的子集。这样做的一个必然结果是，整个数据语料库是由不到 70名参与者组成的，其中只有 17 名是女性。由于选择偏差，很可能缺乏负面的报告。为了提高代表性、多样性和普遍性，在这种情况下，进一步的抽样调查是至关重要的。总的来说，我们的印象是，研究者往往热衷于所研究的干预措施，有时在评估这些干预措施时有明确的议程和作用，但他们非常注意关注参与者所提供的叙述的意义，并将他们的结果反馈给其他利益相关者，供其进一步评论和/或与之比较。在许多情况下，研究者很少提及他们所采取的分析方法的细节。

研究结果

心理健康问题的类型及干预措施

虽然有些研究对精神分裂症一类的精神疾病的性质有非常具体的规定，并说明了诊断结果（Carter-Morris & Faulkner, 2003; Faulkner & Sparkes, 1999），但大多数研究只是说参与者患有"严重的精神疾病"（e.g., Carless & Douglas, 2008a）。还有一些人指出，参与者是接受心理健康服务的患者，但具体的诊断并不清楚（Crone, 2007; Cron & Guy, 2008; Raine et al., 2002)。普里斯特（2007）举例说明了该群体经历的问题，包括听到声音和受过创伤。表1说明了干预措施的范围，其中一些干预措施提供了特定的体育活动，而另一些提供了一个宽泛的范围。

定性方法的类型

其中有三项研究采用扎根理论，四项研究采用内容分析的形式（见表 1）。普里斯特（2007）结合了扎根理论和民族志的方法。福克纳和斯帕克斯（1999）采用了一种民族学方法，在这种方法中，他们结合了参与观察和对参与者及主要工作人员的访谈。雷恩等人（2002）将他们的方法描述为一种参与模式，在这种模式中，他们使用了焦点小组和对健身房用户、健身房工作人员和推荐人的半结构化访谈。福克纳和比德尔（2004）访谈了三位加入（或未能加入）当地休闲中心的人，并对他们的叙述采用了叙事分析方法。

卡利斯和道格拉斯（2008a）采用了一种叙事分析方法，认为社会建构主义的立场可能是一种有助于揭示某些机制的方法。通过这些机制，体育活动可以帮助有心理健康问题的人。他们采用了三种数据收集方法，包括与心理健康专家的访谈和焦点小组、与参与者的半结构式访谈和参与式观察。卡利斯和斯帕克斯（2008）在最初对 11 名男性进行的广泛研究基础上，提出了一种解释性的案例研究方法，以便更深入地探讨 3 名男性的经历。有 3 个故事被呈现出来，不同寻常的是，作者邀请读者对故事得出自己的结论，而不是自己解释资料。

主题 1：参与社会互动和获得社会支持的机会

9 项研究明确报告了参与体育活动时社会互动和包容的重要

性。克龙（2007）在她对接受二级心理健康护理患者的徒步项目评估中，报告了参与者认为的主要好处之一是有机会认识他人和与他人相处。在卡特-莫里斯和福克纳（2003）对接受心理健康服务的患者所开展的足球项目的评估中，一个主题是"一个有个体意义的社会互动机会"。参与者报告说，他们参与的项目提供了一个安全的互动机会。在这里，他们的诊断结果并不重要，参与足球项目使他们的社会世界得到了拓宽。福克纳和比德尔（2004）所研究的健身计划被一个他们称为"慢热型"的参与者视为能够促进他正常化和参与社会互动。

在一项关于心理健康日间服务徒步小组的人种学研究中，一个重要的主题是"融入"的经验（Priest, 2007）。这与人们之前描述的生活中的孤立经验形成了鲜明的对比。与这一想法相关的是，人们能够通过这种方式与那些和他们有类似情况的人联系起来。

克龙和盖伊（2008）再一次发现，社会交往的机会增强了自信，这与前面讨论的关于自尊的定量研究相呼应。有一种感觉是，与同一环境中的其他人交往会更容易，因为其中的压力与其他社会环境中的压力非常不同。卡利斯和道格拉斯（2008a）确定了一种关系叙事，参与者的主要动机是能够与他人分享他们的经验。

卡利斯和道格拉斯（2008c）不仅提到了这一概念，还首次尝试在严重精神疾病患者体育活动背景下探索和运用社会支持的性质。在他们的早期工作中，卡利斯和道格拉斯（2008c）分析了他们的访谈内容，以支持里斯和哈迪（2000）的社会支持多维模型。他们发现了对以下各维度社会支持的证据，即信息支持、有形资产支持和情感支持。然而，正如他们所认识到的那样，这些发现只是在一些社会支持的运作过程上启发了他们，而不是提供了一个明确的观点。

主题 2：意义感、目标感和成就感

有 5 项研究中提到，因为活动是高度多样化的，所以这个主题必然涵盖广泛的收获和满足。徒步项目的参与者参观了萨默塞特的选定区域，如杰出"杰出自然美景区"或鸟类保护区，并经常参加关于动植物的教育性讲座（Cronne, 2007）。他们用有目的性的活动和做一些事情以保持忙碌的感觉来描述他们的经历，了解更多还带来了一种成就感。同样，克龙和盖伊（2008）发现，人们也从目的性活动中获得了成就感和满足感。普里斯特（2007）的"努力"主题（体力消耗导致感觉更好）传达了人们对体育活动过程的认可，并且有一种内在的奖励和成就感。

在对两名男子进行的叙述性案例研究中，卡利斯和道格拉斯（2008b）强调：对这两名男子来说，体育提供一个机会来实现某些目标和发展个人能力。在大型叙事研究中，卡利斯和道格拉斯（2008a）讨论了行动叙事和成就叙事。行动叙事指的是一个物理过程（如"去哪里做什么"），与涉及不参与体育

活动的严重精神疾病叙事形成对比。成就叙事来自参与者关于学习体育相关技能和增强成就感的叙述。他们注意到，当下的成就能够使参与者对未来的活动产生信心。卡利斯和道格拉斯（2000a）认为，通过讲述他们的故事，参与者能够将这些与体育有关的成就纳入他们的身份意识和自我意识中。

主题3：辅助工作人员的作用

有6项研究提到了辅助项目的人员的重要作用，而其他研究未将此纳入研究范围。克龙（2007）发现，"平易近人并对客户群体的不同需求做出回应"是很重要的。在社区健身房里，客户积极看待非心理健康专业人员，因为能与他们公开交谈，而不必担心受到不利影响（Raine et al., 2002）。相反，对其他人来说，受过心理健康训练的专业人员的缺位是一些焦虑的根源。总的来说，工作人员被认为是对客户不加评判的、支持性的、有兴趣的和关心体贴的。与安全感相关的是，普里斯特（2007）说明了对参与者来说，知道工作人员对徒步小组的整体责任是多么重要。克龙和盖伊（2007）在研究体育治疗时发现，工作人员在激励参与者参加活动方面的作用非常重要，这也是卡利斯和道格拉斯（2004）所确定的一个重要因素，他们发现，工作人员的支持性电话促进了参与者的出席。

卡利斯和道格拉斯（2008a）强调了工作人员在给予"尊重"方面的作用，证实了里斯和哈迪（2000）所说明的"他人在给予一个人能力或自尊方面的支持作用"。他们发现，这种支持促进了一个人的能力感和自信心，以及愉悦感和自豪感。

主题 4：安全感

在 4 项研究中，普里斯特（2007）的徒步小组研究中的"安全感"这一概念都得到了明确反映。这种安全感来自参与者与同样经历痛苦的其他人在一个群体中，以及在一个他们没有感受到威胁的外在或情感"场所"中联系在一起。参与者没有感受到威胁和不安全感，反而感到被人们所接受和感到安全。有趣的是，在这项研究中，"在户外"或"在大自然中"也有助于安全感的产生。

"心理安全"的概念在社区健身设施的数据中有大量的体现（Raine et al., 2002）。例如，参与者担心，如果他们去社区健身房，尽管有利于开拓社会联系，但他们可能会遭受耻辱。与这种安全感相关的两项研究强调了关爱和非竞争环境的重要性，强调了这种环境如何使人们能够分享关于精神疾病和治疗的经验（Carless & Douglas, 2004; Raine et al., 2002）。

主题 5：改善症状

与定量测量一致，9 项研究明确报告了对参与者症状的积极影响。5 名曾患有精神疾病的参与者中，有 4 名参与者（Carter, Morris & Faulkner, 2003）认为他们的经历有助于他们挑战幻听和令人痛苦的执念，也有助于他们将注意力从这些症状转移到增强"更积极的现实感"上。这与福克纳和斯巴克斯（1999）之前的研究相呼应，他们发现运动有助于减少参与者对幻听的感知。克龙和盖伊（2008）也发现了先前讨论过的分散注意力反应方式的证据，因为参与者将参加运动治疗描述为远离思考自身疾病的一段时间。卡利斯和道格拉斯（2008b）研究中的参与者描述了参与体育活动的结果是改善了情绪和注意力。普里斯特（2007）的徒步小组发现了一个"逃离生活中的困难"的机会，减轻了"压迫和情感痛苦"的感受，同时也改善了睡眠。有趣的是，卡利斯和道格拉斯（2008a）发现，参与者的叙述集中在成就、关系和行为上，而不是症状或疾病上。

主题6：身份

在与身份相关的4项研究中，最重要的是，卡利斯和道格拉斯（2008a）认为，参与体育活动的经历使患有严重精神疾病的男性能够重建一个更积极和更有意义的身份，从而提高他们的生活质量。在后来对一个重新参与跑步的年轻人的案例研究中，卡利斯（2008）认为，这个年轻人以前由于患上严重精神疾病而失去运动员的身份，重新参与运动则是恢复和重建自我意识和身份的一种方式。与此相呼应的是，一位参加足球项目的参与者描述说，他重新获得了"足球运动员"的身份，使他能够"摆脱精神病患者的身份"（Carter-Morris & Faulkner,

2003）。按医嘱参与健身的"慢热"者（Faulkner & Biddle, 2004）报告了运动对身体形象的微妙好处。自我认同的概念比自我效能感和自尊的概念所包含的内涵更广泛，它可能包含了早期定量文献中强调的自尊变量。

结 论

尽管不断有关于症状改善的不严格的证据出现，但大多数由健康专业人士进行的访谈侧重于说明运动对健康方面的益处。尽管如此，症状改善只是 6 个影响领域中的一个，而且这些结果必然与最近的服务和用户对康复的更广泛的理解相一致。相反，许多研究的参与者倾向于强调积极的社会互动和关系，以及参与体育活动所获得的意义感、目的感和成就感。有趣的是，这些因素是社会心理学家认为的有利于心理健康的关键因素（Ryff, 1989）。

这些对运动的情景化访谈的结果不仅超越了纯粹的身体健康因素，而且也超越了自我效能感和自尊等一些"经典"心理因素。并不是说这些概念不适用或不相关，而是在参与者的经验中，它们是其社会角色、关系和身份的更广泛图景的一部分。干预的背景似乎使更广泛的社会心理变化在专业人士和参与者之间的关系基础上发生。这些可能会被推广到参与者生活的其他方面。无论以运动为基础的干预是什么，形成的关系和参与者在群体中的地位似乎都对所发生的变化很重要。这些更广泛的社会心理过程值得引起定性和定量研究者的关注。

辅助人员（项目工作人员）发挥着非常重要的作用，参与者将其描述为提供安全感和支持的关键，从而有助于建立他们的信心和尊重。辅助人员对承诺的投入和对参与者重建更积极的自我认同能力的信念，很可能是干预的一种贡献。然而，很少有卫生专业人员将体育活动作为心理健康治疗的一种选择，或致力于一个经常被视为超出其专业职权范围的领域。例如，最近一项对全科医生转诊者的调查（心理健康基金会，2009）发现，近一半的人认为没有可利用的转诊途径。研究结论指出，对于这一点以及对运动可用性的不了解，意味着许多人拒绝将运动转诊作为一种治疗选择。我们认为，来自正式心理健康体系之外的辅助人员的参与，以及心理健康专业人员的参与，都是有益处的。初步看来，这两类人似乎都可以（以截然不同的方式）对项目做出很大贡献。鉴于服务使用者对心理健康专业人员走出传统诊所的角色的重视程度，临床医生应该被鼓励加入到这样的活动中来——通常这一角色可能被视为仅限于职业治疗。

临床医生转诊或鼓励体育活动的障碍可能是多方面的，这取决于服务环境，但至少有许多人有"健身处方"或其他方案可供使用。随着人们对参与运动可能带来的好处的进一步了解，临床医生将更有可能将体育运动视为护理计划中不可或缺的治疗选择，并进行相应的转诊。当然，对于服务对象来说，也会存在一些障碍。在健身房或运动场以外的活动形式（如跳舞和骑自行车）很可能也有类似的好处，可能会影响自我效能和自尊。参与者对在临床变化中起重要作用的非特异性因素的强调支持了这一推断。舞蹈的许多变种可能更容易被传统的非运动群体所接受，比如一些亚洲女性——运动/健身对她们可能不是那么重要。

随着心理健康服务从传统治疗转向更广泛的康复模式（Davidson & Roe, 2007; Repper & Perkins, 2003），体育活动的参与度将会有更大的潜力。本文综述的研究高度支持了雷珀和珀金斯（2003）的观点，即服务使用者将可以借此"恢复社会角色和关系，赋予生活价值和意义"。同样，戴维森和罗（2007）在他们最近关于康复的概念中提出，康复过程的核心部分包括自我意识和社会认同的重建。参与体育活动的干预措施可以在未来对更多的人发挥重要作用。

利益声明：作者报告没有利益冲突。作者独自负责论文的内容和写作。

参考文献（略）

通信地址：Oliver J. Mason, Research Department of Clinical, Educational and Health Psychology, 1–19 Torrington Place, University College London, London WC1N 6BT, UK。

电话：020–76978230。

传真：020–79161989。

电子邮箱：o.mason@ucl.ac.uk。

范例 7

Matarazzo, B., Barnes, S.M., Pease, J. L., Russell, L.M., Hanson, J.E., Soberay, K.A. & Gutierrez, P.M. (2014). Suicide risk among lesbian, gay, bisexual, and transgender military personnel and veterans: What does the literature tell us? *Suicide and Life-Threatening Behavior, 44*(2), 200–217.

研究表明，现役和退伍军人以及女同性恋、男同性恋、双性恋和跨性别者（统称为"LGBT"）[1]的自杀风险都会增加。这篇文献综述是为了找出与 LGBT 现役和退伍军人自杀风险相关的研究。尽管专门针对这一问题的研究很少，但在有关 LGBT 身份和自杀风险，以及 LGBT 现役和退伍军人的文献中确有很

---

1 女同性恋、男同性恋、双性恋指的是一个人的性身份，而跨性别指的是性别身份或表达。值得注意的是，作者们使用 LGBT 群体这个术语来广义地指代那些被认为是 LGBT 的异质群体，因为他们知道在这个更大的群体中有许多不同的群体。具体来说，LGBT 者在适当的时候包含在同一首字母缩略词中，并且在其他时候加以区分（例如 LGB 者），以准确反映文献中所使用的术语。——原注

多讨论。社会支持和受害情况等因素似乎极其相关。对于这个非常重要和适时的话题，我们提出了未来需要的研究建议。

尽管在美国军队服役历来被视为降低死亡率的保护性因素（Rothberg, Bartone, Holloway & Marlowe, 1990; Kang & Bullman, 1996），但最近的证据（如来自美国陆军自杀预防工作队的证据）表明，这一结论可能不再准确，因为它与自杀死亡有关。自杀在美军人员中已成为一个可怕的问题。自伊拉克和阿富汗冲突开始以来，现役军人的自杀率翻了一番（陆军自杀预防工作队，2010）。2008 年，陆军和海军陆战队的自杀率首次超过经年龄调整后的普通人群（陆军自杀预防工作队，2010; Frueh & Smith, 2012）。在美国军队中，自杀是仅次于意外伤害的第二大死因（国防部防止武装部队成员自杀特别工作组，2010; Frueh & Smith, 2012）。尽管有证据表明，近年来退伍军人的自杀率在下降，但退伍军人的自杀率仍然超过一般人群，其中 30 岁至 64 岁的男性自杀风险最高（Blow et al., 2012）。对这一日益普遍的现象的应对之策是增加对自杀风险因素的研究，确定高危人群，并制定预防自杀的干预措施。

军队中的一类人可能尤其容易出现自杀行为，但这并不是很多研究的重点，那就是女同性恋、男同性恋、双性恋和跨性别者（LGBT）群体。近半个世纪以来，报告记录了 LGBT 群体中自杀风险升高的情况（Haas et al., 2011），流行病学研究也表明，LGBT 群体自杀和自我暴力行为的风险在增加（Garofalo,

Wolf, Wissow, Woods & Goodman, 1999; King et al., 2008; Remafedi, French, Story, Resnick & Blum, 1998）。然而，由于死亡记录通常不记录性取向，因此没有一致而可靠的方法来确定这一人群中的自杀率（Haas et al., 2011）。心理解剖（psychological autopsy）的方法已被用于了解自杀和性取向导致的死亡，但在这些研究中，没有发现 LGBT 群体死亡率增加的现象（McDaniel, Purcell & D'Augelli, 2001; Renaud, Berlim, Begolli, McGirr & Turecki, 2010; Shaffer, Fisher, Hicks, Parides & Gould, 1995）。由于样本量小和受访者报告不足，这些结果应被视为暂时性的。一项利用丹麦登记处研究同性伴侣关系和自杀死亡的研究确实发现，有同性伴侣关系的人自杀死亡的可能性是已婚异性恋者的 3 倍至 4 倍（Qin, Agerbo & Mortensen, 2003）。

虽然不能确定 LGBT 群体中自杀死亡的比例更高，但在美国和世界范围内基于该人群的研究中，已经明确了自杀未遂与性取向之间的关系（Cochran & Mays, 2000; Fergusson, Horwood, Ridder & Beautrais, 2005; Mathy, 2002a）。尽管发生率各不相同，但在报告有同性性行为的成年人中，自杀未遂率始终比从未报告过同性性行为的人高出 3 倍至 5 倍（Cochran & Mays, 2011; Paul et al., 2002）。此外，也有报告显示，自杀想法和企图的性别差异也很大。据报道，同性恋和双性恋女性有自杀意念的概率比异性恋女性要高得多，而同性恋和双性恋男性自杀未遂的概率比异性恋男性要高得多（King et al., 2008）。

关于跨性别人群自杀死亡、自杀意念和自杀行为的数据较少（Mathy, 2002b）。一些数据表明，在接受过变性手术的人中，自杀和自杀未遂导致的死亡要高得多（Dixen, Maddever, Van Maasdam & Edwards, 1984; Pfafflin & Junge, 1998）。然而，一项对欧洲变性结果的研究发现，自杀未遂和自杀意念可能会从手术前的20%下降到手术后的更低水平（0.5% ～ 1.9%）（Michel, Ansseau, Legros, Pitchot & Mormont, 2002）。与跨性别人群自杀意念和行为风险相关的因素包括常见的药物滥用、抑郁和焦虑等风险因素（Clements-Nolle, Marx & Katz, 2006; Xavier, Honnold & Bradford, 2007），以及与工作相关的压力源（国家跨性别平等促进中心，国家男女同性恋工作组，2009）。有证据表明，某些风险因素是跨性别者特有的，包括强迫性行为史、基于性别的歧视和伤害（Clements-Nolle et al., 2006）以及原生家庭的排斥（Grossman & D'Augelli, 2008）。

鉴于这些发现，身为美军成员身份，同时又被认定为 LGBT 人士，可能构成自杀的双重风险。在撰写本文时，本文的作者只找到了两项关于 LGBT 军人自杀风险的研究。考虑到美国军方对男女同性恋服役的历史政策，美国军方对同性恋群体的研究很少是可以理解的。2011 年，奥巴马总统废除了"不问不说"（Don't Ask Don't Tell）政策，这为研究性少数群体军人的风险、探索如何优化他们的福利和作用提供了机会。在这篇文章中，我们综述了关于 LGBT 群体和自杀的现有文献，以及军队中的 LGBT 群体。关于这些发现对军人的影响，我们提出了一个概念性的说法，确定了文献中的空白点，并讨论了对未来研究的建议。

方　法

筛选相关研究的检索策略

我们对潜在的文章采用了多样化的检索策略。使用 Pub-Med, ERIC, Sociological Abstracts, Social Work Abstracts & PsychInfo 数据库完成在线检索。检索词可以用于三个不同的内容领域：LGBT 身份、自杀和军队。我们检索了以下词语的组合：男同性恋、女同性恋、双性恋、跨性别者、同性恋、变性者、自杀者、现役军人和退伍军人（gay, lesbian, bisexual, transgender, homosexual, transsexual, suicid, military & veteran）。我们将与 LGBT 身份、军人和自杀相关的术语三个一组进行检索，与 LGBT 身份和自杀相关的术语两个一组进行检索，与 LGBT 身份和军人相关的术语也两个一组进行检索。每个数据库由两个团队成员利用完整的检索策略开展独立检索。任何特殊结果都被记录在 EndNote 数据库中。

摘要与全文综述

删除重复文章后，团队成员浏览了 EndNote 数据库中的所有摘要。满足以下条件的文章被纳入，即文章以英文发表在同行评议的期刊上；文章的主要关注点是成人（综述只包括参与者平均年龄至少 18 岁的研究）；内容与 LGBT 身份、军人和自杀，或 LGBT 身份和军人，或 LGBT 身份和自杀任一方面有关。如果文章侧重于非自杀的自我指向性暴力或未报告原始研究（如文献综述、见解性论文），则排除在外。符合这些标准的文章被分组进行全文审阅。如果我们在全文审阅时发现文章不符合上述标准，则将其删除。

文献综合

剩下的每一篇原始研究文章的相关信息（如摘要、结果、建议）都被输入 Access 数据库。每个研究小组成员都浏览了每篇文章的这些信息，以确定文献中的主题。团队成员开会讨论文献中的主题，并确定本领域中最常见和最相关的主题。

结　果

我们最初的检索得到了 3810 篇摘要。在删除重复文章和不符合纳入或排除标准的文章后，仍有 187 篇摘要。在对这 187 篇文章进行全文浏览后，有 117 篇原创研究文章可供分析。排除的主要原因是文章没有报告原始研究，或者文章的主要内容与要求的内容类别无关。我们把最后的 117 篇文章根据内容领域分为三组：LGBT 身份、自杀和军人（n＝1）；LGBT 状态和自杀（n＝95）；军人和 LGBT 状态（n＝21）。在检索支持性文献时，在最初的检索后又发现了一篇原始研究文章。这篇文章与 LGBT 身份、自杀和军人极其相关。文献总体的结果以报告的形式呈现，说明了有关发生率以及风险和保护因素的信息。

LGBT 群体中自杀意念和行为的发生率

许多文章报道了 LGBT 个体中自杀意念和行为的普遍情况（美国的研究见表 1）。这些比率因样本和研究方法不同而有所不同，但所有研究都报告了 LGBT 个体中自杀意念和自杀未遂的显著比率。两项研究特别报告了与性少数退伍军人的自杀意念和自杀未遂有关的发现。卜罗斯尼奇、勃萨特和西伦齐奥（2012）发现，11.48% 的性少数退伍军人报告说，他们在过去一年中认真考虑过自杀，而只有 3.48% 的异性恋退伍军人报告在过去的一年里认真考虑过自杀。赫雷尔等人（1999）分析了越南战争时期双胞胎登记处（Era Twin Registry）的全国数据，并报告说，在一生中至少有一个同性伴侣的退伍军人中，55.3% 的人有自杀意念；在没有同性伴侣的退伍军人中，这一比例为 25.2%。在至少有一个同性伴侣的退伍军人中，有 14.7% 的人报告他们曾自杀未遂；在没有同性伴侣的退伍军人中，这一比例仅为 3.9%。

除了这两项专门针对 LGB 退伍军人的研究，研究者还发现了多项与 LGBT 样本相关的研究，这些样本并非现役或退伍军人。大多数美国研究发现，大约 40% 的 LGB 参与者有自杀意念的终生史。在 LGBT 参与者的混合样本中，有 41%～43% 的人报告了终生自杀意念（Garcia, Adams, Friedman & East, 2002; McBee Strayer & Rogers-James, 2002），包括大约 41% 的男同性恋者（Balsam, Beauchaine, Mickey & Rothblum, 2005; Cochran & Mays, 2000）、38%～57% 的女同性恋者（Balsam, Beauchaine et al., 2005; Bradford, Ryan & Rothblum, 1994），以及 31%～39% 的双性恋个体（Balsam & Beauchaine et al., 2005）。50%～64% 的跨性别者报告了终生自杀意念史（Imbimbo et al., 2009; Kenagy & Bostwick, 2005）。与这些自杀意念的高比率相一致，当对研究中的发生率进行检查时，平均约 17% 的 LGB 参与者报告有自杀未遂行为（e.g., Balsam & Beauchaine et al., 2005; Balsam, Rothblum & Beauchaine, 2005; Remafedi, 2002）。跨性别者通常报告的自杀未遂发生率较高，约有 30% 的人曾企图自杀（Clements-Nolle, Marx, Guzman & Katz, 2001; Kenagy, 2005; Kenagy & Bostwick, 2005）。

许多研究还比较了 LGBT 和异性恋人群中自杀意念和自杀行为的发生率。研究表明，相对于异性恋人群，LGBT 群体的自杀风险更高。卜罗斯尼奇和勃萨特（2012）分析了 11046 名 18～24 岁大学生的代表性样本，发现过去一年中 LGB 学生的自杀意念（男同性恋者占 15%，双性恋者占 21%）和自杀未遂（男同性恋者占 3.3%，双性恋者占 4.6%）比例明显高于异性恋学生（自杀意念占 5.5%，自杀未遂占 0.9%）。尼德姆和奥斯汀

（2010）分析了 11,153 名参与者（18～26 岁）的随访数据，这些参与者最初是在一项具有全国代表性的美国学校研究中被招募的。他们发现，LGB 参与者的自杀意念发生率明显更高。近21% 的女同性恋者、17% 的男同性恋者、18% 的双性恋女性和13% 的双性恋男性表示，自己在过去一年内认真考虑过自杀，而只有 6.3% 的异性恋女性和 5.7% 的异性恋男性表示其认真考虑过自杀。最后，博尔顿和萨雷恩（2011）分析了 34,653 名受访者的数据，这是一项针对美国平民的代表性概率调查。在控制了人口统计学变量后，同性恋和双性恋男性的自杀未遂增加了大约 4 倍。同样，同性恋女性的风险增加了近 3 倍，而双性恋女性的风险增加了约 6 倍。没有研究比较跨性别人群和普通人群中自杀意念或行为的发生率的差异。

表 1　美国样本中自杀想法和行为的普遍程度

研究	参与者	研究设计	普遍程度
混合样本			
鲍尔萨姆和博钱恩等（2005）	533 名异性恋，558 名女同性恋或男同性恋，以及 163 名双性恋；平均年龄约 35 岁	通过方便抽样招募 LGB 和他们的伴侣；通过邮件完成问卷	自杀意念史（年龄 ≥ 18 岁）：男同性恋 41.1%，男双性恋 31.4%，女同性恋 38.4%，女双性恋 39.3%；自杀未遂史（年龄 ≥ 18 岁）：男同性恋 10.5%，男双性恋 11.4%，女同性恋 7.9%，女双性恋 10.7%

（续）

研究	参与者	研究设计	普遍程度
卜罗斯尼奇和勃萨特（2012）	11,046 名 LGB、性取向不确定者和异性恋大学生；年龄 18～24 岁，M=20.1	自我报告，全国大学健康评估	自杀意念史（过去一年）：男同性恋或女同性恋 15%，双性恋 21%，异性恋 5.5%；自杀未遂史（过去一年）：男同性恋或女同性恋 3.3%，双性恋 4.6%，异性恋 0.9%
卜罗斯尼奇等（2012）	61 名 LGB 退伍军人，1639 名异性恋退伍军人；年龄 18～64 岁和以上	马萨诸塞全州范围的调查，包含关于现役状况、LGBT 身份和自杀意念的问题	11.48% 的 LGB 退伍军人报告了过去一年里严重的自杀意念；3.48% 的异性恋退伍军人报告了过去一年里严重的自杀意念
博尔顿和萨雷恩（2011）	34,653 名 LGB、性取向不确定者和异性恋者，年龄范围分组为：20～39 岁、40～55 岁，以及 56 岁和以上	非专业访谈员；全国酒精及相关疾病流行病学调查	自杀未遂史（终生）：男同性恋 9.8%，男双性恋 10%，男性取向不确定者 8.5%，男异性恋 2.1%；女同性恋 10.9%，女双性恋 24.4%，女性取向不确定者 9.9%，女异性恋 4.2%
道杰利和格罗斯曼（2001）	416 名 LGBT；年龄 60～91 岁，M=68.5	通过老年 LGB 机构或团体滚雪球抽样	13% 受访者报告了至少一次自杀未遂（终生）
加西亚等（2002）	138 名 LGBT 大学生；年龄 18～30 岁	横断面调查；大学生	43% 的受访者报告曾有自杀意念，11% 报告过去曾有自杀未遂（终生）
赫什伯格等（1997）	194 名女同性恋或男同性恋青年组成员；年龄 15～21 岁，M=18.86	调查；方便抽样；采用《简易症状量表 9》询问自杀意念	42% 报告至少一次终生自杀未遂，39% 报告过去一周的自杀想法

（续）

研究	参与者	研究设计	普遍程度
豪斯、凡·霍恩、考皮恩和斯普尔曼（2011）	1126 名 LGBT；年龄 18~80 岁，M=37.6	在线调查	23.7% 的人过去（终生）至少有过一次自杀未遂情况；26.7% 的女性参与者有过自杀未遂（终生）情况；34.8% 的跨性别参与者有过自杀未遂（终生）情况；17.7% 的男性参与者有过自杀未遂（终生）情况
麦克比-斯特雷耶和罗格斯·詹姆斯（2002）	162 名 LGB；年龄 18~64 岁	自填调查《自杀行为问卷》	91% 受访者报告了自杀意念史（终生）；37% 受访者报告了自杀未遂史（终生）
迈耶、迪特里希和施瓦茨（2008）	388 名 LGB；年龄 18~59 岁	世界卫生组织《世界综合国际诊断性访谈的心理健康调查倡议》	7.9% 的男同性恋或女同性恋参与者有过终生自杀尝试；10.0% 的双性恋参与者有过终生自杀尝试
尼德姆和奥斯汀（2010）	11,153 名 LGB 和异性恋者；年龄 18~26 岁	对参与"促进健康研究"项目的学生进行两次家庭访谈	报告的过去一年的自杀意念：21% 的女同性恋；17% 的男同性恋；18% 的女双性恋；13% 的男双性恋
罗素等（2011）	245 名 LGBT；年龄 21~25 岁	参与者招募自 249 个 LGBT 场所（如组织、酒吧、俱乐部）；由自述量表组成的青少年家庭接纳问卷	41% 的参与者报告了终生自杀未遂史；22% 的参与者在一次自杀未遂后需要药物帮助

（续）

研究	参与者	研究设计	普遍程度
男同性恋和男双性恋			
伯格、米米亚加和萨芬（2008）	92 名男同性恋和双性恋；年龄 18～58 岁，M=35.6	对一个同性恋者健康诊所的接收程序和评估进行图表综述	18.5% 的参与者报告了自杀意念
基普克等（2007）	526 名男同性恋、男双性恋和对性取向有疑问的男性；年龄 18～24 岁	自填调查	10% 的参与者报告他们认真考虑过自杀（过去 12 个月）；4% 的参与者报告他们有自杀计划（过去 12 个月）；4% 的参与者报告他们曾自杀未遂（过去 12 个月）
保罗等（2002）	2881 名来自城市的男同性恋和男双性恋；年龄 18～86 岁，M=37	通过电话访谈了一个概率样本	21% 的参与者制订了自杀计划（终生）；12% 的参与者报告了自杀未遂（终生）
施奈德、泰勒、哈门、凯梅尼和达德利（1991）	778 名双性恋和男同性恋；M=36	多中心艾滋病合作研究；通过邮件往返问卷	27% 的参与者报告过去 6 个月有自杀念头
男同性恋			
赫雷尔等（1999）	4774 名男性双胞胎越南战争退伍老兵；一名有同性伴侣而另一名没有（年龄未报告）	访谈是哈佛双胞胎药物滥用研究的一部分，包括从《诊断访谈计划 III 修订版》中抽出的 4 个问题	14.7% 的有同性伴侣者（其双胞胎兄弟没有同性伴侣）报告有过自杀未遂；55.3% 的参与者报告了有自杀念头（终生）

（续）

研究	参与者	研究设计	普遍程度
伦菲迪（2002）	255名男同性恋；年龄16～25岁，M=20	在大众场所进行的结构化临床访谈	34%的参与者报告终生自杀未遂史；4.7%的参与者报告过去一年曾企图自杀；19%的参与者报告过去一个月有过自杀念头
女同性恋和女双性恋			
布拉德福德等（1994）	1925名女同性恋；年龄17～80岁，80%的参与者年龄介于25～40岁之间	调查表被发给全国各地的女同性恋者健康和心理健康组织和从业人员；还使用了滚雪球抽样	43%的参与者从未有过自杀想法，35%的参与者报告偶尔有过，19%的参与者报告有时有过，2%的参与者报告经常有自杀想法；18%的参与者有过自杀未遂（终生）
科利斯等（2009）	1253名女同性恋或女双性恋；年龄M=40	调查由女同性恋、女双性恋或被报告性活跃或被其他女性吸引的女性完成。使用了多种参与者招募方法（如在同性恋社区活动中进行宣传）	10.2%的参与者报告了18岁前的自杀未遂史
马修斯、休斯、约翰逊、拉扎诺和卡西迪（2002）	550名女同性恋；年龄M=43	调查表被寄给芝加哥女同性恋社区癌症项目的部分参与者；问卷中包含涉及心理和生理健康的问题	51%的参与者严肃考虑过自杀（终生）；22%的参与者报告了终生一次自杀未遂

（续）

研究	参与者	研究设计	普遍程度
莫里斯等（2001）	2401 名女同性恋；年龄 15～83 岁，M=36	全国女同性恋物理调查数据	21% 的参与者报告了一次终生自杀未遂；46% 的参与者报告了终生自杀意念
变性者			
克莱门茨-诺勒等（2001）	523 名变性者，从男到女和从女到男；平均年龄：从男到女 34 岁（范围 18～67 岁），从女到男 36 岁（范围 19～61 岁）	在变性者高度聚集的社区开展招募；受过训练的变性者访谈员；包括生理和心理健康测量	32% 的由男变女和由女变男的变性者报告了一次终生自杀未遂史
因宾博等（2009）	139 名接受过变性手术的变性者（从男到女）；年龄 M=31.36	手术后 12～18 个月问卷调查	50% 的参与者考虑过自杀（终生）；2% 的参与者自杀未遂（手术前）；0.7% 的参与者自杀未遂（手术后）
凯纳吉（2005）	182 名从男到女和从女到男的变性者；年龄 17～68 岁	面对面访谈和自填问卷	30.1% 的参与者曾自杀未遂（终生）；2 个或 3 个人说他们因为自己是变性者而自杀未遂
凯纳吉和博斯特威克（2005）	111 名从男到女和从女到男的变性者；年龄 19～70 岁	自填问卷，结构化访谈	64% 的参与者曾经想过自杀（终生）；60% 的参与者报告曾因为自己是跨性别者而考虑过自杀；27% 的参与者尝试过自杀（终生）；52% 的参与者报告因为自己是跨性别者而自杀未遂

（续）

研究	参与者	研究设计	普遍程度
努特布鲁克等（2010）	571名从男到女的变性者；年龄19～59岁	从街道、俱乐部、组织和广告招募；自填问卷，结构化访谈	年龄19～39岁者（终生）中53.0%想过自杀，34.9%计划过自杀，31.2%尝试过自杀； 年龄39～59岁者（终生）中53.5%想过自杀，34.9%计划过自杀，28.0%尝试过自杀

注：L=女同性恋，G=男同性恋，B=双性恋，T=变性者，M=均值。

一些证据表明，双性恋者可能尤其容易自杀。在控制了精神障碍之后，博尔顿和萨雷恩（2011）发现，双性恋男性和女性的自杀风险仍然增加了3倍，并且是唯一与异性恋有显著差异的群体。斯蒂尔、罗斯、多宾逊、维尔德胡伊森和廷茅斯（2009）分析了加拿大全国人口调查的数据，涵盖354名女同性恋、424名双性恋和60,937名异性恋女性。双性恋女性比同性恋女性和异性恋女性更可能报告终生自杀意念。

文献中确定的自杀风险和保护因素

当前的文献综述找到了一项与LGB军人自杀危险因素相关的研究。卜罗斯尼奇等人（2012）发现，与异性恋退伍军人相比，性少数群体的退伍军人的社会和情感支持显著减少，自杀意念发生率较高。虽然文献检索仅找到了一项针对 LGB 现役或退伍军人群体的研究，但有许多研究明确了与一般人群中 LGBT 身份和自我指向性暴力相关的风险因素。本文对这些研究进行了总结，并详细阐述了检索出的文献中记录的两个具体因素：受害情况和社会支持。

一些国际研究的结果表明，相比于女性，性少数身份对男性而言是更大的风险因素（Fergusson et al., 2005; de Graaf, Sandfort & Have, 2006）。例如，德格拉夫等人（2006）发现，男性的自杀行为（即意念和行为）与性取向之间的关联比女性强，特别是在控制了精神疾病因素之后。然而，关于性别的潜在调节作用的研究结果并不完全一致（Van Heerin gen & Vincke, 2000）。

除了性别，创伤、精神疾病和药物使用都与自杀有关。尽管 LGBT 者和那些被认定为异性恋的人都有这些风险因素，但这些风险因素在 LGBT 群体中的发生率更高。关于精神健康障碍，多项大规模调查发现，LGBT 群体中精神障碍（包括药物使用障碍）的发生率上升（Conron, Mimiaga & Landers, 2010; Fergusson et al., 2005; Gilman et al., 2001）。例如，金等人（2008）报告说，在 LGBT 群体中，抑郁、焦虑和药物使用障碍的发生率是一般人群的 1.5 倍。还有大量证据表明，经历过身体、性和情感创伤的 LGBT 群体成员自杀风险增加（Balsam & Rothblum et al., 2005; Botnick et al., 2002; Paul et al., 2002）。提供受害情况与自杀风险之间关系证据的文献将在下文中详述。

目前检索到的文献没有发现探讨 LGBT 现役或退伍军人群体的保护因素的研究。事实上，很少有人研究保护一般 LGBT 群体免于自杀的因素。一项研究发现，社会规范、高水平的支持、对榜样的认同、较高的自尊有助于保护男同性恋者免于自杀（Fenaughty & Harre, 2003）。另一项研究报告称，女同性恋群体内的支持被认为是一种保护性因素（Bradford et al., 1994）。有关社会支持的构建及其对自杀风险的影响的文献也得到了更充分的讨论。

受害情况和自杀风险 检索到的 26 篇文章讨论了 LGBT 群体中受害情况与自杀风险之间的关系。例如，里弗斯和考伊（2006）报告说，53% 的 LGB 样本报告了自杀或自残意念，是与性取向有关的伤害的直接结果，40% 的人曾出于同样的原因企图自杀或自残。一些研究者认为，性少数群体身份并不是自杀的独立风险因素；相反，基于社会的压力源（如霸凌）加强了自杀的风险（Blosnich & Bossarte, 2012）。罗素、里安、图米、迪亚兹和桑谢斯（2011）发现，报告在青少年时期遭受过高水平伤害的 LGBT 年轻人自杀未遂的可能性是报告低水平伤害的年轻人的 5.6 倍。另外的研究发现，在从男性变为女性的跨性别者中，较高的性虐待率与自杀显著相关。这种关系在人的一生中各不相同，在青春期后有所下降，到中年时又有所加强。重要的是，尽管性虐待在一生中显著减少，但仍与高自杀水平有关（Nuttbrock et al., 2010）。其他研究表明，报告被反同性恋者骚扰和虐待的女同性恋和女双性恋者，比那些没有这些经历的女性更有可能报告她们在 18 岁之前曾企图自杀（Corliss, Cochran, Mays, Greenland & Seeman, 2009）。然而，受害并不总是导致心理困扰，自尊的降低可能会影响这种关系，因此，如果自尊没有因为受害而降低，心理困扰、自杀意念和 / 或行为可能并不会发生（Waldo, Hesson-McInnis & D'Augelli, 1998）。然而，研究表明，低自尊往往发生在社会歧视的背景下（e.g., Huebner, Rebchook & Kegeles, 2004），或许该背景使这种关系成为可能。这些研究大多集中在言语虐待上。然而，值得注意的是，其他研究也发现，在遭受身体攻击的成年人中，自杀未遂的发生率高于那些因性取向而遭受口头伤害的成年人（D'Augelli & Grossman, 2001）。

LGBT 军人社群中的受害情况　我们的文献综述也找出了与在军队服役的 LGBT 者的受害情况直接相关的研究。由于过去的政策（如"不问不说"政策），文献中可能没有很好地记录下来 LGBT 者在军队中的经历，但一项探索加拿大军队中女同性恋者被除名的经历的研究显示，她们在被发现时有心理上的痛苦，这被比喻为一种"猎巫"（Poulin, Gouliquer & Moore, 2009）。据报道，美国武装部队中对 LGBT 者的骚扰率也很高（Bowling, Firestone & Harris, 2005）。不足为奇的是，LGBT 军人报告了基于性取向的骚扰的负面影响。莫拉迪（2009）发现，基于性取向的骚扰与美国退伍军人的社会凝聚力和任务凝聚力下降显著相关（Moradi, 2009）。莫拉迪和米列尔（2010）进行的另一项研究报告称，参加伊拉克战争和阿富汗战争的退伍军人支持禁止公开同性恋军人身份这一政策的主要原因是，退伍军人担心这一群体会面临其他军人的骚扰和霸凌。

社会支持和自杀风险　本文献综述包括了一项讨论 LGB 退伍军人群体的社会支持和自杀风险的研究，以及 15 项讨论一般 LGBT 群体的研究。研究结果提供的证据表明，与社会支持有关的因素与自杀意念和自杀未遂的风险有关。卜罗斯尼奇等人（2012）发现，性少数群体退伍军人中自杀意念的比率增加，是由于精神健康不佳和社会及情感支持减少造成的。在非现役或退伍军人群体中，博特尼克等人（2002）发现，在一个同性恋和双性恋男子的样本中，那些曾经自杀未遂的人所报告的社会支持水平明显低于那些没有报告自杀未遂的人。范希林根和芬克（2000）报告说，对同性恋友谊不满意的评价与自杀未遂史有关。

文献还提供了一些证据，表明与亲朋好友交往经历相关的因素似乎会影响自杀风险。研究所提供的证据表明，披露性取向可以起到保护作用。在一项针对同性恋女性和双性恋女性的研究中，"说出来"与心理困扰呈负相关，而心理困扰与自杀意念和自杀未遂呈正相关（Morris, Waldo & Rothblum, 2001）。莫拉迪（2009）发现，在军队中公开性取向的退伍军人在他们的部队中感受到了更高的社会凝聚力。虽然这项研究没有评估自杀风险本身，但社会凝聚力的增强可能会防止自我指向性的暴力行为，因为社会支持具有保护作用（Botnick et al., 2002）。一般来说，说出来可能会起到保护作用，但朋友的反应也会影响自杀风险。在一项针对同性恋青年的研究中，那些因为暴露性取向而失去朋友的人比那些暴露性取向而没有失去朋友的人，报告自杀未遂的可能性高出 3 倍（Hershberger, Pilkington & D'Augelli, 1997）。

讨 论

在这篇综述中，我们旨在找出与 LGBT 现役和退伍军人群体自杀相关的文献。研究表明，现役军人（陆军自杀预防工作队，2010）和通过退伍军人健康管理局（Veterans Health Administration, VHA）（e.g., Blow et al., 2012; McCarthy et al., 2009）接受护理的退伍军人的自杀风险增加。本综述的文献检索证实，LGBT 群体的自杀风险增高，自杀意念和行为的发生率通常超过异性恋人群。此外，有两篇文章提供的数据表明，LGB 退伍军人自杀意念和自杀未遂的发生率增加。没有发现与变性退伍军人的自杀风险相关的研究。

这篇文献提出了一个问题：为什么 LGBT 现役和退伍军人的自杀风险可能更高？文献检索的结果提供了有关一般 LGBT 群体中的风险和保护因素的证据，有助于阐明这个问题。有证

据表明，心理健康障碍和药物滥用等风险因素对一般人群和
LGBT群体都很相关。检索出的文献集中在两个风险因素上：受
害和社会支持减少。这两个因素似乎与LGBT群体中的自杀风
险尤其相关。社会支持的减少和心理健康的恶化被确认是LGB
退伍军人的危险因素（Blosnich & Bossarte, 2012）。重要的是，
这些因素解释了LGB身份和自杀风险之间的关系，因此LGB
身份本身并不是一个危险因素。

乔伊纳（2005）的自杀行为人际心理理论（Interpersonal-
Psychological Theory of Suicidal Behavior, IPTS）提供了一个框
架，人们可以从中理解关于LGBT群体的文献中确定的两个重
要风险因素（即受害情况和社会支持）是如何有助于进一步解
释LGBT现役和退伍军人群体的自杀风险的。这一理论认为，
如果一个人获得了自杀的能力并有死亡的欲望，那么他自杀的
风险就会增加。后天能力是指在过去的自我伤害、疼痛和/或其
他伤害的情况下可能发生的习惯化倾向（Joiner, 2005）。该理论
认为，感知的负担和失败的归属感这两个因素的存在导致了对
死亡的渴望。当一个人将自己视为他人的永久负担时，就存在
着感知的负担。当一个人觉得自己不属于任何群体或与他人没
有联系时，他就会有一种失败的归属感（Joiner, 2005）。

本综述中包含的研究涉及构成乔伊纳（2005）理论的三个
因素中的两个。有数据表明，受害史使LGBT者的自杀风险增
加，这一点可以从获得的致命自我伤害能力来理解。被认定为

性少数群体成员的人报告说，由于他们被看作是社会的耻辱，他们遭受的虐待比异性恋者更多。这可能导致更多的曝光，并有可能让他们习惯于身体和心理上的痛苦。此外，研究结果表明，有战斗经验的退伍军人比没有参加过战斗的退伍军人自杀风险更高，这可能与从战斗中获得的后天能力有关（Kleespies et al., 2011）。因此，LGBT 现役和退伍军人可能已经面临着日益增加的与军事战斗和／或训练有关的后天能力所带来的风险，以及面临着通过受害经历进一步习惯于疼痛的风险。

此外，研究支持另一个对 LGBT 者特别是 LGB 退伍军人而言重要的自杀风险因素，那就是社会支持的减少。在乔伊纳（2005）理论的背景下，社会支持的减少可以理解为死亡欲望的一个关键因素（即失败的归属感）的表现。因此，文献为自杀行为人际心理理论这一因素的应用能力提供了一些间接支持。对于 LGBT 现役和退伍军人来说，归属感是一个尤为重要的考虑因素，因为部队凝聚力是军队的一个重要组成部分。女同性恋、男同性恋、双性恋和变性军人的归属感可能会受到他们从军经历的影响。不知道最近废除的"不问不说"政策会对这种经历产生什么样的影响。建议未来的研究探索在军队服役对自杀风险的影响。

然而，本综述中包含的文献并未提供有关 LGBT 现役和退伍军人群体或更广泛的 LGBT 群体中感知负担的信息，这是导致死亡欲望的另一个因素。在一个已被部署的军人样本中发现，自感负担与自杀意念呈正相关（Bryan, Ray-Sannerud, Morrow & Etienne, 2012），因此，对于那些试图了解 LGBT 现役和退伍军人自杀风险的人来说，这可能是其感兴趣的一个因素。研究的一个重要步骤是探索有自杀风险的 LGBT 军人或退伍军人是否也有较高的感知负担率。这可以通过人际关系需求调查表来评估（Van Orden, Witte, Gordon, Bender & Joiner, 2008）。因此，自杀行为人际心理理论提供了本文中报告的研究的概念化，但没有实证证据支持这种理解。

除了进行更多研究以探索自杀行为人际心理理论对这一人群的适用性之外，该领域还将从更多关于 LGBT 现役和退伍军人群体中自杀意念和自杀未遂发生率的研究中受益。具体来说，人们需要对跨性别的现役和退伍军人的自杀风险进行研究。此外，没有任何研究报告涉及 LGBT 现役或退伍军人自杀死亡的数据。与对发生率的研究一样，评估服兵役期间（即服兵役前、服兵役期间或服兵役后）何时发生自杀未遂是有益的，因为大多数研究只收集了自杀未遂终生史的数据。

关于自杀未遂的致命性和自杀意念的性质的研究也很有趣。这些数据可能为该领域提供有关服兵役对该人群自杀风险影响的信息。此外，研究者应努力确定 LGBT 现役和退伍军人群体面临的特殊风险和得到保护的因素。废除"不问不说"政策可能有助于开展这方面的研究，因为现役和退伍军人可能更愿意透露他们的 LGB 身份。然而，针对现役跨性别者的研究可能会继续受到挑战，因为"不问不说"政策的废除并没有涉及这一群体。这些都是重要的第一步，可以进一步了解与这一人群相关的不断增加的特有风险。

应该考虑到现有研究中一些重要的局限性。例如，在调查自杀行为的方法方面，所综述的文章存在不一致之处。评估自杀意念和行为的研究采用的方法从一个问题到几个问题不等，所用的评估方法或问题几乎没有一致性。评估的时间段因研究而异，包括近期和终生自杀行为，但很少涉及持续的自杀意念。你也应该考虑其他的方法论问题。许多研究采用了有偏抽样技术，这可能会限制研究结果的普遍性。例如，一些研究只从LGBT 组织招募，因此可能不会评估选择不加入此类组织的个人。在整个研究过程中，关于自杀意念、自杀行为以及 LGBT 群体状况的术语使用也不一致，这影响了准确综合文献的能力。文献综述使用的样本涵盖了广泛的年龄段。虽然这样做的一个优点是反映了许多不同的年龄组，但我们采用的方法不允许区分不同年龄组的自杀风险。此外，性取向的定义（例如，是按照性行为还是性吸引力来判断）因研究而异，削弱了我们在不同群体之间进行比较的能力。也许最重要的是，目前还完全不清楚对一般 LGBT 群体的研究是否适用于 LGBT 现役或退伍军人，我们建议并鼓励扩大这方面的研究。

本文部分基于退伍军人事务部（Department of Veterans Affairs）

支持的工作，但不一定代表退伍军人事务部、国防部或美国政府的观点。这项工作在一定程度上得到了国防部授予美国科罗拉多州丹佛 VA 医学研究中心（Denver VA Medical Center）的拨款支持。国防部在研究设计、数据的收集、分析和解释、报告的撰写以及提交论文发表的决定中没有进一步的作用。科罗拉多州丹佛 VA 医学研究中心拨款编号：W81XWH-10-2-0178。

通信地址：Bridget B. Matarazzo, VISN 19 MIRECC, 1055 Clermont Street, Denver, CO 80220。

电子邮箱：Bridget. Matarazzo@va.gov。

参考文献（略）

范例 8

Pereira, F., Lopes, A. & Marta, M. (2015). Being a teacher educator: Professional identities and conceptions of professional education. *Educational Research, 57*(4), 451–469. 版权所有 © 2015 NFER。经允许转载。

作为师范教育者

导 语

当今社会和教育条件的特点发生着深刻而迅速的变化。近几十年来，这些都破坏了作为西方国家社会和职业认同建构基础的制度的稳定（Dubet, 2002）。教育工作的复杂性使得人们很难全面而深刻地理解这些变化；它们的性质、原因和后果并不是立刻就能看出来的（Pereira, 2010）。表面上的物质、组织和行为的变化来自于价值观、社会和态度的无形变化，更不用说经济了。更抽象地说，它们产生于"作为助人职业的教育"这一概念所隐含的价值、关系和主观方面。

将教育视为一种助人职业的考虑是基于职业现象学的观点，即强调经验维度（相对于生活经验），以及职业化过程的伦理学观点（Sommers-Flanagan & Sommers-Flanagan, 2007）。尤其是初等教育教师，他们的工作对象（儿童教育）特别强调职业的情感维度及其伦理、关系和支持成分（Pereira, 2009）。因此，初等教师教育（被视为次要的社会化进程）负责创造进入该行业的条件，以及学习与专业教学领域有关的知识。此外，它还导致基本职业身份或"第一"身份的形成（Dubar, 1996; Lopes & Pereira, 2012）。

本文旨在介绍和讨论一个更广泛的项目中的某个领域的发

现，该项目题为"助人的初等教师教育和教育者的身份——教学和护理的案例"[1]。在此背景下，该项目试图获得有关师范教育者身份的知识，即处境身份（社会和个人身份转化为具体身份的方式）。它建立了关于教师作为一种帮助性职业的知识，并对培训模式和组织提出了建议。在这篇文章中，我们重点关注师范教育者对其工作的观念。同时，我们试图找出小学教育中教师职业的具体特征，这些特征可能显示出受训者的专业技能、知识和态度是如何被他们与培训者的身份关系所塑造的。

在这篇文章中，我们主要介绍了所使用的理论框架、研究方法和研究结果。我们将讨论这些发现。

作为一种助人职业的教育和小学教师面临的新挑战

作为助人职业的教育

将教育视为一种"助人职业"是有道理的，因为它是一种在复杂的多维互动过程中产生的活动，专业知识在此过程中形成，并用于促进个人和社会的发展（Hugman, 2005）。"帮助"（或

---

1 在本研究中，"叙事"的概念是指我们识别并融入我们对世界的感知和认知中的公共或私人故事，它们制约我们对事件和社会关系的解释，并指导我们的行为和态度。这些叙述并不局限于一个单一的陈述或文本的一部分，而是由不同的文本和话语构成的。在其中任何一个文本和话语中，都没有明确说明将它们统一在一个叙事中的关系逻辑（Somers & Gibson, 1994）。——原注

"照顾")是从社会心理学的角度来理解的,认为该活动属于某种职业的范畴,是一种在人际关系中产生的工作,这种人际关系制约着他们,并决定着对参与其中的每个主体的影响。为此,菲施(1998)认为,"照护职业"这一称呼涵盖了所有以"客户"的福祉(在健康、教育或社会生活方面)为从业者首要关注点的职业。这种方法把职业的整体概念放在首位,不仅考虑到可见的方面,而且也考虑到不可见的方面(例如从业者的能力、理论、信仰和价值观,以及他们实践的道德层面)。关于这些专业人员的培训,菲施(1998)强调了对实践进行批判性分析是必须考虑的基本能力之一,以便"产生对实践的批判性评价,这种实践涉及从业者对自己工作的反思"。在这种方法中,我们发现了"反思性实践者"和"实践性研究者"概念的趋同。这些概念是伴随着教学专业化发展起来的,特别是在 20 世纪 80 年代和 90 年代(Schön, 1992; Stenhouse, 1993; Zeichner, 1993),对师范教育的概念领域很重要。

长期以来,教育一直被归类为一种助人的职业,但这一概念尚未转化为初等教师教育的具体理论和实践。教育关系是教学专业化的本质,根据里贝罗(1992)的观点,教育关系包含了权威、冲突、认同和帮助等方面。这种对"帮助"的关注与关于个人、公民和社会的新观念有关。它传达了关于知识和适当行为的新定义,其中的自我表达、情感、沟通和人类的能力占据了显著位置(Lopes, 2001; Pereira, 2013)。关于这个问题,塔迪夫和莱萨德（2005）认为："学校教育基本上建立在师生之间的日常互动上，若没有这些互动，学校只不过是一个巨大的空壳。"这些互动构成了学校社会关系的基础，是教师工作的主要对象，因而我们认为，它们也必须成为培训者工作的重点。

初等教师教育中体现教师专业工作特点的叙述

佩雷拉（2009）说明了与小学师范教育相关的三种话语类型（正式课程、教学实践报告和教师访谈），确定了五种不同的叙述，以显示教师这一专业化工作的特征。

（1）教员（以他对儿童所做的工作性质为中心，以他所坚持的符合人本主义伦理的理由和价值判断为依据）；

（2）专家（强调教学任务的认知维度，认可某种认知工具理论和专业伦理的正当性）；

（3）调解人（侧重于儿童与学校教育的社会任务之间、科学与教育学之间、婴儿在其所生活的世界中的经历与社会教育行动之间的调解，呼吁建立一种主体性和服务的伦理）；

（4）"建设中"的专业人员（指专业研究者，能够反思、批判、质疑和自我训练，能够质疑自己的工作，以批判和自我改造的伦理观为指导）；

（5）关键的专业人士（强调与儿童一起工作所涉及的专业挑战以及实现其所要求的想法的困难，展示对教学的批判性和反思性态度，以及道德责任感）。

这些叙述构成了一个异质性的实体（Foucault, 1986），一方面揭示了教师工作观念的多样性，另一方面也揭示了与未来教师培训状况相关的初等教师教育不同参考模式的共存。这也表明了教师工作的复杂性，以及这种复杂性造成的痛苦和不安因素。这种复杂性是师范教育者在与师范生的教育关系中必须考虑的主要方面之一。这些叙述的另一个相关方面是，如果师范教育者的教育工作更多地受到这些叙述中的一个或另一个的影响，那么对教师形象的影响是不同的。因此，确定这些叙事在师范教育者话语中的影响是非常重要的。

变化的状态：教师职业的变化

要理解教师面临的职业挑战，必须考虑到影响现代学校组织的社会和政治共识的瓦解、教师工作的社会伦理和本体论的断裂等背景（Pereira, 2011）。这一问题转化为日常的风险互动体验，即以他人行为的不可预测性为特征的互动，在任何时候都可能导致秩序的崩溃（Derouet, 1993）。如果一个人承认教师职业很关键，并且与认知问题有关，那么关注教师个人的职业就很重要（Correia, Matos & Canário, 2002）。这个问题是教师为了理解和指导他们关于儿童的工作而采用的意义表达方式与做法，换句话说，就是以教育关系中的基本方式行事和表达。

教育关系是小学教师职业生活的核心（Pereira & Lopes, 2009），它包含了互助和与他人合作的重要组成部分。这一部分在教师的专业教育中往往不受重视，处于培训方案的外围。

迪贝（2002）认为，学校教育与卫生和社会工作一样，是"面向他人的工作"，这意味着它是明确以改变他人的生活为目的的工作。它最初是参照现代体制方案而设立的，这个方案支持了当代体制的建设。这个方案是一个社会过程，通过这个过程，价值观和原则被转化为行动，并通过一个特定的、有组织的职业被主体内化。该方案包括三个层次，构成了这些职业教师的专业行动，并加以阐述和指导。这三个层次是社会控制、服务和关系。这些层面目前正变得更加自主，而这是一个内在地产生矛盾逻辑的过程。这就把教师工作合法化的任务交给了他们自己（Derouet, 1993）。因此，这就对教师个人和他们的专业培训和发展提出了新的要求。

在这种情况下，教师职业面临的挑战迫使人们重新思考教师的培训条件，重点放在初等教育及其产生的理论与实践的关系上。教学实践被认为是"一个原始的、相对自主的学习和培训空间"（Tardif, Lessard & Gauthier, 2000）。因此，整个学徒期发生的事情被转化为学员自己的经历。因此，师范教育要求"在实践与培训、专业经验与研究、教师与大学教育者之间不断穿梭"（Tardif, Lessard & Gauthier, 2000）。换言之，它要求在学校的导师和大学的师范教育者之间穿梭。

当前有关教育政策的新自由主义倾向是教师职业变革的一个重要组成部分，它使教师职业的"帮助"维度受到质疑。正如格里马尔迪（2012）所述，"尽管存在本地重新语境化的特殊性，但一套异质的新自由主义话语的广泛影响，能够削弱和转移旨在追求社会公正和包容的教育政策"。在葡萄牙及其他一些国家，这种趋势对教育政策产生了影响，带来了将社会和经济问题转移为个人责任的治理实践。这是一个自我调节的过程，是个人负责照护自己（Webb, Gulson & Pitton, 2014）。因此，有人认为，新自由主义政策对教师职业的影响往往会产生与学校教育，特别是与教师工作有关的问责形式，影响教师与学生的教育关系和教师与同事的职业关系。

作为师范教育者与小学教师职业化

葡萄牙小学教师职业化的变化

葡萄牙教师的职业化是在一个极其复杂的社会历史进程中进行的，充满了各种紧张和矛盾（Nóvoa, 1995）。就小学教师而言，近几十年来，他们的职业化在授予的学位、课程、培训环境及他们与工作环境的关系方面发生了深刻的变化（Lopes et al., 2007）。这引起了教师"第一"职业身份的转变和教师职业生涯的变化。葡萄牙从 1974 年（民主化进程的开始）起，在一个明显旨在提高教师职业社会价值的进程中，将初等教师教育纳入高等教育体系中（在理工学院或大学的教育学院）。未来的教师学习的是执照（Licenciatura）学位（经过 4～5 年的学习后获得的第一个学位）。最近，受"博洛尼亚进程"的影响，教师的学习计划得到了调整，所有教师都必须拥有硕士学位（高等教育的第二个周期）。以往的研究表明，在某些情况下，初等教师教育的逐步升级（特别是在 20 世纪 90 年代）对教师的"科学"教育产生了积极影响。但也有人认为，这导致了"专业"培训维度的弱化（Buchberger et al., 2000），至少与以前的时期相比是这样。特别是在 1974 年 4 月 25 日发生民主革命后，当局对教师的专业教育进行了有效投资，将教师作为专业人员进行教育（Lopes et al., 2007）。

对 20 世纪 90 年代课程计划的分析表明，课程计划主要由理论内容和书目组成（与前一时期的情况相反）。这一事实使我们能够提出这样一个假设，即课程计划经历了一次"学术化"过程。这样，教师就变得足够理论化，在智力上"配得上"获得大学学位。这一现象可能与师范教育者强调他们作为高等教育教师的身份密切相关，也可能与体现了大学风气的课程组织密切相关——或者两者皆有。事实上，不管他们一开始的专业背景和身份是什么，在任何情况下，师范教育者采取的行为都更多地受到学术界的影响，而不是学校教学专业界的影响（Lopes & Pereira, 2012）。

事实上，1999 年 6 月 19 日颁布的《博洛尼亚宣言》（Bologna

Declaration）对葡萄牙高等教育的改革产生了深远的影响，因此也对初等教师教育产生了深远的影响。2007 年，当局制定了一项新的师范教育政策，以便与"博洛尼亚进程"接轨，随后，当局确定了一项新的学前、小学和中学教师职业资格法律制度，还提出了两个学习周期的教学认证要求，其中包括小学教师的学士学位（三年）和硕士学位（两年），以及教学证书。

培训课程包括以下组成部分：普通教育培训；具体的说服教育；专业实践导论；文化、社会和道德教育；教育研究方法和教学实践。

"专业实践导论"部分应向学生教师提供"根据课堂内外分配给教师的权利和职责进行规划、教学和评估的经验"，这一部分可使学生教师获得持续的专业发展，并对学校日常的专业挑战、过程和表现持批判性和反思性的态度。

拥有学前教育和小学教育硕士学位的教师可以在小学任教，既可以在初等教育和初级教育（学校教育的五年级、六年级）单位任教，也可以只在初等教育单位任教。

初等教师教育与身份认同

构建职业身份的过程以生平和关系转换为特征（Dubar, 1996），而初等教师教育在其职业身份的构建中起着基础性作用（Blin, 1997）。关系转换是在培训者和培训环境之间建立起来的。作为一个二次社会化的过程，初等教师教育负责制定专业领域的准入条件，并学习教育专业领域中的内容。形成过程中的生活经验对职业认同建构的影响取决于"情境"互动，也就是社会和个人认同转化为具体身份的方式，即"情境认同"（Hewitt，1991）。考虑到培训的组织方式和参与者所扮演的角色，这在培训的背景下是可能实现的。师范教育者对教师专业化、教学工作的特殊性质以及社会赋予他们的使命的看法和观念，是一种知识的重要方面，可以为初等教师教育的形成性动态中的相关转变提供依据。

穆拉伊和梅尔（2005）区分了教师的工作（被认为是一种"一阶实践"）和师范教育者的工作（被认为是一种"二阶实践"）。这些作为二阶实践者的专业人员向他们的学生介绍与学校教学本身和培训学校教师都相关的实践和话语。作者所提到的情况，特别包括了那些从教师起步，后来选择在初等教师教育中发挥作用的教师。斯文、沃尔曼和叶先（2008）提到穆拉伊和梅尔（2005）的这一概念时强调，在这些情况下，二阶实践除了是获得新知识和技能的必要条件，还涉及重新配置其职业身份的过程，这一过程可能持续很长时间。按照这些思路，博伊德和哈里斯（2010）谈到了第二职业和双重身份。对这些作者来说，成为师范教育者的小学教师经历了一个非常具有挑战性和问题性的转变。这是因为高等教育中存在的紧张关系和标准，包括学科的具体内容、同事间的关系以及与欢迎（或至少接受）受训者的学校的关系。这种转变反映在他们身份的重塑上——在其所依据的研究中，他们似乎更接近于其原来的教师身份，而不是新形成的身份。科斯塔根（2005）基于不同作者的研究（Schön, 1983; Munby, Russel & Martin, 2001; Bass, Anderson-Patton & Allender, 2002; Loughran et al., 2004），指出了师范教育者涵盖的角色和社会角色的多样性和多维性。蔡克纳（2010a）的观点与这一观点一致，高度强调了师范教育者角色的复杂性，并谈到了"混合教育者"。

初等教师教育及其对专业实践的影响

关于师范教育者和初等教师教育工作提出的一个主要问题是，他们很难对未来教师的专业实践产生重大影响。事实上，这些教师可能更多地受到学校文化和课堂约束的影响，这些约束通常被称为"实践冲击"。正如科斯塔根（2010a）所观察到的，在不同国家开展的许多研究表明，新培训的教师在处理他们在课堂上遇到的问题时面临着巨大的困难，因为他们在培训中所学到的东西几乎无法落实。造成这些困难的主要原因之一与传统师范教育的"理论-实践差距"有关。尽管杜威早在1904年就强调过这一差距，但它仍然是"全世界师范教育的中心问题"（as quoted in Korthagen, 2010b）。师范教育作为一种大学制度，很难打破从理论到实践的模式，虽然这是一种专业培训，但理论知识的支配地位仍然是一个难以解决的问题。蔡克纳（2010b）观察到，"多年来一直困扰着以大学为基础的职前师范教育的一个中心问题，是校园和学校课程之间的脱节"。作者认为，在教师教育中创建衔接科学和经验知识的课程维度代表了师范教育课程认识论的范式转变。学术知识、实践知识和社区中存在的知识的衔接有可能产生一种新的教师学习的形式，这种形式在认识论方面的层次要比目前的师范教育中的层次要少（Zeichner, 2010b）。

研究问题

为数据分析提供依据的主要研究问题是，师范教育者对他们的工作和学校教师的工作有什么看法？这些看法与他们的身份有什么关系？

更具体地说，这些问题包括：师范教育者在他们的话语中提到和重视哪种类型的知识？他们对自己的工作和学校教师的工作有什么样的信念和价值观？他们对师范教育者和学校教师的专业活动有什么看法？师范教育者在思考自己的工作和学校教师的工作时，会提到什么样的问题？

参考文献（略）

范例 9

Schenk, A.M. & Fremouw, W.J. (2012). Prevalence,

psychological impact, and coping of cyberbully victims among college students. *Journal of School Violence, 11*(1), 21–37.

2010年1月14日，15岁的菲比·普林斯（Phoebe Prince）在受到网络霸凌后自杀。在她死后，她的同学们透露，她一直受到短信和社交网站帖子的无情网络霸凌（Johnson, 2010）。2010年9月22日，18岁的泰勒·克莱门蒂（Tyler Clementi）在其室友通过互联网上传了他和另一名男性发生关系的视频后，从乔治·华盛顿大桥跳下身亡（Friedman, 2010）。

传统的霸凌行为正在进入技术领域，而网络霸凌正日益成为一个严重的问题。因此，34个州已经通过或正在通过打击网络霸凌的法律（全国州立法会议，2011）。

传统霸凌与网络霸凌的界定

奥尔韦斯（1993）将传统霸凌定义为反复暴露于一人或多人实施的负面行为中。霸凌可以是直接的，比如殴打某人；也可以是间接的，包括采用非面对面的方法，如散布谣言。此定义包含与当前网络霸凌定义重叠的部分（见图1）。网络霸凌是指通过电子邮件、手机短信、社交网站、聊天室和即时通信等技术，以伤害他人为目的的重复性故意行为（Beran & Li, 2005; Bhat, 2008; Campbell, 2005; Patchin & Hinduja, 2006），可由一个人或一群人实施（Smith et al., 2008）。与传统霸凌不同，网络霸凌不需要面对面对抗或在实际地点实施，并且可以完全匿名（Dehue, Bolman & Völlink, 2008; Mason, 2008）。

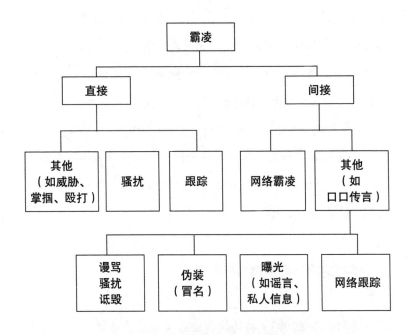

图 1　传统霸凌、网络霸凌和跟踪行为之间的关系

大多数研究都以类似的方式定义网络霸凌，只是略有不同。例如，梅森（2008）将网络霸凌归类为一种"心理虐待的形式"，其中包括一种新的霸凌形式，可以被概括为一种更加"隐蔽的口头和书面（传统的）霸凌形式"。此外，一些研究者在定义网络霸凌时不包括重复部分（e.g., Privitera & Campbell, 2009; Raskauskas & Stoltz, 2007; Slonje & Smith, 2008）。然而，如果不考虑这方面的问题，就会把只发生过一次或偶然发生的事件包括在内，从而使网络霸凌的概念过于笼统。其他研究者还考虑了网络霸凌受害者和犯罪者之间的权力差异（Hinduja & Patchin, 2007; Mason, 2008; Privitera & Campbell, 2009）。权力不平衡可能基于实际的权力标准，如体力、体格、年龄或技术能力（Vandebosch & Van Cleemput, 2008）。然而，由于网络霸凌具有匿名性和安全性，我们不认为权力差异是界定网络霸凌的必要因素。技术提供的匿名性实际上有助于创造一种权力优势，在这种优势下，网络霸凌可以成为传统霸凌中较弱小的受害者报复更强大的侵犯者的一种方式（Campbell, 2005; Dehue et al., 2008; Li, 2007a; Ybarra & Mitchell, 2004）。

李（2007a）概述了构成这一新现象的 7 种不同形式的网络霸凌。网络霸凌的 7 种类型是谩骂、网上骚扰、网络跟踪、诋毁、伪装、曝光和排挤。谩骂指的是发送愤怒、粗鲁和低俗的电子信息；网络骚扰是指重复发送信息；网络跟踪会带来伤害或恐吓的威胁；诋毁指的是向他人发送有关某人的不利的、可能不真实的信息。假冒别人并分享信息以损害一个人的声誉或关系，被归类为伪装行为。曝光是指向他人泄露一个人的敏感或私人信息。最后，排挤是指恶意地将某人驱逐出某一网络群体。

网络霸凌的发生率

由于各项研究对网络霸凌的定义方式略有不同，并且针对的年龄段不同，因此报告的发生率也各不相同。总体而言，所有年龄组的网络霸凌受害率从 4.8%（Sourander et al., 2010）～ 55.3%（Dilmac, 2009）不等。第二次青年互联网安全调查（The Second Youth Internet Safety Survey）是 2004 年开展的一项全国性调查（N=1500），报告称，10 ～ 17 岁之间的网络霸凌总体发生率为 9%（Ybarra, Mitchell, Wolak & Finkelhor, 2006）。与 2000 年进行的类似调查相比，发生率增加了 50%（Ybarra & Mitchell, 2004）。在更小、更具体的研究中，比率各不相同。以下内容总结了初中、高中、大学和工作场所样本中的网络霸凌发生率。

在中学阶段，加拿大学生完成了一份关于他们的网络霸凌经历的自填问卷（Li, 2007a）。结果显示，24.9% 的样本（n=177）是网络霸凌的受害者。加拿大和中国的一个七年级学生样本（n=461）完成了相同的问卷调查，发现 1/3 的学生曾是网络霸凌的受害者（Li, 2007b）。在这些受害者中，超过 40% 的人遭受过三次以上的网络霸凌。此外，贝朗和李（2005）对 432 名加拿大中学生进行了抽样调查，发现 21% 的学生经常受到网络骚扰（如网络霸凌）。

这项研究涵盖了初中生和高中生，以调查整个青春期阶段网络霸凌的发生率。史密斯及其同事（2008）对 92 名 11～16 岁的美国儿童进行了抽样调查，发现 6.6% 的学生"经常"（一个月两三次）受到霸凌，15.6% 的学生至少经历过一两次网络霸凌。在 2215 名 13～16 岁的芬兰青年中，4.8% 的人在过去 6 个月内受到过网络霸凌（Sourander et al., 2010）。欣杜贾和帕钦（2008）调查了 384 名 17 岁以下的美国人，报告的网络霸凌发生率为 30%。此外，斯隆杰和史密斯（2008）评估了 360 名年龄在 12～20 岁的瑞典学生的网络霸凌经历，该样本的总体网络霸凌受害率为 11.7%。

到目前为止，很少有研究对大学生群体的网络霸凌行为进行调查。然而，克拉夫特和王（2010）进行了一项研究，调查了美国（新泽西州）大学生中的网络霸凌和网络跟踪行为。他们报告说，在 471 名参与者中，网络霸凌受害率为 10%，网络跟踪受害率为 9%。另一项研究调查了大学生中的网络霸凌行为。这项研究是在土耳其的一所大学进行的。研究发现，在 666 名学生的样本中，网络霸凌受害率高达 55.3%（Dilmac, 2009）。研究者认为，只要一生中至少有一次成为网络霸凌的受害者就可以包含在内，这就可以理解为何受害率如此之高了。为了更好地了解这一人群的发生率，有必要利用大学生样本进行更多的研究。

在工作场所，普里维泰拉和坎贝尔（2009）报告称，10.7% 的澳大利亚制造业工人工会的男性员工（n=103）曾受到网络霸凌。这些结果支持了这样一种观点，即传统的霸凌行为不仅在学校，而且在其他领域也在随着技术进步而改变。

网络霸凌的影响

网络霸凌的受害者经历了各种各样的情感冲击，其中大多数表现为情感痛苦的增加（Ybarra & Mitchell, 2004）。对网络霸凌的典型反应包括沮丧、愤怒和悲伤。此外，经历的网络霸凌越多，受害者遇到的现实问题就越多（Hinduja & Patchin, 2007）。贝朗和李（2005）认为，愤怒和哭泣是最常见的反应，而悲伤、委屈、焦虑、尴尬、害怕和自责则是其他常见的情绪反应。一项基于美国中学生的研究发现，网络霸凌受害者比没有网络霸凌受害经历者的自尊水平要低得多（Patchin & Hinduja, 2010）。芬克尔霍、米切尔和沃拉克（2000）发现，大约 1/3 （32%）的网络霸凌受害者经历了至少一种压力症状，31% 的人感到不安，19% 的人感到害怕，18% 的人因为受到网络霸凌而感到尴尬。

加拿大七年级至九年级网络霸凌受害者的具体行为影响是注意力不集中、学习成绩差和旷课（Beran & Li, 2005）。有意识地避免上网、总是想着被骚扰、感到紧张或易怒、对事物失去兴趣也是网络霸凌受害者的常见经历。青少年受害者比非受害者更容易出现行为问题、酗酒、吸烟和低学业投入（Mason,

2008）。一项针对芬兰青少年网络霸凌现象的大型研究发现，与未受霸凌的青少年相比，受霸凌者经历了情绪和同伴问题、头痛、反复腹痛、睡眠问题，以及在学校的不安全感（Sourander et al., 2010）。在工作场所经历的网络霸凌通常与负面的身体健康和情绪健康，受损的社会和家庭关系，员工的士气降低，承诺、工作满意度和工作关系的破裂有关（Privitera & Campbell, 2009）。

网络霸凌也与临床症状有关。伊巴拉（2004）发现，10～17 岁的网络霸凌受害者比没有遭受霸凌的人有更多的抑郁症状。此外，傅曼（2008）指出，与网络霸凌相关的常见心理后果包括抑郁、焦虑、自杀意念、注意力不集中、无助感和自卑感。托马斯（2006）还发现，焦虑、学校恐惧症、抑郁、自卑、情绪困扰和自杀被认为是 13～18 岁青少年网络霸凌的潜在结果。拉斯考斯卡斯和斯托尔茨（2007）注意到，网络霸凌的极端案例与青少年自杀有关。

根据经验，欣杜贾和帕钦（2010）调查了传统霸凌和网络霸凌受害者与施暴者的自杀行为（及意念、尝试/经历）之间的关系。他们的研究显示，与对照组相比，无论是作为施暴者还是受害者，经历过传统霸凌或网络霸凌的青少年都有更多的自杀念头，尝试自杀的可能性也会增加。对于这两种霸凌形式的受害者（而不是施暴者）来说，这种关系更强。

研究表明，网络霸凌对受害者的影响是巨大的和消极的。一些可以增加影响严重性的因素包括：逃避网络霸凌的难度增加，以及由于电子传输的方便性而导致无数旁观者可以看到这些私人信息（Bhat, 2008; Campbell, 2005; Slonje & Smith, 2008）。

网络霸凌的应对方法

应对网络霸凌的策略因不同的实证研究而异。例如，美国的一些受害者将自己的信息从特定的网站上删除，离线一段时间，与朋友谈论他们的经历。少数人会将他们的经历告知教师或成年人（Hinduja & Patchin, 2007）。告诉别人、隔绝或避免使用技术设备被视为最好的应对方法，尽管英国 11 ～ 16 岁青少年网络霸凌受害者的处置办法还包括什么也不做（置之不理）、封锁身份、记录攻击性电子邮件和短信、向警方 / 当局报告事件、联系服务提供商、要求肇事者停止伤害并停止反击（Smith et al., 2008）。此外，通过对荷兰小学和中学一年级学生的抽样调查（n = 1211）发现，假装视而不见、真正做到视而不见、删除所有霸凌者的信息，以及报复霸凌者是其他一些策略（Dehue et al., 2008）。

很明显，网络霸凌的受害者会因这种经历出现消极反应，并以各种方式应对。迄今为止，大多数研究都是针对学龄儿童和青少年进行的。有必要对大学生群体进行研究，以确定大学样本中网络霸凌的普遍程度、这一年龄组是如何受到伤害的，以及他们采取了什么应对策略。网络霸凌对这个年龄段的人来说尤其重要，因为他们通常刚从网络霸凌盛行的高中毕业，而且更独立于父母的影响。此外，研究者还需要更多关注美国的网络霸凌的研究，因为目前的许多研究都是在国际上进行的。

迄今为止，有两项研究调查了大学生中的网络霸凌行为，为这一新现象奠定了重要基础。本研究通过获取美国大学生网络霸凌的另一个发生率，并采用标准化的测量工具，如 SCL90-R、自杀行为问卷修订版（Suicidal Behaviors Questionnaire-Revised, SBQ-R），来更好地了解网络霸凌对受害者的心理影响。此外，本研究通过评估受害者的应对策略来扩展其他研究。

目　的

本研究旨在探讨大学生网络霸凌的发生率、对当事人的心理影响及其应对策略。本研究探讨了网络霸凌受害者和对照组自杀行为的差异。结果中的性别差异也得到了检验。

参考文献（略）

通信地址：Allison M. Schenk, Department of Psychology, West Virginia University, Morgantown, WV 26505, USA 。

电子邮箱：allison.schenk@mail.wvu.edu。

范例 10

Singer, J.B. & Slovak, K. (2011). School social work-ers'experiences with youth suicidal behavior: An exploratory study. *Children & Schools, 33*, 215−228.

儿童和青少年自杀行为（包括自杀念头、自杀未遂和自杀身亡），是一个全国性的和可预防的公共健康问题（药物滥用治疗中心，2008 年），也是学校工作人员和管理人员非常关注的问题。据 2006 年（有统计数据的最近一年）统计，美国 5 ～ 19 岁青少年的第三大死因是自杀，共有 1774 人自杀身亡。青少年自杀率（按每 10 万人计）随着年龄的增长而显著增加：5 ～ 12 岁青少年的自杀率为 0.18，13 ～ 15 岁青少年的自杀率为 2.78，16 ～ 19 岁青少年的自杀率为 8.06（疾病预防控制中心，2010a）。个别学生自杀身亡或多名学生集体自杀身亡，可能对学校社区成员造成毁灭性影响，并挑战学校的情感、法律和行政资源。这就需要学校工作人员（包括学校社会工作者、辅导员和管理者）做出知情和协调的回应（Callahan, 2002; Newgass & Schonfeld, 2005）。然而，由于出现自杀的频率相对较低，这意味着许多学校工作人员永远不会遇到自杀的青少年，因此，学校工作人员更应该经常关注的是有自杀念头和自杀未遂的青少年。

美国医疗控制与预防中心对所有年龄段的自杀死亡情况都有报告，然而，关于青少年自杀意念和自杀未遂的信息却没有单一的来源。例如，青少年风险行为调查（Youth Risk Behavior Survey，YRBS）为初中和高中学生的自杀行为率提供了基线，但没有涉及小学生。据报道，在美国的一项调查中，6～12岁儿童的自杀意念的发生率为 8.9%（Pfeffer, Zuckerman, Plutchik & Mizruchi, 1984）。在巴西的一个样本中，这一比率高达 32.2%（Bandim, Fonseca & De Lima, 1997）。赖施、雅各布森、索迪、安德森和恩里克斯（2008 年）发现，在 9～12 岁的青少年样本中，8.9% 的人报告了自杀未遂。根据青少年风险行为调查的结果，大约 20% 的初中生曾认真想过自杀，13% 的人制订了计划，8% 的人自杀未遂（Shanklin, Brener, McManus, Kinchen & Kann, 2007）。针对高中生的数据显示，在研究之前的 12 个月内，14.5% 的学生认真考虑过自杀，11.3% 的学生制订了计划，6.9% 的学生自杀未遂，2.0% 的学生因自杀未遂而接受医疗护理（Eaton et al., 2008）。最近的研究表明，尽管年龄较大的青少年可能会报告更多的自杀意念和更长的持续时间，但在小学和初中年龄段的青少年中，即使是短暂的自杀意念也是成年后的不良后果的前兆（Vander Stoep, McCauley, Flynn & Stone, 2009）。尽管比较各年龄组的自杀风险有困难，但这些数据表明，小学、初中和高中的青少年有自杀的想法和尝试。因此，预防和干预青少年的自杀意念和尝试应该是服务儿童和青少年的专业人员的首要关注点，学校也许是这些活动的最重要的场所（Joe & Bryant, 2007）。

青少年在学校获得的精神卫生服务比在其他任何服务部门都多，包括精神病医院、门诊和住院治疗等专业的精神卫生服务机构（Rones, Hoagwood, 2000）。学校是提供心理健康服务的一个极其重要的场所，因为学校的工作人员有无可比拟的机会接触高危青少年。例如，最近的一项研究报告称，接受特殊教育服务的青少年的自杀意念（过去 12 个月的发生率为 31.5%）和自杀未遂（一生中的发生率为 30%）的比例明显高于接受少年司法监督、药物滥用治疗、国家心理健康和儿童福利的青少年（Chavira, Accurso, Garland & Hough, 2010）。根据美国卫生和公共服务部（U.S. Department of Health and Human Services）的一项研究，几乎所有学校都至少有一名职责包括为学生提供心理健康服务的工作人员（Foster et al., 2005）。虽然这些工作人员更可能是学校辅导员（77%）、护士（69%）和学校心理学家（68%），而不是社会工作者（44%），但据报道，社会工作者在提供心理健康服务方面花费的时间最多（57%），其次是学校辅导员（52%）、学校心理学家（48%）和护士（32%）。另外，学校社会工作者提供危机干预服务的时间（7.4）比学校辅导员（4.7）或学校心理学家（3.1）也更多（Agresta, 2004）。社会工作者要提供的危机干预服务的例子包括预防自杀计划、风险评估、咨询、转介和住院便利（Constable, 2008）。此外，社会工作者还可向教职工、家庭和社区提供自杀教育和预防方案（Gibbons & Struder, 2008）。

尽管数据表明，社会工作者在学校提供心理健康和危机干预服务方面发挥着不可或缺的作用，但他们与有自杀倾向的青少年打交道的经验和为此所做的准备，以及在学校中就这一问题所扮演的角色，目前都还没有得到研究。关于青少年自杀和社会工作者的学术研究有限，很可能源于自杀作为社会工作的研究重点却长期被忽视的这一事实（Joe & Neidermeyer, 2008）；关于学校社会工作的研究很少（Franklin, Kim & Tripodi, 2009）；研究者在传统上专注于接受社工服务的学生，而不是社工本身的特质在治疗中的作用（Wampold, 2001）；在所有的助人职业中，对为有自杀倾向的青少年提供服务者的经验的学术研究有限。因此，为了给目前的研究提供一个背景，我们综述了现有的关于青少年自杀和社会工作者的研究，以及来自相关专业和学校专业研究的相关知识。

文献综述

社会工作者与青少年自杀

回顾文献表明，社会工作者贡献了经验性文献，主要描述有自杀倾向的青少年面临的风险因素和他们的特征，以及涉及有自杀倾向的青少年的社会工作实践、教育和政策的理论性文献。例如，自 1980 年以来，社会工作者在青少年自杀的实证研究方面报告了多项研究成果，包括：非裔美国男性青少年因枪支导致的自杀率的上升；由于性虐待、身体虐待、抑郁症、药物滥用、种族问题、性取向及学校的排斥导致的自杀风险上升；男性青少年自杀时使用枪支和女性青少年用药过量的问题；国际上预防和干预青少年自杀的应用和需求（Joe & Neidermeyer, 2008; Walls, Freedenthal & Wisneski, 2008）。最近，英国的一项研究报告指出，社会工作服务是减少社会弱势青少年自杀风险的重要因素（Pritchard & Williams, 2009）。还有一些学者探讨了自杀的教学和实践意义（Sanders, Jacobson & Ting, 2008），发展基于证据的方法来处理有自杀倾向的青少年的问题（Singer, 2006），以及学校社会工作者在预防自杀中的作用（Peebles-Wilkins, 2006; Ward, 1995）。社会工作文献中缺少有关处理青少年自杀问题的社会工作者的经验和看法的信息。

教职工与青少年自杀

尽管大多数关于自杀和学校的研究都着眼于员工培训、基于课程的项目或筛查项目（Eckert, Miller, DuPaul & Riley-Tillman, 2003），但也有一些研究报告了学校辅导员、学校心理学家、护士和教师的经历、看法、态度或信念。尽管大多数学校辅导员报告过与青少年自杀意念和自杀未遂有关的工作经验（King, Price, Telljohann & Wahl, 1999; King & Smith, 2000），但大多数学校辅导员和学校心理学家的报告没有关于青少年自杀的经验。据那些有此类经验的人报告，他们在工作期间遇到的死于自杀的人数在 0 到 6 人之间（Debski, Spadafore, Jacob, Poole & Hixson, 2007; King et al., 1999）。与有自杀倾向的年轻人相处的经验似乎很重要。金等人（1999）发现，学校辅导员针对自杀青少年的经验越多，他们就越有信心参与到自杀预防和干预服务中。

　　一些研究报告了学校工作人员的知识、态度，以及学校和专业培训。对风险因素的了解因研究和学科而异，学校健康教师了解风险因素的比例低至 9%，学校辅导员的比例为 34%（King & Smith, 2000），学校心理学家的比例为 43%（Debski et al., 2007）。而在早期的研究中，学校辅导员的比例高达 63%（Peach & Reddick, 1991）。学校教职工报告说，在经过 QPR（question, persuade and refer，即提问、劝说和转介）和 ASIST（applied suicide intervention training skills，即应用自杀干预培训技能）等基础培训之后，他们的知识和技能都得到了提高（Joe & Bryant, 2007），当学校教职工是危机干预小组的成员或接受了关于自杀评估和干预的具体培训时，他们报告说，自己在识别和干预自杀危机方面有了更强的自信心（King & Smith, 2000）。然而，来自所有学科的工作人员都报告，他们在自杀预防、干预和事后补救方面的专业培训不足（Christianson & Everall, 2008; Feldman & Freedenthal, 2006; King et al., 1999, 2000; King & Smith,

2000; Ries & Cornell, 2008）。充分和适当的培训不仅可能提高学校教职工解决校内青少年自杀问题的能力，而且还可能增加为非学校心理健康工作人员提供自杀意识培训的可能性。现有文献的一个局限性是，没有任何研究是针对小学层面的学校教职工的，这可能是因为缺乏小学教职工所面临的发展问题的培训计划。目前尚不清楚为中学制定的培训方案是否会改善小学教职工所提供的服务。

尽管有关青少年自杀的教育和培训对这一领域的准备工作至关重要，但研究表明，这并不是学校心理健康专业人员教育计划的一个标准组成部分。德布斯基等人（2007）发现，尽管99%的学校心理学家接受过某种形式的自杀培训，但只有40%的人在完成硕士阶段时接受过这种培训。费尔德曼和弗里登塔尔（2006）发现，79%的社会工作硕士毕业生在他们的研究生课程中没有接受任何正式的培训，而在接受过培训的21%的人中，超过3/4（76%）的人只接受了四个小时或更少的与自杀相关的培训。新近毕业的学校教职工报告说，关于青少年自杀的知识和培训有所增加（Debski et al., 2007; Feldman & Freedenthal, 2006; King & Smith, 2000）。虽然这表明了一种积极的趋势，但似乎大多数学校教职工更可能从专业期刊、研讨会、在职培训和大学课程等渠道获得有关自杀的培训（King et al., 2000）。这可能也适用于社会工作者。

总之，一小部分研究表明，学校工作人员的培训水平、经验和对与有自杀倾向的青少年打交道的看法因人而异，这些因素影响着学校工作人员对自杀危机进行干预的可能性。因为社会工作者在所有年级工作，而且他们在学校系统中承担各种角色（Whitted & Dupper, 2005），所以现有的对非社会工作者的研究难以推广到社会工作者。对社会工作者与有自杀倾向的青少年打交道的经验和看法进行初步研究，可以满足研究者和政策制定者（尤其是社会工作者）对青少年自杀进行更多研究的要求（Joe & Bryant, 2007; Satcher, 1999；美国卫生和人类服务部，2001）；响应最近对社会工作者的活动进行更多记录的呼吁（Franklin et al., 2009）；作为未来研究社会工作者在自杀预防和干预活动中的知识、技能和感知有效性的起点和基础。

本研究的目的

本研究的目的是收集社会工作者在三个学校层次（小学、初中和高中）中，对青少年自杀行为的处理经验和看法的基本信息，以便为实践、政策和未来研究提供参考。作为一项探索性研究，它既不检验假设，也不评估社会工作者在自杀干预中的知识、技能或有效性。

参考文献（略）

乔纳森·B.辛格，博士，临床社会工作者，天普大学社会工作学院助理教授。

通信地址：1301 Cecil B.More Avenue, Philadelphia, PA 19122。

电子邮箱：jbsinger@temple.edu 。

卡伦·斯洛瓦科，博士，俄亥俄大学赞斯维尔校区社会工作副教授。

范例 11

Volpato, F., Verin, L. & Cardinaletti, A. (2016). The comprehension and production of verbal passives by Italian preschool-age children. *Applied Psycholinguistics, 37* (4), 901−931. 版权所有 © 2016 剑桥大学出版社。经允许转载。

动词被动句的理解与生成

本研究比较了 3 岁 4 个月到 6 岁 2 个月大的说意大利语的儿童对被动句的理解和生成，其中控制了几个变量：动词类别（动作的和非动作的），由副词短语表达的外部论元（external argument）的存在与否，以及助词类型（essere——"to be"与 venire——"to come"）。这是第一项关于生成和理解的研究，重点研究了意大利语中两种不同的被动结构在习得途径上的异同，这两种被动结构分别使用了助词 essere & venire。

这项研究是一场关于被动句习得的激烈辩论的核心，这场辩论可以追溯到 20 世纪 70 年代末。从那时起，人们对这种结构在不同语言中的习得进行了大量的语言学和心理语言学研究，包括理解方面（针对英语，Bencini & Valian, 2008; Borer & Wexler, 1987; Fox & Grodzinsky, 1998; Gordon & Chafetz, 1990; Hirsch & Wexler, 2006; Horgan, 1978; Maratsos, Fox, Becher & Chalkley, 1985; O'Brien, Grolla & Lillo-Martin, 2006; Orfitelli, 2012; Pinker, Lebeaux & Frost, 1987；针对希腊语，Driva & Terzi, 2008; Terzi & Wexler, 2002；针对意大利语，Volpato, Verin, Tagliaferro & Cardinaletti, 2013；针对葡萄牙语，Rubin, 2009；针对日语，Sano, 2000；针对俄语，Babyonyshev & Brun, 2003; Sesoto & Demuth, 1989, 1990; Demuth, Moloi & Machobane, 2010）和生成方面（针对英语，Bencini & Valian, 2008; Crain, Thornton & Murasugi, 1987; Horgan, 1978; Messenger, Branigan, McLean & Sorace, 2009, 2012；针对德语，Mills, 1985；针对希伯来语，Berman & Sagi, 1981；针对塞索托语，Demith et al., 2010；针对意大利语，Manetti, 2013; Volpato, Verin & Cardinaletti, 2014）。

以前的这些研究结果并不一致。早期的研究表明，被动句的习得要么受到语义上的限制（Maratsos et al., 1985），要么受到句法上的限制（Borer & Wexler, 1987）。马拉索斯等人（1985）认为，儿童理解被动结构的能力仅限于理解动作动词能力

（1）a。在 4 岁时，儿童表现出良好的掌握动作动词被动句的能力，而掌握非动作被动句（1）b 在 5 ～ 7 岁时仍有问题，只有在 9 ～ 11 岁的后期才能完全掌握：

（1）　a. The boy is kissed (by the girl).

　　　　b. The boy is seen (by the girl).

儿童对缺乏 by 副词短语的被动句（2）a 的理解也比对含有 by 副词短语的被动句（2）b 好（Horgan, 1978）：

（2）　a. The window is broken.

　　　　b. The window is broken by the wind.

在英语中，像（2）a 中的被动短句，在形容词（允许进行陈述式阅读）和动词被动句（允许进行事件性阅读）之间是模糊的。当句子中添加了 by 副词短语时，如（2）b 所示，被动句就不再是含糊不清的，只有事件性阅读才有可能。博雷尔和韦克斯勒（1987）认为，在 5 岁或 6 岁之前，儿童只能掌握形容词被动句。因此，他们把（2）a 中的 "broken" 解释为形容词而不是动词。这种策略只有在使用动作动词时才有可能，而且也很好理解，因为非动作被动分词不能被解释为形容词。

后来，一些其他关于儿童对希腊语（Terzi & Wexler, 2002）、

俄 语（Babyonyshev & Brun, 2003）、 英 语（Hirsch & Wexler, 2006）和葡萄牙语（Rubin, 2009）的理解的研究也证实了儿童在理解长被动句和短被动句之间的差异，尽管在一些研究中，这些差异没有统计学意义（针对英语，Hirsch & Wexler, 2006；针对希腊语，Driva & Terzi, 2008）。最近，奥尔菲泰利（2012）证实了儿童对长短被动句的理解缺乏统计上的显著差异的情况。她通过二选其一的图片匹配任务，测试了年龄在 4～6 岁之间说英语的儿童对动词被动句的理解能力。她在分析有 by 副词短语的行为和非行为被动句时发现，在 4 岁和 5 岁时，大多数儿童在理解长短被动句上的表现都高于偶然性的表现，而在 6 岁时，儿童的表现达到上限。在 4 岁和 5 岁时，儿童对行为被动句的理解明显好于对非行为被动句的理解。在对非行为被动句的理解上，儿童的表现与偶然性表现没有明显区别。6 岁儿童在非行为被动句上的表现有所提升（高于偶然性表现），尽管百分比仍然低于在动作性被动句上的表现。

然而，其他一些研究（Crain et al., 1987; O'Brien et al., 2006; Pinker et al., 1987）发现，当测试中的合适条件得到满足时，说英语的 4 岁儿童能够理解并生成带有动作动词和非动作动词的长短事件性被动句。本奇尼和瓦利安（2008）以及梅辛杰等人（2009，2012）通过运用铺垫性任务，证实了被动句的结构在 3 岁和 4 岁说英语的儿童中得到了充分发展。梅辛杰等人（2012）开展的广泛研究表明，到 4 岁时，儿童对被动句的句法表达在生成和理解任务中都与成人类似，并且不受语义限制；也就是说，它与测试的动词类别无关（无论是动作的还是非动作的）。儿童和成人在听到被动语素后产生的被动句多于听到主动语素后产生的被动句。

支持早期习得被动句的进一步证据来自对非印欧语系语言的研究（针对玛雅语，Pye & Quixtan Poz, 1988；针对塞索托语，Demuth, 1989, 1990; Demuth et al., 2010；针对因努克提库特语，Allen & Crago, 1993）。德莫（1989，1990）发现，在塞索托语中，动词和形容词被动句在形态和句法上是不同的，3岁儿童的语言中已经开始出现被动句，甚至在更小的儿童中也会出现。在同一年龄段，儿童对包含动作动词或非动作动词的长被动句和短被动句的理解也得到了充分发展（Demuth et al., 2010）。

至于意大利语，关于第一语言被动句习得的资料很少。奇卡雷利（1998）援引了瓜斯蒂（2007）的研究，其通过使用句子-图片匹配任务，研究了带有动作动词的长被动句的理解情况。在4岁时，被动句处于偶发水平（57%）。在5岁和6岁时，这一表现得到改善（准确率分别为72%和80%）。基洛西和奇普里亚尼（2006）开发的标准化理解测试发现了更高的准确性，表明儿童在5～6岁时就掌握了可逆的被动句。马内蒂（2013）报告了对年龄在3岁6个月到4岁6个月的意大利儿童进行的诱导性生成研究和两项句法激发研究。在前者中，没有产生被动句。在后者中，被动句的总体产生率分别为 33% 和 16%。对被动语素做出反应的被动句比率明显高于对主动语素做出反应的被动句比率（26% 对 20%）。她的结论是，在 3 岁 6 个月大时，儿童就能产生被动句，从而证明他们很早就掌握了这种句法结构。

本研究的目的是通过对 3 岁 4 个月至 6 岁 2 个月大的意大利语儿童被动句习得的综合分析，为这场争论做出贡献。我们考察了以往研究中分析的不同句子组合中被动句的理解和产生，即动作动词与非动作动词的使用以及 by 副词短语的存在与否。我们还调查了一个意大利特有的变量，即助词 "essere" 与 "venire" 的使用。

和英语一样，意大利语通过使用助词 "essere" 来构建被动句，如（3）所示。与英语一样，动词和形容词的被动结构在形态上并无区别。因此，带有 "essere" 的句子是有歧义的，因为 "chiusa"（关闭）这个词既是形容词也是动词，所以（3）a 可以被理解为祈使句、结果句或事件句。当使用了 by 副词短语或方式副词时，如（3）b 所示，该句毫无疑问是一个事件性被动句。（3）a 的三种歧义也可以通过将助词 "essere" 替换为 "venire" 来解决，如（4）a，这只符合句子的事件性（非静态）解释，"chiusa" 只能被理解为动词。在（4）b 中，插入 by 副词短语或方式副词也是可能的：

（3） a. La porta è chiusa.

　　 b. La porta è chiusa da Maria / violentemente.

（4） a. La porta viene chiusa.

　　 b. La porta viene chiusa da Maria / violentemente.

　　 the door comes closed (by Mary / with violence)

　　 "The door is being closed (by Mary)."

在"venire"被动句中加入 by 副词短语的可能性证实了其事件状态：在英语中，by 短语只能与动词被动句一起使用，不能与形容词被动句一起使用（Frigeni, 2004）。另一个研究是关于"venire"之后应该接何种动词语态的。虽然形容词的最高级形式可以与"essere"如（5）a 连用，但它不能出现在有"essere"如（5）b 或"venire"如（5）c 的动词被动句中：

（5） a. La gara è aperta / apertissima a tutti (*da Maria).

　　 the race is open / very open to everybody (*by Mary).

　　 b. La gara è stata aperta / *apertissima (da Maria).

　　 the race has been opened / *very open (by Mary).

　　 c. La gara viene aperta / *apertissima (da Maria).

　　 the race comes opened / *very open (by Mary).

外部主位角色的句法活动提供了进一步的证据，证明事件解释在 essere & venire 都存在，即使它不发音（Baker, Johnson & Roberts, 1989; Jaeggli, 1986）：

（6） La nave fu / venne affondata [PRO per riscuotere l'assicurazione].

The ship was / came sunk [PRO to collect the insurance].

"The ship was sunk to collect the insurance."

在含有"essere"和"venire"的句子中，外部论元充当嵌入子句的主语的控制者。因此，这两个句子都与事件性阅读相一致。在这方面，venire 被动句不同于英语中的 get 被动句，后者的外部论元在句法上不是主动的。

与带有"essere"的被动句一样，在含有"venire"的句子中，主动动词如（7）a 的内部论元成为被动句的主语，处于语后（7）b 或语前（7）c 位置，并与曲折动词相一致：

（7） a. Maria chiude la porta / le porte alle cinque.

Mary closes the door / the doors at five

b. Viene chiusa la porta / Vengono chiuse le porte alle cinque.

c. La porta viene chiusa / Le porte vengono chiuse alle cinque.

The door is / doors are closed at five）

在 venire 被动句中可以使用惯用表达，就像在 essere 被动句中一样：

（8） A Gianni era / veniva sempre data carta bianca.

to John was / came always given paper white

"Gianni was always given carte blanche."

Venire 被动句与 essere 被动句在动词属性上有所不同。前者在现在时态的进行性语境中更受欢迎（然而，在过去时态和将来时态中没有这方面的差异）。

综上所述，大量的测试表明，venire & essere 被动句与真正的被动句类似。根据大量关于这一主题的文献，我们得出结论，意大利语有两种被动句的变体（由两个助词引入），这是本文的重点。意大利语 venire 被动句是评价儿童被动句能力的关键。如果意大利儿童能够理解并生成带有 "venire" 的被动句，就可以有把握地认为，他们从很早就习得了真正的被动句。

在我们的研究中，我们还结合最近对被动句的研究，探讨了在语言发展过程中，所有这些变量（动词、by 副词短语和助词）的相互作用是如何改变意大利儿童对被动句的理解的。我们特别讨论了最近关于被动句句法表征的研究（Collins, 2005），以预测和解释儿童在使用长被动句和短被动句时的表现。为此，我们还使用了评估记忆资源的任务。一些研究（Montgomery, Magimairaj & O'Malley, 2008）发现，记忆能力和理解复杂句子（也包括被动句）之间存在关联。

除了理解，我们还研究了（被动句的）产出。只采用单一的研究模式有时不足以确定儿童是否掌握了一种语言。研究结果显示了儿童所显露出的语言系统的内容和形式。相比之下，理解使我们有可能描述出尚未产生的结构的语法知识。同时使用理解任务和产出任务为儿童的语言知识提供了更详细的证据。一些研究报告了两种模式之间的不对称性。在某些情况下，在典型语言发展（Clark, 1993）和非典型语言发展（Contemori & Garraffa, 2010）中，理解都被证明先于产出。其他一些研究报告了一种相反的模式，即产出先于理解，例如在掌握关系从句（Hakanson & Hansson, 2000）、宾语代词以及主谓宾词序（Hendriks & Koster, 2010）时。由于儿童在理解任务和产出任务中表现出的具有相同语言特征的行为特别有说服力，本文分析了被动句习得的两种模式。

被动句习得的理论背景

为了解释儿童在掌握被动结构时所遇到的困难，博雷尔和韦克斯勒（1987）提出了 A 链成熟假说。根据这一假说，儿童在 5 岁或 6 岁时就能够掌握动词的被动结构。在这个年龄之前，儿童只能理解和产生形容词被动句。尽管表面结构相同，形容词被动句和动词被动句的句法表征却不同。在被动句中，be 结构是动词。继早期的被动句表现方法（Jaeggli, 1986）之后，在动词被动句中，内部论元上升到主语位置，而外部 theta 角色被被动句吸收，选择性地传递给by副词短语。在形容词被动句中，be 结构是形容词性质的，没有动作发生。根据博雷尔和韦克斯勒的观点，这种结构上的差异对于理解为什么儿童在被动句的习得上会出现延迟是至关重要的。他们认为，从 5 岁或 6 岁开始，形成 A 链论元的能力就变得可用了。更早的时候，儿童的语法只能生成形容词（静态的）被动句，而不涉及 A 链。A 链成熟假说还预测了对动作被动句而不是非动作被动句的正确理解，形容词的解释只有在动作动词中才有可能。赫希和韦克斯勒（2006）对这个假设进行了轻微的重新表述，他们认为儿童的被动句是结果性的，并且包含表示事件结果状态的动词。A 链成熟假说被保留下来：没有 A 链是用结果词构建的。

然而，A 链成熟的方法与来自其他 A-运动结构习得的证据不一致，在这些结构中，儿童的行为类似于成人，例如反身-附着结构（Snyder & Hyams, 2014），以及主语转换能力的提升（Becker, 2006; Choe, 2012; Orfitelli, 2012）。

鉴于柯林斯（2005）对被动语态的新分析，被动句的习得最近被重新考虑。柯林斯（2005）认为，外部论元与"v"合

并，"by"（对于长被动句）和 "0"（对于短被动句）合并为被
动语态 VoiceP 投射（VoiceP projection）的头部，如（9）所示：

（9） a. [VoiceP by [vP John [VP written the book]]]

b. [VoiceP0 [vP PRO [VP written the book]]]

与以前长被动句和短被动句的得出方式不同的方法有所区
别的是，根据柯林斯（2005）的方法，长被动句和短被动句的
得出方式相同，预计两者之间不会有差异。我们将看到，这是
对掌握被动句的正确预测。

对于（10），局部性原则阻止了对象 DP 从 VP 内的合并位
置向 specTP 的移动：SpecvP 中的外部论元表示对象 DP 移动到
更高位置的中间元素：

（10） a. [$_{TP}$ The book was [$_{VoiceP}$ by [$_{vP}$ John [$_{vP}$ written <the book>]]]]

b. [$_{TP}$ The book was [$_{VoiceP}$ 0 [vP PRO [$_{vP}$ written <the book>]]]]

DP   DP   DP
|_____b_l_o_c_k_e_d_____|

柯林斯的建议是被动句必须在更局部的步骤中派生：包含动词和宾语的 VP 块向左移动，以将主语偷运到 VP 内部位置，第二步是必要的，以使宾语到达句子左边缘的 specTP 位置：

（11） [$_{TP}$ The book was [$_{VoiceP}$ written <the book> *by* [$_{vP}$ John <written the book>]]]

[$_{TP}$ The book was [$_{VoiceP}$ written <the book> *0* [$_{vP}$ PRO <written the book>]]]

源于柯林斯（2005）的提议，奥尔菲泰利（2012）提出了论元干预假说（argument intervention hypothesis, AIH），根据该假说，幼儿只在掌握那些涉及一个论点对另一个论点的 A-运动的句法结构方面（包括被动句）才会出现延迟。对被动结构的实验表明，无论是否存在 by 副词短语，儿童对非动作被动句的理解尤其滞后。这一现象使作者像柯林斯一样得出结论，不发音的 by 副词短语在句法上是活跃，会产生干预效应。然而，奥尔菲泰利的论元干预假说需要两个进一步的假设。第一，需要假设只有非动作动词的经验论元会产生干预效应，而施事论元不会。第二，论元干预假说受制于成熟过程，在成人中不再活跃。与其他成熟的方法相类似，人们预测儿童在所有语言中都是延迟的。我们将看到，意大利儿童的情况并非如此，他们对非动作被动句的理解远远高于在偶然情况下的理解。

斯奈德和许亚姆斯（2014）采用柯林斯的被动句研究方法，认为儿童不可能接触到"偷渡"（smuggling）一词，该词在 6.5 岁左右才能被掌握。然而，根据后来被弗里德曼、贝莱蒂和里西（2009）、加拉法和格里洛（2008）以及里西（2013）引用的里西（2004）的精神，斯奈德和许亚姆斯认为，只有当两个名词性论元具有相同的特征时，才能发现干预效应。当内部论元转移到 specTP 时，孩子们的语言就像成年人一样具有话题特征（e.g. Demuth, 1990; Brien et al., 2006）。这项建议预测，只要衍生主语是一个主题，长被动句和短被动句以及动作被动句和非动作被动句之间应该没有区别。正如我们将看到的，虽然在意大利儿童中没有发现产生长短被动句的不对称性，但在我们基于话题派生的实验中，也发现了产生动作性与非动作性被动句的不对称性。请注意，他们的分析结果也与启动实验的结果不一致（Bencini & Valian, 2008; Messenger et al., 2009, 2012）。在启动实验中，3 岁儿童产生的被动句的派生主题不是话语中的主题。

参考文献（略）